Klaus Hossfeld

Das Unternehmen als Persönlichkeit

Klaus Hossfeld

Das Unternehmen als Persönlichkeit

Bausteine des dauerhaften Erfolges

mi
verlag moderne industrie

CIP-Kurztitelaufnahme der Deutschen Bibliothek

Hossfeld, Klaus
Das Unternehmen als Persönlichkeit/Klaus
Hossfeld. – Landsberg/Lech: Verlag Moderne
Industrie, 1986.
ISBN 3-478-32600-1

Schutzumschlag: Hendrik van Gemert
Satz: FotoSatz Pfeifer, Germering
Druck: Druckerei Schoder, Gersthofen
Bindearbeiten: Thomas-Buchbinderei, Augsburg
Printed in Germany 320 600/186 303
ISBN 3–478–32600–1

Inhaltsverzeichnis

Ein Wort zuvor

Dieses Buch soll ein Sachbuch über Marketing und Unternehmensführung sein. Um ihm aber – hoffentlich – das Schicksal manch anderer Sachbücher zu ersparen, werde ich versuchen, es so zu schreiben, daß Sie bei seiner Lektüre nicht das Gefühl haben, ein trockenes Sachbuch zu lesen.

So, wie man scherzhafterweise von den Neureichen spricht, die sich zwei Meter Goethe und drei Meter Schiller für ihre pompöse Bücherwand kaufen, so gibt es höchstwahrscheinlich auch eine Reihe von Managern und solchen, die es sein oder werden wollen, die ihr Fortbildungs-Gewissen damit zu beruhigen versuchen, indem sie zwei Meter Sachbücher kaufen, aber leider nie hineinschauen und darin lesen. Zumindest müßte doch das allgemeine Management-Wissen eigentlich sehr viel ausgeprägter sein, wenn man die Auflage aller Sachbücher über Marketing und Unternehmensführung mit der Zahl der in Frage kommenden Leser vergleicht und voraussetzt, die meisten hätten vieles gelesen.

Aber gerechterweise muß zur Entschuldigung dieser Menschen zugegeben werden, daß Sachbücher häufig in einer Diktion geschrieben sind, die auf jeder Seite mindestens einmal darauf abzielt, den Leser von der weiteren Lektüre des Buches abzuhalten. Je wissenschaftlicher, desto unverständlicher, so scheint die allgemeine Devise zu lauten.

Dabei müßten die Autoren doch eigentlich wissen und entsprechend berücksichtigen, daß ihre Leser in der Regel gar nicht die Zeit aufbringen können, die nötig wäre, um sich in die oft sehr diffizilen Gedankengänge und Schlußfolgerungen hineinzudenken und sie nachzuvollziehen.

Sie merken schon. Ich will versuchen, ein vielschichtiges, kompliziertes Thema so salopp und leicht, wie nur irgend möglich, zu behandeln.

Zugegeben, es wird nicht gerade ein Kriminalroman werden. Aber warum sollte es nicht möglich sein, mit Ihnen ernsthaft und doch verständlich, sachlich und doch kurzweilig über ein wichtiges Thema zu plaudern? Lassen Sie es mich versuchen!

Kleve, im Januar 1986 — Klaus Hossfeld

I. Von Persönlichkeiten, Personen und den übrigen Leuten

A. Unternehmen reagieren wie Menschen

Unternehmen werden von Menschen geführt. Und darum agieren und reagieren sie in der Regel auch so wie Menschen. Die unterschiedlichen Mentalitäten, Charaktere und Persönlichkeitsstrukturen von uns Menschen finden wir bei ihnen wieder. Und da jeder Mensch gern eine Persönlichkeit wäre, kann man auch einem Unternehmen nur raten, eine Unternehmens-Persönlichkeit zu werden.

Aber kann ein Unternehmen überhaupt eine Persönlichkeit sein? Was ist denn eigentlich eine Persönlichkeit? Und was unterscheidet sie von den anderen Mitmenschen? Vielleicht wäre es gut, erst einmal diese Fragen zu beantworten.

Lassen Sie mich getreu meiner eingangs geschilderten Devise mit einem kleinen Scherz beginnen: Ein Mann kommt zu einem Arzt und klagt: »Herr Doktor, ich leide schrecklich, weil niemand mich beachtet.« Darauf der Arzt: »Der Nächste, bitte!«

Traurig, nicht wahr? Eigentlich kann man bei diesem Witz gar nicht so recht unbeschwert lachen. Jeder von uns kennt schließlich genug Menschen, auf die dieser Witz zutreffen könnte und an die man bei diesem Witz unwillkürlich denken muß. An die vielen, die keine Persönlichkeiten und eigentlich auch keine Personen sind, sondern die man nur so als »die übrigen Leute« bezeichnen kann, was hier in diesem Zusammenhang natürlich keinesfalls ehrenrührig gemeint ist. Nein, damit soll wirklich nichts gegen die Redlichkeit dieser Menschen gesagt werden.

Im Gegenteil, gerade sie zeichnen sich häufig durch eine beispielhafte Redlichkeit und Rechtschaffenheit aus. Aber sie leben eben einfach in einem sehr eng begrenzten Lebensraum und Lebensrahmen nur so vor sich hin. Sie nehmen Gegebenheiten der Umwelt, des Staates, ihrer Mitmenschen, ihrer Arbeitsstelle, der Gesellschaft hin, so wie sie sind. Es sind diejenigen, die von sich aus, also aus eigener Initiative heraus, nie etwas sagen, geschweige denn Stellung beziehen oder eine eigene Meinung äußern, und die, wenn sie befragt werden, etwas abschätzig kundtun, daß sie sich um Politik nicht kümmern, dafür seien schließlich die Politiker da und mit denen (ein absolut abfälliges »denen«!) wollten sie sowieso nichts zu tun haben.

Interessant ist dabei nur: Sie können das Wort »Politik« gegen nahezu jedes andere, ähnliche Wort austauschen, ausgenommen vielleicht »Fußball« oder »Krimi« oder auch »Auto«, die Antwort fällt sinngemäß immer gleich aus; z. B.: »Um Wirtschaft kümmere ich mich nicht, dafür sind schließlich die Bosse (Schieber, Spekulanten) da. Und mit denen will ich nichts zu tun haben.« Betonung liegt auf »denen« und »ich«. Oder: »Um Theater kümmere ich mich nicht. Das machen ja doch nur diese Spinner (Traumtänzer, ...). Und mit denen ... usw. usw.«

Für diese Leute gilt die Devise: »Alles laufen lassen, wie es läuft. Es hat ja doch keinen Zweck, etwas zu unternehmen. Hauptsache ist, man läßt mich in Ruhe.«

Sie werden mir nun sicher rechtgeben, daß diese Typisierung im übertragenen Sinne auch auf viele Unternehmen genau zutrifft. Dabei brauchen wir nicht nur an den kleinen Laden an der Ecke zu denken, dessen Inhaber schließlich auch ein Unternehmer ist. Auch so manche größere Unternehmen leben so schlicht um schlicht vor sich hin und wundern sich, wenn sie pleitegehen, während Beobachter sich jahrelang gewundert haben, daß sie überhaupt noch existieren.

B. Ein vergebliches Gespräch

Ich erinnere mich noch gut an einen Besuch in einem relativ großen Unternehmen der Maschinenbau-Industrie. Mein Gesprächspartner war der Verkaufs- und Werbeleiter.

Schon der Aufgabenbereich dieses Mannes ließ einige interessante Rückschlüsse zu. Schließlich sind die Aufgaben, die eine Verkaufsleitung in einem großen Betrieb mit sich bringt, so umfangreich, daß sie einen ganzen Mann von morgens bis abends beanspruchen. Nicht weniger vielfältig und auch bedeutend sind die Anforderungen, die an einen Werbeleiter gestellt werden. Sind beide Positionen in einer Person vereint, so läßt dies doch einige Rückschlüsse auf die mangelnde Bedeutung zu, die den Bereichen Verkauf und Werbung in diesem Betrieb zugemessen wird.

Wir wollten in diesem Gespräch herausfinden, welche Möglichkeiten es für erfolgversprechende Verkaufsförderungsaktivitäten gibt, denn die Absatzlage des Unternehmens war alles andere als rosig, was mich nach diesem Gespräch auch gar nicht mehr wunderte, wenn ich mir vorstellte, daß der größte Teil der Mitarbeiter und besonders der leitenden Mitarbeiter so reagierte und handelte – oder besser: nicht handelte – wie mein Gesprächspartner.

Nachdem er mir sehr ausführlich die Probleme des Unternehmens geschildert hatte bzw. das, was er für die Probleme hielt, versuchte ich, einige Anregungen anzubringen. Aber leider paßten alle diese Vorschläge nicht »zum Stil des Hauses«, wie er sich ausdrückte. Schon bei der Schilderung der Probleme war mir aufgefallen, daß diesem Herrn offenbar die wirklichen Gründe für die schlechte Situation des Unternehmens gar nicht klar waren oder daß er sie meisterhaft verdrängte.

»Schuld« waren nämlich ausschließlich so dubiose »Wettbewerber« wie das Wetter, die Steuern, die hohen Arbeitslöhne, die schwierige Beschaffung von Rohstoffen, die politische Lage, welche den Handel und die Endabnehmer nicht kauffreudig machten usw. usw. – Bei der Aufzählung all dieser »Schuldigen« schien ihm aber noch gar nicht aufgegangen zu sein, daß er Gegebenheiten aufzählte, mit denen es seine Konkurrenten auch zu tun hatten. Und es fiel ihm weiterhin natürlich auch nicht auf, daß diese Konkurrenten mit diesen Schwierigkeiten offenbar zurechtkamen – nur sein Unternehmen nicht.

Ganz klar, daß er nun natürlich auch nicht den einzig logischen Schluß zog: Wenn alle Wettbewerber mit den geschilderten Problemen fertigwurden, sein Unternehmen aber offensichtlich nicht, dann konnten die Gründe für diese Probleme eben nicht bei den genannten Erschwernissen und Erscheinungen des täglichen öffentlichen Lebens liegen, sondern nur in seinem Unternehmen.

Wie gesagt, ob er diese Gedankengänge nicht nachvollzog, weil er dazu nicht in der Lage war, oder weil er fürchtete, daß dann gewisse Unzulänglichkeiten sichtbar würden, die in seiner Person begründet waren, ließ sich bei diesem ersten Gespräch nicht deutlich ausmachen. Die Antwort auf diese Frage ist auch zweitrangig. Entscheidend war eine Art Flexibilitäts-Blockierung im Denken dieses maßgeblichen leitenden Mitarbeiters eines großen Unternehmens.

Er wollte die Probleme, mit denen er es zu tun hatte, nur mit den Mitteln lösen, die er bereits angewendet hatte und die zu keinem positiven Ergebnis geführt hatten. Zwar zeigte er sich für neue Ideen und Gedanken äußerlich aufgeschlossen und interessiert, so daß ich doch ab und zu den Eindruck bekommen mußte, jetzt »kriegst du die Kurve«; aber nein, seine häufig mit dem Ausdruck des Bedauerns geäußerte Antwort lief immer wieder auf dasselbe hinaus: »bei uns« oder »in unserem Hause« ist so etwas nicht üblich, noch nie gemacht worden oder es würde »oben« nicht durchkommen (also nicht genehmigt werden) bzw. (noch schlimmer!) bei den Händlern würde das nicht verstanden.

Überflüssig beinahe zu sagen, daß ich ihm natürlich nur Aktivitäten vorgeschlagen habe, die sich in ähnlichen Situationen bei anderen Firmen bereits bewährt hatten, denn ich bin der Meinung, man sollte bei kränkelnden Unternehmen nicht zu unerprobten Mitteln oder riskanten Experimenten Zuflucht nehmen.

Sie möchten sicher wissen, wie die Sache ausgegangen ist. Das Unternehmen besteht heute noch – als Tochter eines amerikanischen Konzerns. Aus unserer Geschäftsbeziehung ist natürlich damals nichts geworden. Aber ich habe die Entwicklung dieser Firma weiter mit Interesse verfolgt. Die Verkaufszahlen wurden immer schlechter. Etwa ein Jahr nach diesem »denkwürdigen« Gespräch übernahmen Amerikaner das Unternehmen und feuerten als erstes das gesamte Management, natürlich auch meinen Gesprächspartner. Mit gutem Erfolg!

Bitte sagen Sie jetzt nicht, ich hätte es damals mit einem seltenen Exemplar von Verkaufsleiter zu tun gehabt. Die Erfahrungen aus vielen Gesprächen während dreier Jahrzehnte haben mir gezeigt, wie oft in Firmen, bei denen der Erfolg nicht gerade ständiger Gast ist, solche leitenden Mitarbeiter anzutreffen sind. Dabei ist es natürlich erlaubt zu fragen, wieso hier noch die Vokabeln »leitend« und »Mitarbeit« angemessen sind und ob sie überhaupt noch eine Rolle spielen. Angemessen sind sie sicher nicht, aber eine Rolle spielen sie zweifellos.

Das ist ja gerade das Tragische an solchen Situationen: Hier wird leitend permanent fehlgeleitet und die Mitarbeit besteht darin, das Bekannte, das seit Jahren Eingefahrene einfallslos zu wiederholen.

Übrigens gibt es einige deutliche Symptome, an denen diese Unternehmen zu erkennen sind. Die beiden auffallendsten sind zwei Sätze, die hier immer wieder ausgesprochen und erwidert werden, wenn ein Firmenberater oder ein neuer Mitarbeiter, der noch über innovativen Elan verfügt, irgendwelche Vorschläge machen, die darauf abzielen, neue Wege zu gehen. Die beiden Sätze, die ich meine, haben Sie alle auch schon mindestens einmal gehört, – hoffentlich nicht zu oft in Ihrer eigenen Firma. Sie lauten:

»Das haben wir noch nie so gemacht« und »Das haben wir immer schon so gemacht«.

Eine alte Weisheit für jeden, der vorwärtskommen will, besagt, daß nicht so oft gefragt werden sollte »warum«, sondern viel häufiger »warum nicht«. In den Firmen, von denen ich gerade spreche, ist diese Weisheit offenbar unbekannt, oder sie gilt nicht oder wird mit dem Kommentar zurückgewiesen: »Das hätte uns gerade noch gefehlt.«

Ich habe kürzlich ein sehr beherzigenswertes Wort gelesen, das ich Ihnen nicht vorenthalten möchte. Es stammt von dem amerikanischen Ingenieur Charles Kettering (1876–1958), dessen Erfindungen – unter ihnen der elektrische Anlasser – für den modernen Automobilbau bahnbrechend waren: »Wenn du etwas so machst, wie du es seit zehn Jahren gemacht hast, dann sind die Chancen groß, daß du es falsch machst.«

Es gibt eine ganze Reihe Unternehmen, in denen über diesen Satz einmal gründlich nachgedacht werden sollte. Aber leider erkennen das häufig nur Außenstehende oder dynamische neue Mitarbeiter, die dann, nachdem sie erkannt haben, auf welch alten, eingefahrenen und trotzdem rostigen Gleisen alles läuft oder besser nicht läuft, sehr schnell resignieren oder sich eine neue Stellung in einer flexibleren Firma suchen.

Es ist also kein Wunder, wenn solche Unternehmen zu den »übrigen Leuten« gezählt werden und dann bald den Weg zum Konkursrichter gehen müssen, falls sie nicht das Glück haben, von einem erfolgreicheren Unternehmen übernommen zu werden. Und »erfolgreicheres Unternehmen« heißt regelmäßig auch »erfolgreicheres Management«.

Natürlich sind diese Unternehmen nicht von Anfang an so. Sie hätten dann schließlich niemals ihre oft respektable Größe erreicht. Persönlichkeiten im wahrsten Sinne des Wortes haben diese Unternehmen meist vor vielen Jahren gegründet und zur Blüte geführt. Unternehmer-Persönlichkeiten!

C. Zwei Entwicklungen, die zum Abstieg eines Unternehmens führen

Meistens sind es zwei Entwicklungen, seltener eine von beiden, die den allmählichen Abstieg eines Unternehmens bewirken:

a) Das Unternehmen ist auf die Person des Firmengründers fixiert. Wenn der Nachfolger nicht das gleiche Format hat, wie der Gründer, dann sieht es schlecht aus. Aber es gehört nun mal zu den bedauerlichen Tatsachen, daß überragende Persönlichkeiten oft nicht in der Lage oder auch nicht willens sind, einen ihnen adäquaten Nachfolger beizeiten heranzubilden und aufzubauen. Der plötzliche Tod des Unternehmers leitet dann häufig das langsame, über viele Jahre zunächst nicht bemerkbare Siechtum des Unternehmens ein, das in den meisten Fällen nur neue Inhaber, die an keine Traditionen und wehmütige Reminiszenzen gebunden sind, wieder heilen können.

Gerade die von diesem Unternehmer verursachte, geförderte und häufig sogar mit allen Mitteln gegen den Widerstand fähiger Mitarbeiter durchgesetzte Fixierung der ganzen Firma auf seine Person hat zur Folge, daß die besten Mitarbeiter bei der nächsten sich bietenden Gelegenheit zu einem Wettbewerber wechseln, der dadurch oft genug in die Lage versetzt wird, nach dem Ausscheiden des Gründers aus der alten Firma diese zu überflügeln, weil Erfahrung, Flexibilität und Einfallsreichtum mit den guten Mitarbeitern ebenfalls zu diesem Wettbewerber gewechselt sind.

b) Der zweite nicht minder gewichtige Grund für den Abstieg eines unter einem fähigen Unternehmer florierenden und zu anerkannter Größe, Kompetenz und Bedeutung geführten Unternehmens liegt bei der mangelnden Mitarbeiter-Führung.

Die Mitarbeiter einer Firma sind zunächst einmal nicht besser und nicht schlechter als die Mitarbeiter anderer Firmen. Mit einer Einschränkung, von der ich eben schon gesprochen habe. Der Unternehmer, der sich als Alleinherrscher fühlt und auch so agiert, ist selten in der Lage, ein dynamisches, ideenreiches und entscheidungsfreudiges Management aufzubauen.

Aber ich meine hier jetzt nicht die leitenden Mitarbeiter speziell, sondern eigentlich alle, vom Abteilungsleiter über den Assistenten des Abteilungsleiters bis hin zu den Sekretärinnen. Ein patriarchalisch »regierender« Firmenchef gewöhnt seine Untergebenen an das Ausführen von Anordnungen. Und weil das schließlich so bequem ist, gewöhnen sich die Angestellten gern immer mehr daran und finden alles in bester Ordnung. Hinzu kommt, daß nur der gelobt und befördert wird, der die Anordnungen des Chefs, wie es so schön heißt, »Punkt für Punkt« exakt erledigt. Widersprüche sind weder erwünscht noch werden sie geduldet.

Ich kannte einen Firmenchef, der sich viel auf seine fortschrittlichen Führungsmethoden zugute tat. Er hatte sogar »Führungsgrundsätze« herausgegeben, die aus einem modernen Lehrbuch für Mitarbeiter-Motivation abgeschrieben sein könnten. Auch im persönlichen Gespräch zeigte er sich aufgeschlossen. Er konnte seine Scherze machen und herzhaft über andere lachen.

Dieser Mann hatte aber einen entscheidenden Fehler: Er konnte es nicht vertragen, wenn ein Mitarbeiter ihm klarmachte, daß eine seiner Entscheidungen falsch war. Dieser Mitarbeiter hat normalerweise nur einmal Kritik geübt. Eine zweite Gelegenheit bekam er nicht. Nicht, weil er entlassen wurde, nein, so brutal ging es nun doch nicht zu, sondern weil ihm keine Möglichkeit mehr gegeben wurde, seine Meinung und seinen Rat vorzutragen. Er wurde ganz einfach zu Besprechungen, auch wenn es um seinen Bereich ging, nicht mehr hinzugezogen.

Dagegen konnten andere, deren Fachwissen zwar zu wünschen übrig ließ, die sich aber durch Wohlverhalten und Zustimmung das Wohlwollen sicherten, Einfluß auch in Aufgabengebieten nehmen, von denen sie eigentlich nicht mehr verstanden als jeder andere Mitbürger auch.

Einseitige Fixierung auf eine Person an der Spitze des Unternehmens und die dadurch ausgelöste Demotivierung der in den wichtigen Stabsstellen tätigen Mitarbeiter sind also die Erreger und Auslöser einer schleichenden Krankheit, die so manch ein Unternehmen befallen hat und die meist nur durch eine personelle Radikalkur geheilt werden kann.

Die Antwort auf die Frage, wie dieser Entwicklung Einhalt geboten werden kann, ist bereits angeklungen. Ich werde in einem späteren Kapitel ausführlicher darauf eingehen.

D. Die Person und die Unternehmens-Person

Zunächst wollen wir uns dem nächsten von mir erwähnten Menschentyp und Unternehmens-Typ zuwenden: der Person.

Sie ist immerhin schon mehr als »die übrigen Leute«, sie ist überhaupt die am häufigsten vorkommende Spezies Mensch oder Unternehmen.

Unter einer »Person« im Sinne dieses Buches verstehe ich einen Menschen, der versucht, aus den Situationen, die sich ihm bieten, jeweils das Beste zu machen. Er zeigt nur dann Initiative, wenn seine Umgebung ihn dazu ermutigt, und er steckt den Rahmen für diese Initiative so ab, daß er nur ein sehr begrenztes Risiko eingehen muß.

Sie alle kennen diese Menschen. Sie gehen zur Hauptversammlung ihres Vereins in der Hoffnung, jemand würde den Vorschlag machen, sie zum Schriftführer, Schatzmeister oder zum Beirat zu wählen. Letzterer ist der beliebteste Posten.

Wenn das nicht geschieht, hadern sie nicht mit ihrem Schicksal. Sie hoffen auf das nächste Mal. Doch allein schon die Tatsache, daß sie einem Verein angehören, zeichnet sie gegenüber den von mir erwähnten »übrigen Leuten« aus. Denn zu einer Vereinsmitgliedschaft gehört ja auch schon etwas: Interesse, Kontaktbereitschaft, wenn nicht Kontaktfreudigkeit, und ein wenig Entschlußkraft, na ja, nur ein wenig. Sind es doch oft Kollegen oder Nachbarn, die den Anstoß geben.

Wird er aber gewählt, ist er zunächst einmal stolz. Er wird dann darauf bedacht sein, was er in seiner Antrittsrede unter allgemeinem Applaus auch kundtut, die Tradition zu wahren. Nie kommt er auf den Gedanken, neue Wege zu gehen. Ja, solche Gedanken wird er mit allen Mitteln abwehren, denn neue Wege bedeuten Risiko, und das ist eben nicht das, was er sucht.

Im Gegenteil: Die »Person« kommt zu Ehren und zu Beförderungen durch das Bewahren von Bewährtem, wie es immer so schön heißt. Und Bewährtes bewahren verschont einen vor neuen Konzeptionen, auf die man selbst nicht käme und die durchzusetzen man auch nicht fähig wäre. Damit würde die Position, die man erreicht hat, ins Wanken geraten, wenn nicht sogar ganz aufgehoben werden müssen.

Und wie sieht ein Unternehmen aus, das nur eine »Person« ist und keine Persönlichkeit? Nun, da ist kein großer Unterschied zu dem eben geschilderten Menschen. Auch hier gilt die Analogie.

Sie kennen diesen Unternehmens-Typ alle, denn er ist am verbreitetsten. Nur nicht auffallen, aber möglichst überall »mitmischen«, das ist die Devise. Und möglichst kein Risiko eingehen. Diese Firmen sind meist recht modern eingerichtet, weil sie gut verdienen, denn sie machen alles das nach, was sich bei anderen als erfolgreich durchgesetzt hat. Sie können das ein bißchen billiger machen, weil sie ja kein Risiko eingehen und auch keine Entwicklungskosten hatten. Natürlich läuft man schon mal Gefahr, den Anschluß zu verlieren, wenn die Entwicklung zu schnell vorwärtsgeht und der Markt sich wandelt, ehe man sich versieht, oder ehe man es bemerkt.

Aber genau so, wie die Menschen, die ich als »Personen« bezeichnet habe, sehr wohl zum allgemeinen Leben ihrer Gemeinde einen Beitrag leisten – und wenn es auch nur durch die Mitgliedschaft in einem Verein ist –, genau so sind diese »Unternehmenspersonen« ein wichtiger Bestandteil unserer Wirtschaft.

Eine Truppe kann nicht nur aus Offizieren bestehen. Der fähige Unteroffizier, der in der Lage ist, Befehle optimal umzusetzen, und der einfache Soldat, der bereit ist, sich dem Befehl entsprechend einzusetzen, gehören nun einmal zu einer siegreichen Armee.

Die Unternehmens-Personen haben eine ähnliche Funktion. Sie nehmen das aufmerksam auf, was andere – die sogenannten Marktführer – vormachen. Sie entwickeln diese Produkte vielleicht sogar weiter, vervollkommnen sie, sorgen für eine allgemeine Distribution und zwingen die Innovatoren quasi auf diese Weise, sich immer wieder etwas Neues einfallen zu lassen.

Ich kenne eine ganze Reihe von Firmen, in denen es zwar keine oder nur eine sehr unterbesetzte Entwicklungs-Abteilung gibt, in denen dagegen der Bereich Konkurrenz-Beobachtung um so besser ausgebaut worden ist, weil er die lebenswichtigen Impulse für die Arbeit des Unternehmens liefert. Ich denke da z. B. auch an große Handelsketten, von denen noch nie ein wirklich neues Produkt aus eigener Initiative heraus mit allen damit zusammenhängenden Risiken, wie Forschung, Entwicklungskosten, Einführungswerbung usw., auf den Markt gebracht wurde. Hier läßt man die Industrie immer gern den Vorreiter spielen und die Flops verkraften und verdauen. Wenn dann aber ein neues Produkt eingeführt ist und sich als erfolgreich erweist, dann kommt bald ein ähnliches Produkt unter der Handelsmarke heraus oder neuerdings sogar als »weißes« Produkt. Und oft genug ist dann die Firma, die das Produkt ursprünglich entwickelt hat, sogar noch bereit, es unter der Handelsmarke oder »weiß« an die Kette zu liefern, bloß um diesen starken Partner nicht zu verprellen.

Wenn wir dem Handel die Verantwortung für Neuerungen überlassen würden, müßten sich die Frauen heute noch mit dem Waschbrett abplagen. Was hätte der Handel dem Erfinder der Waschmaschine geantwortet? Ganz einfach, der hätte die gleiche Antwort bekommen, die alle Verkaufsleiter oder Vertreter hören, wenn sie einen Händler um seine Meinung über ein völlig neues Produkt bitten:

1. Ein Waschbrett kostet 10 Mark und die neue Waschmaschine soll ein paar Hundert Mark kosten? Das ist viel zu teuer! Das zahlt kein Mensch.

2. Wenn Sie dafür nicht eine großangelegte Werbung machen und mir nicht besonders günstige Einführungs-Konditionen geben, haben Sie sowieso keine Chance.

3. Bisher hat bei mir noch nie jemand nach so einer Waschmaschine gefragt.

Lassen Sie mich ein praktisches Beispiel anführen: Wissenschaftler haben herausgefunden, daß Kinderfüße durch zu kleine Kinderschuhe bleibend deformiert werden können und daß über die Hälfte aller Kinder mit zu kurzen Schuhen tagaus, tagein herumläuft. Die Kinderschuh-Industrie hat daraufhin ein sogenanntes Weiten-Maß-System (WMS) entwickelt, in dessen Rahmen Kinderschuhe in drei verschiedenen Ballenweiten angeboten werden; Voraussetzung für das einwandfreie Verpassen und Passen von Kinderschuhen.

Jedem cleveren Schuhfachhändler müßte nun sofort eines klarwerden: Da Kinder wegen der gesunden Entwicklung ihrer Füße also immer passende Schuhe tragen sollten, Kinderfüße aber bekanntlich wachsen, die Schuhe auf diese Weise also permanent »von selbst« zu klein werden, bietet sich hier eine ideale Möglichkeit, den Kinderschuhabsatz erheblich zu steigern; und zwar den Absatz deutscher Kinderschuhe, die teurer als die ausländischen sind und mit denen es daher mehr zu verdienen gibt, da ausländische Kinderschuhe nicht nach diesem System angeboten werden.

Jedem Laien geht sofort ein, welche Chancen sich hier bieten, nur den meisten Schuhfachhändlern nicht. Sie machen ihre eigenen Preise weiter durch Billigangebote kaputt, versuchen weiter, den Verbrauchermärkten durch das Aufstellen von Wühltischen Konkurrenz zu machen und verkennen m. E. völlig, wie sehr der durchschnittliche Schuhkäufer und besonders die Kinderschuhe kaufende Mutter bereit sind, für eine gute Beratung und ein gutes Produkt auch gutes Geld, d. h. höhere Preise zu zahlen. Und schließlich kann erwartet werden, daß auch die Mutter für sich dort die Schuhe kauft, wo sie gut beraten wird.

Wenn es sich bei diesem Beispiel auch nicht um ein neues Produkt handelt, das eingeführt werden sollte, so handelt es sich doch um eine neue Idee, wie hochwertigere Produkte besser verkauft werden können. Eine Idee, die den unbestreitbaren Vorzug hat, nicht nur den Verkauf zu fördern, sondern auch dem Kunden zu nutzen.

Oder ein anderes Beispiel: Die Radiogeräte der Firma Braun galten jahrelang als vorbildlich in Technik und Design, ganz besonders im Design. Ja, die Produktgestaltung der Braun-Geräte hat schließlich das Aussehen aller Rundfunkgeräte nachhaltig beeinflußt. Schon seit vielen Jahren gehört die Geräteform der ersten Nachkriegsjahre zu den Erscheinungen, an die man nur noch mit nostalgischen Reminiszenzen zurückdenkt. Aber denken Sie ja nicht, die Firma Braun hätte mit den Radioapparaten in der neuen Form beim Handel Eindruck gemacht. Es bedurfte großer Anstrengungen und zäher Beharrlichkeit, verbunden mit Überzeugungskraft, so nach und nach die neue Linie durchzusetzen. Und als dann die Wettbewerber von Braun merkten, was an dem neuen Produktdesign dran war, ja, dann machte auch der Handel mit langsam erwachendem Elan mit.

Aber natürlich gibt es diese Beispiele auch von den kleinen Artikeln, die wir täglich brauchen: z. B. Margarine. Jahrelang gab es die gute Margarine mit den besten Pflanzenfetten (Sonnenblumenöl u. ä.) nur als Reform-Margarine in Reformhäusern. Ich habe nie davon gehört, daß es Lebensmittelhändler gab, welche die Margarine-Industrie gedrängt hätten, doch unbedingt für sie ebenfalls solche hochwertige Margarine herauszubringen. Die Reformhaus-Margarine war ja auch viel teurer als die in den Regalen der Lebensmittelgeschäfte, und sicher wurde damals auch selten danach gefragt.

Die Margarine-Industrie mußte erst eine lange und sehr aufwendige Aufklärungskampagne starten, an die Sie sich bestimmt noch gut erinnern, um den Handel dazu zu bringen, solche edle Margarine ebenfalls zu führen. Heute führt er sie beinahe nur noch, denn die Werbung der Margarine-Leute war so erfolgreich, daß eine zeitlang sogar die Butter um ihren Absatz bangen mußte.

Aber natürlich meine ich nicht »den Handel«, sondern die vielen Einzelhandelsfirmen, die Sie genau so gut kennen wie ich, und natürlich gehören nicht nur Einzelhändler zu diesen Firmen, von denen keine innovativen Impulse ausgehen, die immer nur dann mitmachen, wenn sie meinen, es würde sich für sie lohnen.

Denken Sie z. B. auch an die vielen Firmen, die sog. »Me-too»-Artikel herausbringen. »Me-too« heißt, frei übersetzt, »ich-auch«. Mit diesem Begriff werden Artikel bezeichnet, die einem erfolgreichen Produkt täuschend genau nachgemacht, d. h. mit gleichen Produktvorteilen, gleicher Form und häufig auch nahezu gleichem Preis auf den Markt gebracht werden.

Der Paketdienst bei der Bundespost ist erst aufgemöbelt worden, nachdem der UPS und andere ebenfalls einen Paketdienst aufgemacht haben. Getreu der Devise »Konkurrenz belebt das Geschäft« sollten wir diese Me-too-Artikel alles in allem sogar begrüßen, sorgen sie doch meist dafür, daß Vorreiter auch Vorreiter bleiben, weil an sie unablässig die Forderung gestellt wird, besser zu sein.

E. Das Schlüsselerlebnis des Prof. Porsche

Ich kenne eine Geschichte, die, sollte sie nicht wahr sein, dann den Vorzug hat, sehr gut erfunden worden zu sein: Professor Porsche besichtigte einmal die Ford-Werke in Detroit. Sein Chefingenieur war mit von der Partie. Henry Ford jun. führte die berühmten Gäste aus Germany persönlich durch sein großes Werk. Der Porsche-Ingenieur machte sich heimlich ab und zu Aufzeichnungen, wenn er meinte, etwas gesehen zu haben, was er zu Hause verwerten könnte. Er machte sie aber nicht heimlich genug, denn Professor Porsche war es aufgefallen, und er hatte gesehen, daß auch Henry Ford etwas bemerkt hatte. Porsche war die Angelegenheit sehr peinlich. Beim Abschied nahm er Henry Ford beiseite und sagte zu ihm: »Sie haben sicherlich bemerkt, daß mein Chefingenieur Aufzeichnungen gemacht hat. Mir ist das sehr unangenehm, und ich möchte mich dafür entschuldigen. Ich werde dafür sorgen, daß er sofort alle Blätter mit den Notizen vernichtet.«

»Aber nicht doch!« antwortete Henry Ford, »das hat mich nicht gestört. Wenn Sie das, was Ihr Ingenieur sich notiert hat, in Deutschland verwirklicht haben, müssen wir hier schon wieder viel weiter sein.«

Wir wissen alle, wie die Entwicklung weiterging. Porsche hatte es schon bald nicht mehr nötig, Notizen aus anderen Ländern zu verwirklichen, – wenn er es je nötig hatte, was ich bezweifeln möchte. Im Gegenteil, wenn man an seine Wagen denkt, die er auf den Markt gebracht hat und die seinen Namen tragen, so kommt einem der Gedanke, daß dieser Ausspruch von Henry Ford vielleicht für ihn ein Schlüsselerlebnis war. Er sorgte dafür, daß seine Wagen den anderen immer ein Stück voraus waren.

Und damit sind wir unversehens bereits beim dritten Teil dieses Kapitels: bei den Unternehmen, die ich mit Persönlichkeiten vergleichen möchte.

Was zeichnet eine Persönlichkeit aus? Was sind die Merkmale einer Persönlichkeit?

Schauen wir zunächst doch einfach mal ins Lexikon. Das Duden-Lexikon sagt:

»Persönlichkeit, einmalige Prägung des Menschen, der in freier Entscheidung sein Person-Sein verwirklicht, die Gesamtheit seiner Wesenszüge entfaltet, bestimmenden Einfluß auf seine Umwelt nimmt und Mitverantwortung für die Gemeinschaft spürt.«

Lesen Sie sich das ruhig noch einmal langsam durch.

F. Das Schlüsselerlebnis eines Studenten

So lautet also die Lexikon-Theorie. Was eine Persönlichkeit praktisch ist, lernt man aber nur durch persönliche Erlebnisse mit Menschen kennen, die einen entsprechend beeindrucken. Zwar kommt es mir vor, als ob es eine ganze Menge Menschen gibt, die nie ein solches Schlüsselerlebnis haben, weil sie es nicht erkennen, wenn es sich ereignet.

Es gehört vielleicht eine gewisse Sensibilität dazu.

Sie werden besser verstehen, was ich meine, wenn ich Ihnen ein Erlebnis aus meiner Studienzeit erzähle:

Ich war damals Teilnehmer an einem Kreis von Studenten, die sich jeden Monat einmal trafen, um über wichtige politische Ereignisse zu diskutieren. Und wie junge Menschen nun mal so sind, haben wir natürlich kein Thema ausgelassen, mochte es auch noch so schwierig sein. Häufig hatten wir zu unseren Diskussionsabenden prominente Leute eingeladen, um von ihren kompetenten Urteilen zu lernen oder uns mit ihnen auseinanderzusetzen.

So saß einmal der Dekan der Philosophischen Fakultät der Universität Berlin unter uns, während wir ein schwieriges Problem »beim Wikkel« hatten. Geduldig hörte er sich an, wie unsere Meinungen aufeinanderprallten, denn jeder von uns – und das ist wichtig bei dieser Geschichte – hatte natürlich eine feste Meinung zu dieser Frage, obwohl keiner von uns von dem Thema, das diskutiert wurde, viel verstand.

Als die Diskussion Gefahr lief, in eine Sackgasse zu geraten, wandte sich einer von uns an den von uns allen als kompetent verehrten Professor mit der Bitte, uns seine Meinung zu dem Problem zu verraten. Seine Antwort verblüffte uns alle und war für mich eines der Schlüsselerlebnisse meines Lebens. Der Professor antwortete nämlich ganz schlicht: »Zu diesem Thema kann ich mich leider nicht äußern, da ich davon zu wenig verstehe.«

Das war eine Ohrfeige für meine Kommilitonen und mich. Etwas verlegen einigten wir uns darauf, einige der anwesenden Studenten zu bitten, nähere Informationen zu sammeln und sie uns während des nächsten Treffens vorzutragen, damit wir das Thema noch einmal besprechen und diskutieren könnten. Und so haben wir es dann mit allen anderen Themen, die wir uns vorgenommen hatten, ebenfalls gemacht.

G. Was zeichnet eine Persönlichkeit aus?

Die Psychologie sagt: Je dümmer ein Mensch ist, desto mehr glaubt er zu wissen. – Fragen, an denen so manch ein kluger, informierter und engagierter Fachmann scheitert, werden bekanntlich an vielen Stammtischen »mit links« perfekt beantwortet. Eigenartig ist nur, daß diese Strategen, die anderer Leute Probleme so leicht und überzeugend lösen können, es meist selbst im Leben nicht sehr weit gebracht haben, ja, an eigenen Problemen häufig mühsam herumwerkeln, zu keiner Lösung kommen oder gar scheitern.

Bei dieser Gelegenheit muß natürlich auch Sokrates zitiert werden, dessen Ausspruch überliefert ist »Ich weiß, daß ich nichts weiß« und der damit einen Gipfel philosophischer Erkenntnis erklommen hat. Mit der von ihm entwickelten Fragemethode, der Mäeutik, hat er die Hohlheit und geistige Leere vieler seiner Gesprächspartner entlarvt.

Aber Sie müssen nicht unbedingt ein Weiser oder Gelehrter sein, um die Erfahrungen bestätigen zu können, die jeder macht, der sich ein Wissensgebiet zu eigen machen will.

Was zunächst überschaubar, machbar oder zumindest abschätzbar aussieht, offenbart eine ungeheure, grenzenlose Weite, je mehr Wissen aus diesem Gebiet man sich aneignet. Es erscheint so, als ob das Feld, das umgegraben werden soll, mit jedem Spatenstich größer wird. Oder vielleicht sollte ich besser sagen, das Wissen erlaubt einem, einen imaginären Turm zu ersteigen, von dem aus das Wissensgebiet überblickt werden kann. Und je mehr man weiß, d. h. je höher man den Turm erklimmt, desto mehr erkennt man, wie unermeßlich groß das Gebiet ist, das man kennenlernen möchte. Sicher ein Grund für viele, ein Vorhaben, das sie mit Schwung und Begeisterung begonnen haben, schließlich wieder aufzugeben.

Wer dennoch unermüdlich weitersteigt und wem es gelingt, wenigstens einen der vielen Wissens-Türme bis zur Spitze zu ersteigen, kann das meist nur dann erreichen, wenn er darauf verzichtet, auch noch andere Türme ersteigen zu wollen. Das Ergebnis ist der Spezialist, der von einer Sache alles und – wie man so treffend sagt – von allen anderen Sachen nichts versteht.

Es ist also klar, ein Spezialist kann eine Persönlichkeit sein, muß es aber nicht. Die Persönlichkeit zeichnet sich zwar meist durch ein gehöriges Maß an Wissen aus, aber dieses Wissen ist nicht unbedingt das Merkmal einer Persönlichkeit. So ist denkbar, daß ein hochgebildeter Wissenschaftler alles andere als eine Persönlichkeit ist, während ein Analphabet sehr wohl eine sein kann.

Ich glaube, es geht hier also weniger um Wissen als um eine Art Souveränität, die aus einem rational überlegenen Sachverstand und einer Erkenntnisfähigkeit und den daraus resultierenden Erkenntnissen erwächst und die durch nüchterne Selektion der verschiedensten, auf den Menschen einstürmenden Assoziationen sich ergibt. Es geht gleichzeitig um ein aus diesem Sachverstand und diesen Erkenntnissen resultierendes Wollen, das in einem positiven Sinne alle Handlungen steuert.

Wie ist das nun auf die Handlungen eines Unternehmens abzuleiten oder zu übertragen?

Vor einigen Jahren gab es einen Slogan für den VW-Käfer, der lautete: »... da weiß man, was man hat!« – Vielleicht ist keinem der Beteiligten und der Angesprochenen dabei so richtig klargeworden, daß hier nicht nur das Geheimnis eines erfolgreichen Unternehmens ausgeplaudert wurde, nein, das »Geheimnis« jedes erfolgreichen Unternehmens schlechthin.

Wir leben in einer Welt, in der auf jeden von uns beinahe tagtäglich sinnverwirrende Mengen von optischen und akustischen Reizen herniederprasseln. Früher lebte man vergleichsweise ruhig. Ohne Telefon, Telegramme, Radio, Fernsehen, Auto und was die Errungenschaften der Neuzeit sonst noch sind. Wer eine Reise unternehmen wollte, mußte seine häuslichen Vorhaben und seine Termine zu Hause für einige Zeit ruhen lassen. Für eines von beiden hatte er sich zu entscheiden, entweder reisen oder die Geschäfte zu Hause abwickeln.

Heute rast der Geschäftsmann mit seinem Wagen an einem Tag über die Strecke, für die früher mehrere Tage oder Wochen benötigt wurden, ist dabei gezwungen, sich auf den starken Verkehr zu konzentrieren, hört gleichzeitig die neuesten Nachrichten im Autoradio und bleibt vielleicht sogar per Autotelefon permanent mit seinem Büro und den dort auftretenden Problemen nicht nur verbunden, sondern konfrontiert. Ähnlich geht es der Hausfrau, die sich aus Zeitschriften-Anzeigen, Radio- und Fernsehwerbung, Schaufenster-Auslagen und nicht zuletzt überquellenden Regalen in ihrem Kaufmannsladen, nein, Supermarkt einer von einem einzelnen Menschen nicht mehr zu bewältigenden Flut von Angeboten gegenübersieht.

Da die Menschen in den wenigsten Fällen auf diese vielfältigen Angebote kompetent reagieren können, weil ihnen die dazu notwendigen Fachkenntnisse fehlen und weil sie zu wenig Zeit und wohl auch zu wenig intellektuelle Kapazität haben, entwickeln sie eine Art automatischer Selektionsfähigkeit, die sie in die Lage versetzt, den größten Teil dieser Angebotsflut überhaupt nicht zu bemerken oder zumindest nicht als unangenehmen, lästigen Reiz zu registrieren.

So können wir die Beobachtung machen, daß eine Hausfrau, die den ganzen Vormittag in der Küche zu ihrer Arbeit den Werbefunk gehört hat, sich zwar an die schöne Musik erinnern kann, jedoch nur an ganz wenige Werbebotschaften. Die erinnerten Botschaften gehören zu dem augenblicklichen Interessenkreis der angesprochenen Person und können darum sehr unterschiedlich sein.

Viele Werbewirkungsforscher geben sich große Mühe mit dem Versuch herauszubekommen, wie ein Funkspot aufgebaut sein muß, damit er beim Verbraucher ankommt. Da werden aus langen Tabellen und Aufstellungen mit ausgewerteten Antworten von befragten Personen sich sehr klug und überzeugend anhörende Schlüsse gezogen und vermeintliche Gesetzmäßigkeiten abgeleitet.

Und wenn dann der nächste Spot genau nach diesem Rezept gestaltet wird, kann er doch wieder zu einem Mißerfolg werden. Die Forscher haben versäumt festzustellen, wie die jeweilige Interessenlage der Interviewten war und wie diese Interessenlage sich auf den Erfolg oder Mißerfolg des untersuchten Funkspots, also auf Zustimmung und Erinnerung oder Ablehnung und Vergessen, ausgewirkt hat.

Aber die Menschen müssen ja schließlich etwas kaufen, d. h. sie sind trotz aller Selektionsmechanismen gezwungen, sich doch ab und zu mit den Angeboten auseinanderzusetzen.

Aber, wie machen sie das?

Die Antwort auf diese Frage zeigt vielleicht auf relativ einfache Weise den Weg zu erfolgreicher Werbung, ja, zum Erfolg für ein Unternehmen.

Die Menschen suchen alle einen Anbieter, zu dem sie Vertrauen haben können. Gerade weil sie von den vielen Dingen des täglichen Bedarfs meist keine Ahnung haben, müssen sie zumindest das Gefühl haben, daß sie dem Anbieter einer Ware Vertrauen schenken können. Ist dieses Vertrauen vorhanden, kann dieser Anbieter die verschiedensten Produkte, die in den vorhandenen Vertrauensrahmen hineinpassen, mit Erfolg verkaufen.

H. »No-names« sind gar keine »No-names«

In diesem Zusammenhang möchte ich ein paar Worte zu den sogenannten »No-names« oder auch weißen Produkten sagen. Die ganze Diskussion um diese Produkte und um die Chance der Markenartikel, gegen sie zu bestehen und zu überleben, ist durch eine Praxisferne charakterisiert, die gerade Marketingleuten fremd sein sollte. Sie geht, schlicht gesagt, am Thema vorbei.

Kaufen und Verkaufen waren immer Prozesse, die vom Vertrauen des Käufers in den Verkäufer geprägt waren. Der Markenartikel tritt erst relativ spät auf. Zunächst gab es, um in moderner Terminologie zu sprechen, nur No-names. Ich kann mich noch gut an die Kaufmannsläden erinnern, in denen man Butter aus dem Butterfaß und aus Schubladen Mehl, Gries und Haferflocken und ähnliche Produkte erhielt, die der Kaufmann mit einer Kelle in eine Tüte füllte und auf seiner Waage abwog. Aber waren das alles No-names? Natürlich nicht! Diese Waren trugen sozusagen den Namen des Kaufmanns, der sie verkaufte. Das Vertrauen, das seine Kunden in ihn als guten Kaufmann setzten, übertrugen sie selbstverständlich auf die Waren, die er anbot. Nur die Artikel, die man ihm nicht zutraute, für die ihm die Fachkenntnisse fehlten, wurden fertig verpackt angeboten.

Mit der Zunahme des Angebots, der Differenzierung der einzelnen Artikel, aber auch mit der wachsenden Mobilität der Menschen und der Weiterentwicklung vieler Produkte schwand dieses Vertrauen der Kunden in die Fähigkeiten des Kaufmanns. Die Produktions-Unternehmen übernahmen die Garantie für Qualität und Preiswürdigkeit und entwikkelten den sogenannten Markenartikel, der sich in seiner ursprünglichen Definition durch gleiche Qualität, gleichen Preis, gleiche Verpakkung und »Überall-erhältlichkeit«, also eine dichte Distribution, auszeichnete.

Langsam verlor die Beratungsfunktion des Kaufmanns an Bedeutung. Sie wurde vom Markenartikel und der Werbung für ihn abgelöst. Damit wurden aber auch die Voraussetzungen für die Großvertriebsformen geschaffen, Supermärkte, Verbrauchermärkte usw., und das Sterben der »Tante-Emma-Läden« war die logische Folge. Die Großvertriebsformen konnten nur durch den Markenartikel erfolgreich sein, weil Markenartikel durch die Werbung und die Verpackung vorverkauft worden waren.

Und wieder trat eine Vertrauensverlagerung ein. Die Kunden übertrugen das Vertrauen, das sie in die Markenartikel setzten, nun auch wieder auf das Geschäft, das diese Markenartikel anbot. Wenn unter dem Namen des Supermarktes oder der Kette eine sogenannte Hausmarke oder Handelsmarke in den Regalen stand, die das gleiche versprach wie die entsprechenden Markenartikel, das jedoch zu niedrigerem Preis, dann war es eigentlich selbstverständlich, wenn diese Handelsmarke sich eines guten Abverkaufs erfreuen konnte. Der Endverbraucher hat nie einen Unterschied zwischen klassischen Markenartikeln und Handelsmarken gemacht. Unterschiedliche Signale nahm er nicht wahr. Nur wenn die billigere Handelsmarke seinen Erwartungen nicht entsprach, wandte er sich wieder der alten vertrauten Marke zu. Aber das ist natürlich keine für Handelsmarken typische Erscheinung. So geht es schließlich jedem Produkt, das die Erwartungen der Verbraucher nicht erfüllt.

Und in gleichem Sinne sind natürlich auch die No-names keine No-names. Selbstverständlich tragen auch sie einen Namen, nämlich den Namen des Supermarktes.

Ein echtes Produkt ohne Namen wäre z. B. eine Tüte mit Mehl, auf der wirklich nur das eine Wort »Mehl« steht und die von wildfremden Hausierern an der Haustür angeboten wird. Ich glaube nicht, daß diese Hausierer gute Geschäfte machen würden.

I. Vertrauen ist die Basis

Vertrauen ist die Voraussetzung für den Verkauf. Nur bestimmte »Low-interest-Produkte«, die schon beinahe »No-interest-Produkte« sind, kommen ohne diesen Vertrauensvorschuß aus; einen Kamm oder eine Bürste kauft man schon mal beim Hausierer an der Wohnungstür, wenn er sagt, es sei für ein gutes Werk. Aber bei allen anderen Produkten muß dieses Vertrauen vorhanden sein, entweder zum Verkäufer oder zum Markenartikel. Dazu einige Beispiele:

Welche Hausfrau weiß schon wirklich, was mehrfach ungesättigte Fettsäuren eigentlich sind? Die Margarine-Industrie hat es aber fertiggebracht, ihr klarzumachen und sie davon zu überzeugen, daß die Margarine mit diesen Fettsäuren gesünder und daher besser ist als die andere billigere. Und da die Margarine-Industrie es darüber hinaus verstanden hat, diese Informationen so zu kommunizieren, daß die Hausfrau zu dieser Aussage Vertrauen gewonnen hat, ist es gelungen, die teurere Margarine so erfolgreich einzuführen, daß es heute nur noch schwer möglich ist, die billigere Margarine loszuwerden.

Nun schlägt die Landwirtschaft mit einer Kampagne für die Butter zurück. Verständlich.

Oder noch ein anderes Beispiel.

Welcher Verbraucher kann wirklich kompetent mitreden, wenn es um die Frage der Verhütung von Karies und Parodontose geht? Zu diesem Thema gibt es sogar unter Wissenschaftlern unterschiedliche Meinungen. – Und doch haben die Verbraucher inzwischen zu der Aussage der Zahnpasta-Hersteller Vertrauen gewonnen, Fluor habe eine positive Wirkung auf Zahn und Zahnfleisch. Das Ergebnis: Sie kaufen nicht mehr – wie früher – die Zahnpasta, die nur gut nach Pfefferminze schmeckt und einen reinen, sympathischen Atem spendet, sondern sie verlangen die teurere, medizinische Zahncreme mit Fluor.

Vertrauen ist also der wesentliche Impuls, der einen Verbraucher normalerweise veranlaßt, das eine Produkt zu kaufen und das andere nicht.

Sehr überzeugend wirkt sich diese Einstellung auch bei den Autofahrern aus. Schon vor vielen Jahren haben die großen Mineralöl-Gesellschaften begonnen, ihr Tankstellen-Personal zu schulen, um es in die Lage zu versetzen, ihre Kunden nicht nur freundlich, sondern auch fachgerecht zu bedienen. Man hatte nämlich sehr gut erkannt, daß der Autofahrer die Tankstelle bevorzugt, zu deren Tankwarten er Vertrauen hat, d. h. denen er auch mal eine technische Frage stellen konnte, die dann richtig und einwandfrei beantwortet wurde. Noch besser ist es natürlich, wenn die Tankwarte in der Lage sind, kleine Reparaturen und Pflegearbeiten auszuführen.

Mit anderen Worten: Eine Mineralöl-Gesellschaft kann für ihr Benzin so viel werben wie sie will. Wenn das Personal an ihren Tankstellen nicht »Qualität und Vertrauen« assoziiert, dann fährt der Autofahrer zur Konkurrenz, bei der die Betreuung fachgerechter ist. Die Qualität des Kraftstoffes orientiert sich in der Beurteilung des Kunden also an der Qualifikation desjenigen, der diesen Kraftstoff anbietet und verkauft.

Die Bestätigung hierfür kann ich täglich beobachten. An einer Ausfallstraße in meinem Wohnort liegen zwei Tankstellen direkt nebeneinander. Die eine bietet den Kraftstoff regelmäßig um 2 Pfennig billiger an als die andere. Trotzdem hat die »teurere« die sichtbar höhere Kundenfrequenz, weil dort einerseits alles sauberer und gepflegter aussieht und andererseits das Personal fachkundiger und – als Tüpfelchen auf dem i –

auch noch freundlicher ist. Dies alles gleicht also den Preisunterschied nicht nur aus, sondern läßt mehr Autofahrer zu der Tankstelle mit dem höheren Preis fahren.

Interessant ist auch die Erfahrung, die Automobil-Hersteller gemacht haben. Es ist für sie absolut notwendig, für ihre Prospekte beste Papierqualitäten zu verwenden und auf besonders hochwertige und perfekte Druckausführung zu achten. Denn es zeigt sich immer wieder, daß der Auto-Interessent ganz unbewußt auch von der technischen Qualität der Prospekte auf die Qualität der angebotenen Autotypen schließt. Oder mit anderen Worten: Es scheint wirklich so zu sein, daß ein technisch hochwertiges Angebot auf billigem Papier unvollkommen gedruckt unglaubwürdig, nicht überzeugend wirkt und daher nicht so gut ankommt wie ein vielleicht rein technisch gesehen nicht ganz so gutes Angebot, das auf bestem Papier brillant gedruckt wurde.

Der Kunde von heute sucht einen »Leuchtturm«, der ihm zuverlässig den Weg durch das Tohuwabohu des verwirrenden Warenangebots weist. Diese Leuchtturmfunktion können nur Waren ausführen, die Vertrauen implizieren und ausstrahlen: Produktpersönlichkeiten!

Da ist es wieder, das Wort »Persönlichkeit«! Und mit Recht. Man will wissen, was man bekommt. Bei einer Persönlichkeit weiß man, daß man ihr vertrauen kann; sie ist vielleicht nicht der beste Mensch, den es gibt, aber sie ist zuverlässig, in ihren Reaktionen abschätzbar und vertrauenswürdig. Und darauf kommt es an!

Auch bei Produkten und Dienstleistungen!

Das Produkt, das am häufigsten gekauft wird, muß nicht gleichzeitig auch das beste sein, das es auf dem Markt gibt. Aber es ist das Produkt, zu dem die meisten Menschen das größte Vertrauen haben. Das ist das Entscheidende!

Um nun ein Unternehmen in die Lage zu versetzen, Signale aussenden zu können, die Vertrauen, Zutrauen, Zuverlässigkeit assoziieren, die ihm das Image verleihen, bei seiner Ware, seinem Angebot, da weiß man (natürlich in positivem Sinne), was man erhält und was man hat, bedarf es nicht unbedingt berühmter Management-Regeln. Es müssen vielmehr eine Reihe von »Kleinigkeiten«, mögen Sie vielleicht meinen, beachtet werden, Regeln befolgt, Verhaltensweisen eingeübt und exerziert werden, auf die ich in den nächsten Kapiteln ausführlich eingehen möchte.

II. Der äußere Eindruck

A. Es ist schon eine ganze Menge, die den ersten Eindruck ausmacht

»Der erste Eindruck ist der wichtigste«, sagen die Leute und meinen damit sehr viel mehr als wirklich nur den »ersten« Eindruck.

Wir beurteilen einen Menschen, dem wir zum ersten Mal begegnen, zunächst danach, wie er sich kleidet, modisch oder nachlässig, gepflegt oder unordentlich, wie er sich hält, aufrecht oder gebeugt, wie er sich gibt, affektiert oder gelassen, wie sein Händedruck ist, weich, wabbelig oder fest (oder zu fest), wie seine Haut, sein Haarschnitt, seine Hände aussehen und nicht zuletzt wie er spricht oder genauer, wie er uns anspricht, laut oder leise, gedämpft, heiter oder ernst, mit deutlicher Aussprache oder genuschelt.

Nach diesem »ersten« Eindruck ergänzen wir unsere Beurteilung sehr schnell, indem wir registrieren, wie dieser Mensch uns behandelt, wie er uns gegenüber auftritt, von oben herab, gleichrangig oder untertänig, wie seine Bewegungen sind, nervös oder ruhig, linkisch oder beherrscht und gesteuert. Und schließlich ergibt sich eine erste, sagen wir vorläufig abschließende Beurteilung durch den Inhalt und Sinn seiner Rede. Nicht nur, wie er seine Worte setzt und welche Worte er gebraucht, sondern es ist ganz besonders die mehr oder weniger große Überzeugungskraft seiner Worte, die uns entsprechend mehr oder weniger in ihren Bann zieht.

Es ist also schon eine ganze Menge, was diesen »ersten Eindruck« ausmacht, und gar nicht einfach, alles in der richtigen Form von sich zu geben. Besonders dann, wenn wir bedenken, daß es nicht nur eine Ausdrucksform gibt, die für alle Gelegenheiten richtig ist.

Sicher muß ein Unterschied gemacht werden zwischen einem harten geschäftlichen Poker, einem Flirt mit einem charmanten Partygast, einem launigen Gespräch am Stammtisch oder einer Diskussion im Sportverein. Bei jeder dieser Gelegenheiten sind andere Formen der Erscheinung, des Auftretens, der Sprechweise, ich würde sagen, der aktiven und passiven Äußerungen, angebracht und anzuwenden. Inwieweit wir das im Privatleben beherrschen oder nicht beherrschen, hängt wesentlich von der Erziehung ab, die uns unsere Eltern und die Menschen gaben, die während unserer Kindheit und Jugend um uns waren. Der Wert einer guten und richtigen, auf die Erfordernisse des Lebens und seiner Ansprüche gerichteten und ihnen wirklich Rechnung tragenden Erziehung wird allein schon durch diese Gedanken deutlich. Eine noch so umfangreiche und intensive Berufsausbildung nutzt einem jungen Menschen nur wenig, wenn diese anderen, für das Weiterkommen im Leben, für die Karriere in unserer Gesellschaft entscheidend wichtigen Verhaltensregeln bei seiner Bildung unberücksichtigt geblieben sind.

B. Der Kunde, der durch eine offene Antwort gewonnen wurde

Es drängt sich direkt die Erkenntnis auf, wie deckungsgleich die Beurteilungs-Kriterien sind, wenn wir es nicht mit einem Menschen, sondern mit einem Unternehmen zu tun haben. Auch jedes Unternehmen hat auf die gleichen Erscheinungs- und Ausdrucksformen zu achten, jeweils variiert zu den verschiedensten Anlässen.

Fangen wir mit den Äußerlichkeiten an. Ich erinnere mich noch gut an ein Erlebnis, das ich vor einigen Jahren als leitender Mitarbeiter einer Werbeagentur hatte. Es ging um einen neuen Kunden, den wir durch eine sorgfältig ausgearbeitete Präsentation zu gewinnen hofften.

Alles lief gut ab. Wir konnten unsere Ideen und Vorschläge, unsere Entwürfe und Mediapläne vor den wichtigsten Männern dieser Firma, einem bedeutenden Möbelhersteller, ohne große Unterbrechungen vortragen. Als wir anschließend mit dem Inhaber, seinem Sohn und dem Verkaufsleiter beim Mittagessen zusammensaßen, erfuhren wir, daß noch zwei weitere Agenturen präsentiert hatten und die Herren auch mit den Vorschlägen der anderen eigentlich sehr zufrieden und darum etwas ratlos waren, wem sie den Zuschlag geben sollten.

Der Seniorchef wandte sich an mich mit einer Frage, die uns und besonders mir zunächst den Mut nahm. Ich war furchtbar enttäuscht darüber, nach welchen, wie ich meinte, unsachlichen Gesichtspunkten der Etat nun endgültig vergeben werden sollte. Der Senior sagte nämlich:

»Da die Präsentationen aller drei Agenturen so gut waren, daß wir uns nicht entscheiden können, mit welcher wir in Zukunft zusammenarbeiten sollen, haben wir uns überlegt, jedesmal noch eine Frage zu stellen, deren Beantwortung uns, wie wir hoffen, die Entscheidung leichter machen wird. Da wir das, was Sie vorgeschlagen haben, nicht in allen Teilen sofort realisieren können, frage ich Sie: Was sollen wir als erstes tun?«

Ich hatte keine Möglichkeit, mich mit meinem ebenfalls am Tisch sitzenden Agenturkollegen abzusprechen. Ich war angesprochen und mußte antworten. Von meiner Antwort sollte es offenbar abhängen, ob unsere wochenlange Arbeit für diese Präsentation von Erfolg gekrönt wurde oder nicht. Zum Erstaunen der Anwesenden sagte ich: »Selbstverständlich werden Sie von uns einen genauen Terminplan erhalten, aus dem hervorgeht, in welcher Reihenfolge die vorgeschlagenen Maßnahmen und Aktivitäten vorbereitet und durchgeführt werden sollten. Diesen genauen Plan werden wir aber nicht ›aus dem Ärmel schütteln‹, sondern gemeinsam mit Ihnen sorgfältig ausarbeiten. Auf Ihre Frage, was sie sofort, also vielleicht schon morgen, beginnen könnten, möchte ich daher etwas raten, über das wir während der Präsentation nicht gesprochen haben: Lassen Sie Ihr Verwaltungsgebäude neu streichen! Das Haus sieht aus, als ob Ihre Geschäfte schlecht gehen. Es ist für die vielen Besucher aus Ihrem Kunden- und Lieferantenkreis keine gute Visitenkarte, wenn sich Ihre Firma so unansehnlich und so wenig einladend zeigt.«

Zuerst herrschte Betroffenheit am Tisch. Mein Kollege schickte einen Blick zu mir herüber, der besagte, daß er mir alle Schuld geben würde, wenn wir diesen Kunden nicht bekämen. Doch dann fuhr der Senior nicht mich, sondern seinen Sohn mit ärgerlicher Stimme an: »Der Mann hat völlig recht. Warum bist du denn noch nicht auf diesen Gedanken gekommen?« Und wieder mir zugewandt fuhr er lächelnd fort: »Das war ein offenes Wort. Vielen Dank. Ich werde morgen sofort die Anweisung geben, daß unser Haus neu verputzt wird. Wenn Sie mir versprechen, in Zukunft genau so offen mit mir zu reden, dann ist meine Entscheidung gefallen. Wir werden mit Ihrer Agentur zusammenarbeiten.«

C. Pförtner haben es schwer

Ja, der erste Eindruck. Für den Besucher einer Firma sind es der Zustand und das Aussehen des Firmengebäudes, die Möglichkeit, bequem seinen Wagen in der Nähe des Eingangs parken zu können, und – der Pförtner.

Diese oft gescholtenen und mißverstandenen Menschen haben es nicht einfach. Sie müssen immerhin eine ganze Menge Vorschriften beachten, Verantwortung tragen und sollen das doch so tun, daß man es möglichst nicht gewahr wird und jeder Besucher das Gefühl hat, gerade er wäre besonders willkommen. Die Art und Weise, wie der Pförtner sich gibt, den Besucher anredet, ihm den Weg weist und notwendige Anweisungen weitergibt, gehört zu diesem wichtigen »ersten Eindruck«, den sich ein Besucher von einer Firma macht.

Wenn nun der Pförtner diese Aufgaben nicht so ausführt, wie Sie es sich wünschen, dann liegt die Schuld daran meistens nicht beim Pförtner, sondern bei Ihnen.

Bitte bedenken Sie: Um Pförtner zu werden, braucht man eine ganz bestimmte Mentalität. Hätte er sie nicht, wäre er sicher nicht Pförtner, sondern vielleicht Lagerleiter, Lkw-Fahrer oder Sachbearbeiter geworden. Stellen Sie sich darauf ein. Gerade weil ein Pförtner zwei eigentlich nicht in Übereinstimmung zu bringende Funktionen gleichzeitig ausführen muß, müssen Sie sich sehr genau überlegen, wie Sie Ihre Pförtner am besten in die Lage versetzen, den an sie gestellten Anforderungen gerecht zu werden.

Was sind das für zwei schwer in Übereinstimmung zu bringende Funktionen?

Ein Pförtner weiß einerseits natürlich genau, daß er zu den Mitarbeitern gehört, die keine Leitungsfunktionen innehaben, sondern ausschließlich Anweisungen ihres Vorgesetzten ausführen müssen. Während aber alle anderen Mitarbeiter in dieser Situation eben auch nur das, was ihnen aufgetragen worden ist, auszuführen haben, ohne damit weisungsbefugt zu werden, ist das beim Pförtner anders. Er weiß, daß er einerseits zu den »kleinen« Angestellten gehört, er aber andererseits anderen Mitarbeitern aus dem Betrieb oder Besuchern, die in ihrer Position oft weit über ihm stehen, Anweisungen geben muß.

Es ist für manch einen nicht gerade leicht, dies immer in der richtigen

Weise zu tun. Da gibt es Pförtner, die sich nicht durchsetzen können. Wenn ein Besucher im Mercedes mit Chauffeur vorfährt und falsch parkt oder aber ihn anherrscht, er solle doch gefälligst die Schranke hochdrehen, dann traut sich der Pförtner nicht mehr, diesen Besucher zu bitten, den Besucherzettel auszufüllen oder sich anmelden zu lassen.

Das nur als Beispiel. Es lassen sich noch eine ganze Reihe anderer Möglichkeiten denken, bei denen sich der Pförtner, der zu schüchtern ist, von seinen Aufgaben ablenken oder abbringen läßt.

Bekannter, weil in der Regel unangenehmer, sind die Pförtner, die nach dem Grundsatz leben: Ich und der Herr Direktor haben beschlossen ...! Wie auf dem Kasernenhof fordern sie von dem Besucher mit scharfer, keinen Widerspruch duldenden Stimme das Ausfüllen des Besucherzettels, »scheuchen« ihn auf den richtigen Parkplatz und lassen sich, nachdem sie einen langen Schluck aus der Kaffeetasse genommen und zwei dem Besucher in diesem Moment nicht notwendig erscheinende Telefongespräche geführt haben, bei denen sie irgend jemandem irgendwelche Anweisungen gegeben oder Mahnungen, dieses oder jenes nun endlich zu tun, weitergegeben haben, endlich herab, den Besucher anzumelden. Nach der Frage »Zu wem wollten Sie noch?« meist mit den Worten: »Hier ist ein Herr..., der will Sie sprechen. Darf er raufkommen?« Oder vielleicht sogar: »Soll ich ihn raufschicken?« Nachdem der Hörer wieder auf der Gabel liegt, bekommt der Besucher kurz und knapp zu hören: »Setzen Sie sich auf den Besucherstuhl. Sie werden abgeholt.« Der Besucher setzt sich und denkt sich seinen Teil.

Es bleibt bei ihm ein unbehagliches Gefühl zurück, auch wenn Sie ihn anschließend noch so freundlich behandeln.

Spätestens jetzt wird es den einen oder anderen Leser geben, der sich fragt, warum ich so lang und breit auf die Probleme von Pförtnern eingehe und was er in seiner leitenden Position wohl damit zu tun habe? Ganz einfach. Die ungenügende Schulung eines Pförtners kann dazu beitragen, teure Investitionen in Fachhandelswerbung und persönlicher Kontaktpflege zu wichtigen Kunden zunichte zu machen oder zumindest den Erfolg dieser Anstrengungen zu gefährden. Wer nicht versteht, was ein Pförtner mit der Ausstrahlung eines Unternehmens zu tun hat, wird die Gesetze der Öffentlichkeitsarbeit nie richtig begreifen. Es gehören unendlich viele Mosaiksteinchen dazu, ein Bild von einem Unternehmen in der Öffentlichkeit zu formen. Und der Pförtner ist eines dieser kleinen Steinchen und kein unwichtiges. Er und die vielen anderen sind die Elemente, die bewirken, ob das Bild eines Unternehmens positiv oder negativ erscheint.

D. Die »teure« Dame am Telefon

Sprechen wir von einer zweiten Funktion, die eine gleiche vorteilhafte oder nachteilige Wirkung auf Fremde ausüben kann und die den Aufgaben des Pförtners sehr ähnlich ist. Sprechen wir von der Dame oder den Damen in der Fernsprech-Vermittlung.

Ist es Ihnen nicht auch schon passiert, daß Sie bei einer Firma anrufen, und es meldet sich kurz und knapp eine weibliche Stimme, der man direkt anmerkt, wie lästig ihr dieser Job ist oder wie sehr sie überlastet ist: ».... urg-Werke, guten Tag.« Es ist deutlich zu spüren: Dieses »guten Tag« kommt nicht aus dem Herzen, ist auch kein freundlicher Gruß für den Anrufer, sondern eine mechanische Standardformel.

Nun gut, Sie nennen Ihren Namen und bitten, mit Herrn Soundso verbunden zu werden. »Moment« tönt es Ihnen aus dem Hörer als Antwort entgegen, – und dann ist erst mal Pause. – Sie warten. – Es ist ein Ferngespräch.–

Wenn Sie ein kostenbewußter Mensch sind, zählen Sie unwillkürlich die Markstücke, die diese Wartezeit aus Ihrer Telefonkasse frißt. – Die Zeit vergeht –.

Endlich knackt es im Hörer, eine Stimme, nein, nicht die des erbetenen Gesprächspartners, sondern die unpersönliche Dienststimme der Telefondame: »Auf wen warten Sie?«

Langsam beginnt Ihnen heiß zu werden. Sie nennen noch einmal den Namen des Gesprächspartners, mit dem Sie gerne verbunden werden möchten, und bekommen die entwaffnende Antwort zu hören: »Der Herr hat sich leider nicht gemeldet.« Ja, sie hat sogar »leider« gesagt.

Sie legen den Hörer auf. Sie kochen innerlich.

Der Erfolg einer Investition von einigen tausend Mark in Good-Will-Werbung durch diese Firma ist zumindest bei Ihnen erst einmal zunichte gemacht oder in Frage gestellt worden. Durch eine Telefonistin. Sehen Sie, so »teure« Mitarbeiter können Sie haben, ohne sich dessen bewußt zu sein.

Da gibt es seitenlange, kluge Abhandlungen über Öffentlichkeitsarbeit (oder neudeutsch Public Relations) und Corporate Identity. Doch das Verhalten des Pförtners, die Stimme der Telefonistin werden nur selten erwähnt.

Kümmern Sie sich um diese Menschen, die für den ersten Kontakt zu Besuchern oder Anrufern verantwortlich sind.

Sagen Sie ihnen, wie wichtig es ist, anderen freundlich und verbindlich entgegenzukommen, wie wichtig die Worte »bitte« und »danke« sind. Machen Sie ihnen klar, daß ein solches Verhalten nichts mit Servilität zu tun hat, sondern nur mit dem so notwendigen positiven Kontakt zu unseren Mitmenschen.

»Guten Tag, was kann ich für Sie tun?« ist eine nette Anrede für den Besucher, der das Werkstor betritt. Und wenn er dann seinen Besuchswunsch vorgetragen hat, ist die Formulierung »Würden Sie bitte so freundlich sein und diesen Anmeldezettel ausfüllen?« die sympathische Fortsetzung der Begrüßung.

Ist der Zettel ausgefüllt, hat der Besucher in der Regel nicht nur den Namen desjenigen aufgeschrieben, den er besuchen möchte, sondern auch seinen eigenen. »Schmidt« steht z. B. da. Also ist bei der telefonischen Anmeldung dann nicht »ein Herr Schmidt«, sondern »Herr Schmidt« hier, der den Angerufenen gern sprechen möchte. Auch die Frage »Darf er raufkommen?« erübrigt sich, denn das ist bei einem angemeldeten oder erwarteten Besucher ja wohl selbstverständlich. Bei nicht angemeldeten, überraschend kommenden Besuchern sollte der Pförtner warten, was der Angerufene ihm sagt und vorher keine Fragen stellen.

Wenn es dann heißt, daß der Besucher von der Sekretärin des Besuchten abgeholt werden wird, weil es in den meisten Firmen zu Recht nicht gern gesehen wird, wenn Besucher allein durch die Gänge laufen und irgendwelche Zimmer suchen, und weil der Besuchte vielleicht verhindert ist, dem Besucher, wie es sich eigentlich gehört, selbst entgegen zu gehen, dann heißt es nicht, »Sie werden abgeholt«, sondern, »Bitte warten sie einen Moment (setzen Sie sich bitte), Fräulein Weber, die Sekretärin von Herrn Schulz, wird Sie gleich zu ihm bringen.«

Diese kleinen höflichen Formulierungen, bei denen sich keiner »eine Verzierung abbricht«, sind von jedem Mitarbeiter nachvollziehbar und für viele sowieso selbstverständlich. Nur einige kommen eben nicht von alleine darauf und müssen darum von Ihnen darauf gebracht werden.

Bei der Auswahl und Schulung Ihrer Telefonistinnen ist es ähnlich. Sie sollten eine angenehme Stimme haben und eine sympathische Art, diese Stimme zu gebrauchen. Auch hier wirken Worte wie »bitte«, »danke«, »gern«, »leider« oft Wunder.

»Herr Weber meldet sich leider nicht. Darf ich Sie mit seinem Assistenten verbinden?« oder »Soll ich ihm etwas ausrichten?« und dann, wenn der Anrufer eine Nachricht durchgegeben hat: »Ja, ich werde es Herrn Weber gerne mitteilen, sobald er zurück ist. Vielen Dank, auf Wiederhören.«

Am besten, Sie rufen Ihre Firma ab und zu mal an, wenn Sie unterwegs sind, melden sich dann nicht gleich in der gewohnten Weise mit Ihrem Namen und achten mit dem Ohr eines Fremden darauf, mit welchen Worten und in welchem Ton Ihre Firma sich meldet. Ich hoffe nur, die Überraschung wird für Sie nicht zu unangenehm sein.

E. Lkw-Fahrer und Mahnbriefe können viel Geld kosten

Wir sprechen vom äußeren Eindruck, den eine Firma auf Gäste, Besucher, Anrufer, Lieferanten und Kunden macht. Und ich spreche mit voller Absicht zunächst so ausführlich von den vielen, häufig übersehenen (gerade von den Firmen-Verantwortlichen übersehenen) Kleinigkeiten, die eben nach meiner Überzeugung keine Kleinigkeiten sind.

Von Produktqualität, Preis-Leistungs-Verhältnis, Lieferpünktlichkeit, Zuverlässigkeit, Corporate Identity bei der Gestaltung der Werbung und der Briefbögen wird so viel gesprochen; Pförtner, Telefonistinnen, Lkw-Fahrer, Mahnbriefe, der Briefstil überhaupt, Kulanz und nicht zuletzt die Kleidung mancher Mitarbeiter gehören dazu, bleiben aber leider viel zu oft unbeachtet.

Auf Ihren Lastkraftwagen steht groß und unübersehbar Ihr Name oder der Name Ihrer Firma oder auch des Produkts, das Sie vertreiben. Meinen Sie, Ihre Werbung würde auf fruchtbaren Boden fallen, wenn dieser Lkw von einem rücksichtslosen Fahrer gesteuert wird? In diesem Fall sollten Sie die Lkws lieber ohne Beschriftung fahren lassen. Besser ist jedoch, den Lkw-Fahrern klare Verhaltensregeln mit auf den Weg zu geben. Nicht alle kommen von allein darauf, daß es nicht nur im eigenen, sondern auch im Interesse der Firma vorteilhaft ist, Rücksicht im Straßenverkehr zu praktizieren.

Mahnbriefe sind auch so ein Kapitel für sich. Es hat sich zwar inzwischen wohl überall herumgesprochen, daß es jedem mal passieren kann, eine fällige Zahlung zu übersehen, und aus diesem Grunde der erste Mahnbrief in freundlichem und verbindlichem Ton gehalten sein sollte. Aber im Zeitalter der Computer wird doch einiges nach wie vor vergessen.

Beispiel: Jemand erhält eine sehr freundlich geschriebene Mahnung, die ihn höflich darauf aufmerksam macht, daß er leider die Rechnung Nr. 389647-002386-03 vom 28. Mai 1985 über DM 38,23 noch nicht bezahlt habe und die Rechnung bereits seit 8 Wochen fällig sei. Der Empfänger, normalerweise ein pünktlicher Zahler, ist natürlich unangenehm berührt. Wer ist das nicht, der eine Mahnung erhält?

Der spontanen Regung, diesem so freundlichen Mahnschreiben zu glauben und die 38,23 Mark sofort zu überweisen, steht aber das natürliche Interesse eines jeden entgegen zu wissen, wofür man etwas bezahlen soll, sowie ein ab und zu auch begründetes Mißtrauen gegenüber Computerbriefen, mögen sie in einem noch so freundlich gehaltenen Ton geschrieben sein.

Die Arbeit geht also los, – für 38 Mark und 23 Pfennig.

Es werden Unterlagen gewälzt, denn man kann sich wirklich nicht daran erinnern, eine Rechnung über diesen Betrag erhalten zu haben. Kurz und gut, es muß rückgefragt werden, wofür die Rechnung ausgestellt wurde. Die Rückfrage verursacht beim Mahnenden natürlich ebenfalls Arbeit. Der Vorgang wird herausgesucht, die Rechnung kopiert und zur Erklärung dem Angemahnten zugeschickt. Neben dem Porto ist Arbeitszeit aufgewendet worden.

Warum?

Nur, weil in der Mahnung vergessen oder übersehen wurde zu erwähnen, worum es sich bei der Rechnung über DM 38,23 gehandelt hat. Ein kleines Versäumnis, das jährlich sicher tausendmal vorkommt und Tausende von Mark kostet. Also, wenn schon gemahnt werden muß, nicht nur freundlich, sondern auch komplett mahnen.

Gehen Sie zunächst immer davon aus, daß der Säumige die Zahlung versehentlich und nicht absichtlich unterlassen hat, er die Rechnung vielleicht gar nicht bekam, sie nach Rücksprache mit Ihrem Außendienst-Mitarbeiter mit einer Forderung verrechnet oder zurückgezogen wurde und der Reisende lediglich vergessen hat, Ihnen dies in seinem Reisebericht mitzuteilen, der Schuldner bezahlt hat und der Zahlungseingang von Ihrer Buchhaltung irrtümlich falsch verbucht worden ist oder was sonst noch für Gründe oder Vorkommnisse in Erwägung gezogen werden müssen.

Schreiben Sie also den Mahnbrief. Nennen Sie aber nicht nur Ihre Forderung, sondern auch den Vorgang. Sie erleichtern sich und Ihrem Kunden das Leben. Also auch hier den Leitsatz der Erfolgreichen befolgen: Probleme lösen und nicht Probleme schaffen!

F. Haken und Ösen bei einem Geschäftsbrief

Glücklicherweise werden nun bei weitem nicht so viele Mahnbriefe geschrieben wie »normale« Geschäftsbriefe. Und darum noch ein paar Worte zu ihnen.

Ich kann keinem Menschen übelnehmen, wenn es ihm in der Jugend nicht ermöglicht worden ist, die deutsche Sprache einwandfrei zu erlernen. Bei einem tüchtigen Handwerker oder einem Techniker übersieht man auch ohne Nachteil für sein Geschäft eventuelle Fehler in seinen Briefen oder einen holperigen und umständlichen Briefstil. Aber sobald sich eine Firma eine Sekretärin (nicht zu verwechseln mit Stenotypistin!) leisten kann, sollte von ihr die Beherrschung der deutschen Sprache schon verlangt werden können. Und natürlich im Grunde auch von ihrem Chef, wobei ich hier – wie gesagt – Ausnahmen ohne weiteres gelten lassen möchte.

Aber wer täglich viele Geschäftsbriefe lesen muß, weiß, wie sehr diese Forderung nur graue Theorie ist. 4, 5 oder 6 Fehler in einem kurzen Brief sind keine Seltenheit, von der richtigen Kommasetzung einmal ganz abgesehen. Legt man auch noch darauf Wert, dann wird es ganz grausig.

Ich kann die leitenden Damen und Herren nicht verstehen, die diese Fehler mit dem Hinweis auf die Knappheit geeigneter Arbeitskräfte, auf das Fehlen ausgebildeter Sekretärinnen erklären und meinen, das alles sei ja wohl nicht so wichtig.

Jeder Brief ist eine Visitenkarte des Unternehmens. Jeder Brief trägt zum positiven oder negativen Image eines Unternehmens bei. Und darum sollten wir dafür sorgen, daß die Briefe, die unser Haus verlassen, in einem guten Stil, in einwandfreiem Deutsch und fehlerlos geschrieben sind. Wenn die Firmen auf diese fachliche Voraussetzung auch bei den in Frage kommenden Mitarbeitern und Mitarbeiterinnen achten oder sogar auf ihr bestehen, dann wird auch das Angebot sich wieder entsprechend qualifizieren.

Lassen Sie sich doch einfach mal von einer Abteilung – am besten der Verkaufsabteilung, die schließlich mit Ihren Kunden korrespondiert, – die Durchschläge der Briefe des letzten Monats geben und prüfen Sie sie auf Stil, Sprache und Orthographie. Ich wünschen Ihnen, Sie stellen anschließend erleichtert fest, daß meine Mahnung unbegründet war, zumindest soweit es die Korrespondenz Ihres Hauses angeht.

Auch sollten Redewendungen vermieden werden, die heute als veraltet gelten. Ein Beispiel für so eine Formulierung, die immer wieder auftaucht: »Wir danken Ihnen für Ihr Schreiben und werden wir darauf in wenigen Tagen näher eingehen.« Arglos geschrieben von einem langjährigen Mitarbeiter. Der Eindruck beim Empfänger dieses Briefes kann aber schlimm sein: alt, unbeweglich, verstaubt.

Wollen Sie oder Ihre Firma diesen Eindruck bei den Empfängern Ihrer Briefe hinterlassen? Also machen Sie sich die kleine Mühe, und prüfen Sie es nach. Vielleicht lohnt es sich.

Bei dieser Gelegenheit fällt mir ein Scherz ein, der in diesem Zusammenhang gern zum besten gegeben wird. Ein Chef diktiert seiner Sekretärin: »Ihren Allerwertesten in Händen haltend, bemerke ich einen dunklen Punkt, den ich bei nächster Gelegenheit mündlich berühren werde.« Nun ja, ganz so schlimm wird's bei Ihnen sicher nicht sein. Aber, Spaß beiseite, alle Erfahrungen beim Lesen der eingehenden Geschäftspost zeigen, wie wenig auf einwandfreien Briefstil, richtige Schreibweise, Kommasetzung und fehlerfreie Briefe geachtet wird.

G. Das liebste Wort eines jeden Menschen

Schon bei der Anrede sollten Sie sich ein wenig Mühe geben. Sie wissen doch, der eigene Name ist neben dem Wort »ich« des Menschen Liebstes.

Mein Name ist Hossfeld. So steht es auf meiner Visitenkarte, auf meinen Briefbögen und als Diktatzeichen auf den von mir diktierten Briefen. Ich bin der Meinung, der zuständige Mitarbeiter, der den Brief abgefaßt hat, sollte aus einem Brief immer zu ersehen sein. Daher gilt bei mir als Regel: Wenn ich den Brief diktiert habe und somit zuständig bin, steht im Briefkopf das Diktatzeichen »Hossfeld/Se« (Se = als Beispiel für den Namen der Sekretärin, der dort abgekürzt erscheint); hat ein Mitarbeiter meiner Abteilung, z. B. meine Sekretärin, den Brief selbst entworfen und bearbeitet sie die Angelegenheit, steht für meinen Namen die Abkürzung »Ho« und dafür hinter dem Schrägstrich ihr voller Name. So wird der Empfänger des Briefes beinahe automatisch auf den Namen des Mitarbeiters oder der Mitarbeiterin aufmerksam gemacht, der oder die für diesen Vorgang zuständig ist.

Doch das nur als kleine Anmerkung. Ich wollte darauf hinweisen, wie deutlich mein Name für jeden zu lesen ist. Und trotzdem bekomme ich immer wieder Briefe, in denen mein Name falsch geschrieben worden ist. Hier eine kleine Auswahl: Hassfeld, Horstfeld, Hosfeldt, Hausfeld, Honsfeld, Hosefeld usw. usw. Sagen Sie nicht, ich sei besonders empfindlich.

Sie sind es genauso!

Und wenn Sie es wirklich nicht wären, was eine seltene Ausnahme wäre: Ihre Kunden sind es bestimmt!

Denken Sie daran, und stellen Sie sicher, daß die Namen der Briefempfänger richtig geschrieben werden. Und möglichst mit Vornamen. Wie hört es sich denn an, wenn ein Brief einfach nur an »Frau Schulz« geht. Da ist doch »Frau Hannelore Schulz« sehr viel netter; vorausgesetzt natürlich, der Vorname stimmt.

Wenn Sie mit jemandem telefonieren, dem Sie anschließend oder demnächst einen Brief schreiben werden, können Sie ruhig nach dem Vornamen fragen. Das nimmt keiner übel! Im Gegenteil, eine solche Frage weckt erfahrungsgemäß Sympathie.

H. Der Anfang aller Öffentlichkeitsarbeit

Wir sind immer noch beim äußeren Eindruck, den Ihr Unternehmen in der Öffentlichkeit macht oder machen soll. Geben Sie nicht nur Geld für die Öffentlichkeitsarbeit aus, sondern überprüfen Sie diese von mir angesprochenen Punkte: Pförtner, Telefonistin, Lkw-Fahrer, Mahnbriefe, Korrespondenz, Eigennamen. Und Sie haben bereits einen großen Teil erfolgversprechender Öffentlichkeitsarbeit getan.

Sie merken schon. Ich habe etwas dagegen, die Öffentlichkeitsarbeit zu einem speziellen Ressort der Firma zu machen. Es nützt einem Menschen nichts, wenn er sich mit einem weißen Hemd und modischer Krawatte kleidet, ansonsten jedoch mit ausgebeulten, alten Hosen herumläuft und sich unmöglich benimmt. Umgekehrt ist es genauso. Was nützt das vornehme Getue und ein schicker Anzug, wenn das Hemd verschwitzt und die Krawatte fleckig ist und schief sitzt. Da sind die Unterschiede wirklich nur graduell.

Nein, es muß alles stimmen. Sorgen Sie dafür, daß bei Ihnen nicht nur ab und zu »Öffentlichkeitsarbeit« betrieben wird, sondern das Auftreten, die Erscheinungsformen Ihres Unternehmens in ihrer ganzen Vielfalt eine positive sympathische Ausstrahlung haben.

Sorgen Sie dafür, daß jede Abteilung ihre Öffentlichkeitsarbeit macht.

III. Corporate Identity

A. Corporate Identity – richtig praktiziert

Schon im Zusammenhang mit dem äußeren Eindruck konnte es nicht ausbleiben, auch über den Gesamteindruck zu sprechen. Spätestens jetzt muß daher ein Begriff erwähnt werden, den manch ein Leser schon lange erwartet hat: Corporate Identity.

Neuerdings gibt es Autoren, die mit diesem Begriff nicht zufrieden sind. Sie meinen, man müsse zwischen Corporate Identity, Corporate Design und Corporate Communications unterscheiden. Ich kann mir nicht helfen; entweder wollen diese Autoren sich nur wichtig machen, die Befriedigung genießen, wieder einmal neue Worte »erfunden« zu haben, oder sie haben ganz schlicht das Wort Identity oder zu deutsch Identität nicht verstanden.

Ein kurzer Blick in die Lexika hätte ihnen vielleicht weiterhelfen können. Fremdwörter-Lexikon (Richard von Kienle, Keysersche Verlagsbuchhandlung in München): »Identität = Das-selbe-sein; das Sich-gleich-bleiben im Wechsel der Zustände; völlige Gleichheit«. Das Große Duden-Lexikon definiert Identität mit »Dasselbe-sein, Selbigkeit, Einerleiheit, Wesensgleichheit« und der Duden (Rechtschreibung) sagt kurz und knapp »Identität = Wesenseinheit, völlige Gleichheit«.

Wir brauchen diese Lexikonsprache nur in Umgangsdeutsch zu übersetzen, und wir wissen, was wir unter dem Begriff »Corporate Identity« zu verstehen haben; zu deutsch »völlige Übereinstimmung der grafischen und kommunikativen Darstellung eines Unternehmens mit seiner Arbeits- und Lebensweise«. Zugegeben, manchmal sind englische Ausdrücke doch praktischer.

Aber eines ist Ihnen sicher auch deutlich geworden. Wer Corporate Identity richtig praktiziert, braucht keine zusätzlichen Definitionen verschiedener anderer »Corporate Soundsos«, denn Corporate Identity schließt alles ein. Muß alles einschließen, sonst ist es keine Corporate Identity.

B. Besuche bei drei netten Leuten – und der Vergleich mit drei Firmentypen

Nachdem Sie mir bis zu dieser Seite gefolgt sind, wissen Sie, lieber Leser und liebe Leserin, daß ich versuche, Begriffe, über die schon umfangreiche hochwissenschaftliche Abhandlungen geschrieben worden sind, nicht auf gleiche Weise zu behandeln. Und das werde ich natürlich auch mit dem Begriff »Corporate Identity« so halten.

Also mal ganz anders: Erinnern Sie sich bitte an meine Gedanken zu Persönlichkeiten, Personen und den anderen Leuten. Es drängt sich mir direkt auf, jetzt gleiche Parallelen zu ziehen, dargestellt in Form von Berichten über jeweils einen Besuch (natürlich einen fiktiven Besuch!) bei den unterschiedlichen Typen.

Die anderen Leute werden wir als erstes besuchen: Der in seinem Beruf fleißige Mann lebt mit seiner Frau in einer Mietwohnung. Beim Eintreten schlägt uns ein bißchen vom Geruch des Mittagessens entgegen, obwohl es bereits Abend ist. Wir werden freundlich begrüßt und ins Wohnzimmer gebeten, in dem der neue Stereo-Fernseher läuft. In der Mitte des Zimmers ein runder Tisch mit Spitzendecke, an der Wand über dem Sofa ein großes Ölgemälde, das einen röhrenden Hirsch zeigt. Schön gemütlich. Wir bekommen Bier angeboten. »Oder wollen Sie lieber Wein? Ich habe einen guten da, Zeller Schwarze Katz, Spätlese.«

Der Hausherr schaltet jetzt netterweise den Fernseher aus und führt uns seine neue, viele tausend Mark teure Stereoanlage vor. Ein toller Klang, obwohl die Pauken bei der Marschmusik für meinen Geschmack ein wenig zu lautstark zur Geltung kommen.

Dann erklärt er uns die Anlage. Ich verstehe kein Wort, denn der Mann ist absoluter Spezialist. Großartig, was er davon versteht. Wir nehmen uns fest vor, wenn wir uns mal eine ähnliche Anlage kaufen wollen, müssen wir ihn um Rat fragen. Sein Rat kann sicher sehr wertvoll sein. Nur die Knabbersachen, die uns angeboten werden, sind leider schon ein wenig zu weich. Aber das macht nichts. Es ist schließlich gut gemeint.

Was er sonntags macht? Fußball? Natürlich Fußball! Vor dem Fernseher. Stereo! Und er kann uns natürlich auch schon sagen, wer der nächste deutsche Fußballmeister sein wird. Und abends? Krimi! Nun ja, dumme Frage.

Vielen Dank, es war ein netter Besuch.

Und wie sieht eine solche Firma aus?

Ganz klar: Patriarchalischer Chef in einer Firma, die schon mal bessere Zeiten gesehen hat. Sein ganzer Stolz ist der neue große Mercedes mit Klimaanlage. Das Fabrikgebäude dagegen, das noch sichtbare Merkmale einstiger Größe aufweist, könnte dringend neuen Putz und ein paar saubere, neue Fensterscheiben gebrauchen – ja, die vorhandenen müßten öfter gereinigt werden.

Aber einige Produkte, die hier hergestellt werden, sind recht gut. Nur kann keiner ganz genau sagen, wo es sie zu kaufen gibt, über welche Wege sie distribuiert werden. Man beschäftigt einige tüchtige Kräfte, die schon seit vielen Jahren dort arbeiten und echte Fachleute sind. Obwohl sie natürlich bemerken, wie es der Firma geht, bleiben sie. Wechseln hat für sie keinen Sinn mehr, denn das Rentenalter naht.

Die Briefbögen der Firma sind zwar grausig gestaltet, das aber auf sehr teurem Papier. Na ja, und dynamisch ist man auch. Der Junior fährt schließlich einen Porsche.

Corporate Identity können Sie von dieser Firma nicht verlangen und in dieser Firma nicht erwarten. So etwas hat es dort nie gegeben und wird es wohl auch so bald nicht geben.

Besuchen wir nun die Familie »Person«. Schon rein äußerlich bemerken wir den Unterschied. Hier ist jemand zu Geld gekommen! Das Haus ist geschmackvoll gebaut, mit architektonischem Geschick und Sachverstand und einem guten Auge für bauliche Proportionen. Auch der Vorgarten ist offenbar von einem Fachmann gestaltet worden, nur der Gartenzwerg vor dem Springbrunnen stört. Na ja, vielleicht haben sie den geschenkt bekommen, und nun kann sich die kleine Tochter nicht mehr von ihm trennen. Man kennt das ja. – Erstaunt bleiben wir auch in der Diele stehen, Verzeihung, in der Vorhalle, Holzbalkendekke, sehr rustikal, alte Bauernmöbel.

Na, und dann erst das Wohnzimmer! Sehr stilvoll, antik, zwar nicht sehr gemütlich, aber immerhin teuer. Die gemütlichste Ecke im Raum ist die Barecke, zu der wir auch gleich gebeten werden. Zuerst muß es mal einen ordentlichen Begrüßungsschluck geben. Sekt, nein, Champagner! Prost, Wohlsein, prost!

Der Hausherr gibt zur Einstimmung einen Witz zum besten. Aua, – wir schauen irritiert zur Dame des Hauses hinüber. Aber die kennt den schon und lacht trotzdem noch einmal. Erst laut, dann mehr glucksend.

Wirklich gastfreundliche Leute. Stolz berichtet er von seinem Geschäft und wie er Geld gemacht hat. Und dann haben sie sich eben einen berühmten Architekten angeheuert, und der hat ihnen dieses Haus hingesetzt. Nur die Garage hat er zu klein konzipiert. Weil der neue Zweitwagen für die Gattin leider nicht mehr reinpaßt. Aber er hat, clever wie er ist, schon ein paar Leute vom Bau an der Hand, die ihm die zweite Garage nach Feierabend hochziehen werden. Zwar konnte er die passenden Steine so schnell nicht mehr besorgen. Die, die er bekommen konnte, haben eine andere Farbe. Aber was macht das schon? Hauptsache ist doch, die Garage ist groß genug, stimmt's?

Was, Sie wollen schon gehen? Mensch, wir hätten gerne noch 'ne Flasche Schampus aufgemacht. – Nein, danke, es war sehr nett bei Ihnen, auf Wiedersehen.

So bös, wie sich die Schilderung anhört, meine ich sie gar nicht. Ich habe, um die Unterschiede herauszuarbeiten, mit Absicht ein wenig übertrieben. Entschuldigen Sie bitte, lieber Leser, verehrte Leserin.

Die Firma »Person« ist in einem modernen Gebäude untergebracht. Die Geschäftsleute im Ort sprechen nur Gutes über sie, denn sie ist ein prompter Zahler. Der Chef? Ja, der ist bekannt. Er ist schließlich Vorsitzender des Handelskammer-Vereins, Präsident des Unternehmer-Clubs, einer ganz feinen Gesellschaft, ist befreundet mit dem Bürgermeister und allen Bankdirektoren – und im Lions Club ist er natürlich auch – oder war's Rotary, die verwechselt man ja immer. Alle 14 Tage gehen die Herren zum Kegeln und am Wochenende wird Golf gespielt.

Prima! Und was produziert diese Firma? Hmmm, so genau weiß man das auch nicht, Maschinen oder sowas. – Schade, Corporate Identity könnte hier Wunder wirken.

Machen wir unseren dritten Besuch.

Nettes Einfamilienhaus. Nicht zu groß (die Kinder sind schon aus dem Haus, verstehen Sie?) und nicht zu klein (mein Mann hat so viele Hobbys, für die er Platz braucht). Das Wohnzimmer ist nicht mondän, aber geschmackvoll eingerichtet (die Schrankwand hat mein Mann selber entworfen) (Meine Frau hat mir mit ihren Ideen aber sehr dabei geholfen).

Bitte nehmen Sie doch Platz. Bequeme Stühle (nicht antik, aber bequem), hübsche Tischdecke, alles paßt gut zusammen. Der Kuchen ist selbstgebacken.

Schnell kommt ein Gespräch zustande. Nachdem wir über die verschiedensten Themen anregend geplaudert haben, zeigt er uns seine Mineraliensammlung. Ich hätte nie gedacht, wie interessant das sein kann. Er kennt sich aus, erklärt kurz, worauf es ankommt und macht uns auf einige besonders schöne Stücke aufmerksam. Woher er die hat? Vom letzten Urlaub.

Dann sitzen wir in der gemütlichen Sesselecke. Interessiert hört das Ehepaar unseren Schilderungen zu, stellt Fragen und ist bereit, immer wieder etwas Neues zu hören, immer noch etwas hinzuzulernen. Ein echtes Gespräch, geben und nehmen. Wie rar ist das heute geworden.

Von Beruf ist er Techniker, Angestellter in einer großen Firma; – die ihn als wertvollen, kritischen Mitarbeiter schätzt, füge ich im stillen hinzu.

Dieser Besuch ist ein Erlebnis. Wir haben eine Familie kennengelernt, die ihr Leben sinnvoll lebt, die ihren Interessen mit sympathischem Eifer nachgeht und trotzdem aufgeschlossen bleibt für alles Neue. Hier stimmt alles, der äußerliche Schein und das innerliche Sein = Corporate Identity!

C. Corporate Identity muß gelebte Wirklichkeit sein

Auch in einer Firma kann Corporate Identity nur dann verwirklicht werden, wenn es sich nicht um eine aufgepfropfte Äußerlichkeit, sondern um gelebte Wirklichkeit handelt. Es genügt nicht, die Briefbögen, Firmenschilder, Anzeigen und Prospekte in einer grafischen Handschrift zu gestalten, obwohl natürlich auch das dazugehört. Aber wenn das alles ist, hat alle Mühe keinen Zweck.

Das bedeutet nicht, daß man eine bestimmte korporative Lebens- und Ausdrucksform einer Firma nicht auch verordnen könnte. Bestimmt ist das möglich. Nur gehören unbequeme, schwierige Konsequenzen dazu. Was nützt der ganze äußerliche »Anstrich«, wenn sich z. B. die Geschäftsführung nicht auch entsprechend verhält, weil sie meint, koordinierte Verhaltensweisen im Sinne der Corporate Identity seien nur etwas für die mittleren und kleineren Angestellten.

Nirgendwo ist die Vorbildfunktion von Chefs wichtiger als bei der Durchsetzung einer Corporate-Identity-Strategie. Aussehen, Reden und Handeln müssen der Öffentlichkeit den überzeugenden Eindruck vermitteln, daß in diesem Unternehmen wirklich alle am gleichen Strang ziehen und der Boß die gleich Sprache spricht wie die Werbung, die Werbung die gleiche Sprache spricht wie der Außendienst, der Außendienst die gleiche Sprache spricht wie der Verkaufs-Innendienst, die übrigen Mitarbeiter bis hin zur Telefonistin, zum Pförtner und zum Fahrer des Lkw. Eine Utopie? Nein, auf keinen Fall! Schon eher ein Ideal. Aber wenn wir uns diesem Ideal nähern wollen, dann muß die Geschäftsführung mit gutem Beispiel vorangehen.

Alle übrigen Ausführungen zur Corporate Identity überlasse ich gern den vielen gelehrten und wissenschaftlichen Schriften, die jährlich darüber erscheinen.

IV. Die Familie

A. Arterhaltung und Selbsterhaltung sind die stärksten Triebe

Der Mensch ist ein egozentrisches Wesen. Sein Denken und Fühlen, seine Äußerungen und sein Handeln werden bestimmt und gesteuert von einer natürlichen Ich-Bezogenheit. Das liebste Wort des Menschen ist »ICH«. Selbst das »Du«, das Miteinander mit einem anderen Menschen, wird nur dann gepflegt, wenn für das »Ich« dabei ein Vorteil herausspringt. Bei weitem nicht immer ein materieller, sondern in den meisten Fällen ein seelischer, immaterieller, wenn man das so bezeichnen kann.

Nur um zu überleben, um die Art zu erhalten, also den wichtigsten Auftrag der Natur zu erfüllen, den jedes Lebewesen programmiert bekommen hat, schließt er sich zu Gemeinschaften oder Gruppen zusammen. Der Trieb der Arterhaltung, bekanntlich der stärkste aller Triebe, läßt den Mann ein Weib suchen, damit er es befruchten kann, und das Weib sucht sich einen Mann, damit es befruchtet werde. Das ist beim Menschen genauso wie bei den Tieren und gehört eigentlich nicht in dieses Buch, – meinen Sie, verehrte Leser.

Lassen Sie mich trotzdem ein paar Worte zu diesem Thema plaudern, weil wir uns dann ohne moralisierende Thesen, religiöse Gebote und menschliche Traditionen, aber auch ohne Diskussionen mit eingefleischten Singles und fanatischen Emanzen über eine Einrichtung klarwerden können, die von so vielen Politikern beschworen wird, die Familie. Und natürlich auch über die Betriebsfamilie, die anläßlich von Betriebsfesten, Weihnachtsfeiern oder anderen Betriebsversammlungen so gern erwähnt und hervorgehoben wird: In unserem Betrieb sind wir alle wie eine große Familie!

B. Ein thematischer Ausflug zu Bibel und Koran

Frau und Mann haben also von der Natur, vom lieben Gott, von der Schöpfung (nennen Sie es, wie Sie wollen) einen Trieb programmiert bekommen, der ihnen befiehlt, alles zu tun, damit die Art erhalten bleibt. (1. Buch Mose, 1. Kapitel, Vers 27 und 28: Und Gott schuf den Menschen ihm zum Bilde, zum Bilde Gottes schuf er ihn; und schuf sie, einen Mann und ein Weib. Und Gott segnete sie und sprach zu ihnen: Seid fruchtbar und mehret euch und füllet die Erde .../Koran, 16. Sure, 74: Und Allah gab euch aus euch selber Gattinnen und gab euch von euern Gattinnen Söhne und Enkel ...; 30. Sure, 20. (21.): Und zu seinem Zeichen gehört es, daß er euch von euch selber Gattinnen erschuf, auf daß ihr ihnen beiwohnet ...) Lassen wir es bei diesen Zeugen bewenden. – Und wenn auch einige besonders emanzipiert sein wollende Frauen, die »emanzipiert« mit Doppel-n schreiben (e-mann-zipiert!), das gar nicht gerne hören: Damit diese naturgegebene Forderung erfüllt werden kann, haben Mann und Frau ganz bestimmte Aufgaben zugewiesen bekommen. Aufgaben, die direkt etwas mit dem Begatten und dem Gebären zu tun haben.

C. Die Ur-Programmierung aller Lebewesen

Der Mann muß, nachdem er ein Weib befruchtet hat, dafür sorgen, daß sie, die durch die Schwangerschaft zunehmend schwerfälliger und daher schutzloser und hilfsbedürftiger wird, in ausreichendem Maße versorgt und beschützt wird. Denn nur dann kann das Kind in ihrem Leib ohne Schaden heranwachsen. Diese Aufgabe des Mannes bleibt selbstverständlich auch nach der Geburt des Kindes bestehen, da die Mutter von Anfang an für »das Füttern« des Kindes bestimmt und zuständig ist. Die Natur hat nur ihrer Brust die Fähigkeit verliehen, das Kind zu stillen. Sie ist also auch nach der Geburt des Kindes darauf angewiesen, Beistand, Versorgung, Hilfe und Schutz durch den Mann zu erhalten.

Die Natur hat darum auch sehr eindrucksvoll dafür gesorgt, daß die Frau eine starke Bindung an den Mann verspürt, der mit ihr das Kind gezeugt hat. Dieses Gefühl läßt in dem Maße nach, wie das Kind größer und selbständiger wird.

Der Mann muß also hinaus in die »feindliche« Umwelt, um die Nahrung heranzuschaffen und dafür zu sorgen, daß die Frau und das gemeinsame Kind nicht durch irgendwelche Gefahren zuschaden kommen. Ist es ein starker, gesunder und intelligenter Mann, kann er natürlich auch zwei oder drei Frauen mit Kindern versorgen und beschützen. Daher hat der Mann von der Natur nicht die innige Bindung an die eine Frau erhalten, die eine Frau für ihren Mann verspürt. Wenn sich die meisten Menschen heute anders verhalten (oder zumindest so tun), so ist das die Folge unserer Erziehung und nicht Bestandteil dieser ursprünglichen Programmierung.

D. Frauen und Kinder zuerst!

Vielleicht bei dieser Gelegenheit ein Gedanke nebenbei. Es sei erlaubt, bei einer Unterhaltung, wie wir sie führen, seinen Gedanken freien Lauf zu lassen und einmal ein wenig vom eigentlichen Thema abzuschweifen. Haben Sie schon einmal darüber nachgedacht, warum es bei Rettungsaktionen anläßlich von Schiffsuntergängen, Haus- oder Hotelbränden oder anderen Katastrophen immer heißt:

»Frauen und Kinder zuerst!«?

Nach unserem heutigen Denken, bei dem Menschenleben gleich Menschenleben ist und nicht ein Menschenleben wertvoller als das andere, sollte es doch ganz egal sein, wer gerettet wird. Hauptsache ist, meine ich, es werden so viele Menschen wie nur irgend möglich gerettet, ohne daß darauf geachtet wird, ob es sich nun um Frauen, Kinder oder Männer handelt. Nein, diese Logik wird nicht akzeptiert. Warum nicht?

Ganz einfach, weil sie der Ur-Programmierung der Lebewesen widerspricht.

E. Darum sind die Männer nicht so treu

Wenn von einem Volksstamm alle Frauen gerettet werden, genügen nur sehr wenige Männer, um die weitere Existenz dieses Volksstammes zu sichern. Diese wenigen Männer reichen schließlich aus, dafür zu sorgen, daß alle Frauen möglichst viele Nachkommen auf die Welt bringen. Aber was passiert, wenn zwar alle Männer sich retten können, die Frauen jedoch größtenteils bei dem Unglück ums Leben kommen? Die weitere Existenz des Volkes wäre ernsthaft gefährdet. Würden die wenigen Frauen vielleicht noch von einer Krankheit hinweggerafft, müßte das Volk aussterben. Und weil das der Programmierung widerspricht, sind auch wir dagegen.

Das kann weitgehende Konsequenzen haben. Sogar der Selbsterhaltungs-Trieb des Menschen kann sich dann nicht mehr behaupten, obwohl dieser Trieb bei allen Lebewesen ebenfalls einer der stärksten Triebe ist. Sie wissen, viele Männer haben in Katastrophenfällen ihr Leben geopfert, um das Leben von Frauen zu retten, und alle finden das auch voll und ganz in Ordnung.

Und darum ziehen natürlich auch die Männer in den Krieg und nicht die Frauen. Darum haben Männer mehr Spaß am Kampf. Aber: Darum sind die Männer auch nicht so treu.

Manch einer wird jetzt an die Zeiten denken, da die Frau nicht so verehrt und mehr als Arbeitskraft und als Mittel zum Kinder gebären angesehen wurde. Bei einigen Völkern soll es ja auch heute noch ungefähr so sein. Nur widerspricht das nicht meiner These.

Entscheidend für das Verhalten der Menschen war immer das Bestreben nach Arterhaltung, was in der Regel als Erhaltung des eigenen Volksstammes verstanden wurde.

Solange die Völker sich gegenseitig überfallen, ist natürlich auch derjenige ein wichtiger Bestandteil des Volkes, der in der Lage ist, den Angriff abzuwehren und die Verluste durch eigene Angriffe und Eroberungen wieder auszugleichen: der Krieger, der Soldat.

Aber in dem Maße, in dem Kriege unwahrscheinlicher werden, weil sie eigentlich nicht mehr führbar sind, wird der Beruf des Kriegers, des Soldaten, auf der Leiter des Sozialprestiges herabsteigen.

Eine gewagte These? Vielleicht. Sicher ein Thema, das es wert wäre, an anderer Stelle noch ausführlicher diskutiert zu werden.

Zurück zu unserem Thema: Die Familie ist also keine christliche oder staatliche Einrichtung, sondern die ursprünglich vorgesehene Form des Zusammenlebens, die so lange dauern muß, bis die Kinder sich selbst versorgen können. Dabei ist es überhaupt nicht selbstverständlich, daß diese Familie eine Einehe sein muß. Ich erinnere mich gut an eine Reportage aus Afrika, bei der die Frage eines Reporters an die Ehefrau eines Mannes, der drei Frauen hatte, ob sie auf die anderen Frauen nicht eifersüchtig sei, nur ein verständnisloses Gelächter auslöste und die Frau dann meinte, das sei ja wohl eine sehr dumme Frage, denn sie freue sich doch, noch zwei Schwestern zu haben. Ja, sie nannte die beiden anderen Frauen »Schwestern«!

Die Begrenzung der Anzahl der Frauen richtet sich bei vielen Völkern und Religionen eben, wie ich schon sagte, nur danach, ob der Mann seine Frauen versorgen kann oder nicht. In der vierten Sure (3) gestattet der Koran den Mohammedanern vier Frauen und schränkt lediglich ein: »... und so ihr fürchtet, nicht billig zu sein, heiratet nur eine ...« Er meint damit: Wenn ihr fürchtet, gegenüber zwei, drei oder vier Frauen nicht gerecht sein zu können, also alle gleichermaßen gut behandeln und versorgen zu können, dann heiratet eben nur eine Frau.

Interessanterweise kann man beobachten, daß Frauen, deren Kinder erwachsen sind, eher zu einem Seitensprung bereit sind als andere, was nach allem Gesagten ja auch ganz natürlich ist. »Natürlich« ist hier das richtige Wort, denn die Natur schreibt einer Frau in ihrer Programmierung nicht vor, sich jedesmal von demselben Mann befruchten zu lassen. Das haben erst das Christentum und andere Religionen und schließlich der Staat so vorgesehen.

F. Die Gesetze von Familie und Betriebsfamilie

Familie bedeutet also die Gemeinschaft von Menschen, in der ein Partner dafür sorgt, daß »zu Hause« alles in geordneten Bahnen wächst und gedeiht, während der andere Partner die dafür notwendige Versorgung sichert und Gefahren abwendet.

Genauso ist es in einem Unternehmen. Auch hier gibt es die beiden Partner, von denen der eine für den reibungslosen »inneren« Ablauf

(Produktion, Verwaltung) zuständig ist und der andere für »draußen« (Marktforschung, Vertrieb). Ich hoffe, die Techniker sind mir nicht böse, wenn ich ihnen in einem Betrieb die Aufgaben zuweise, die in einer Familie meistens von der Frau wahrgenommen und erfüllt werden. Vielleicht kann ich auf diese Weise einen Beitrag für die Anerkennung der Hausfrauenarbeit leisten.

Genau an dieses Miteinander und Füreinander denken die Firmenchefs, wenn sie von ihrer Firma als einer großen Familie sprechen. Nur sollten wir die Firmenfamilie darauf abklopfen, ob die dazugehörenden familientypischen Aufgaben auch erfüllt werden. So ist doch z. B. Solidarität ein wesentliches Zeichen einer gut funktionierenden Familie.

Mann und Frau wissen und sind sich in einer guten Ehe auch darüber einig und im klaren, sie beide müssen gemeinsam, jeder auf seinem Platz, das Beste leisten und keiner sollte über den anderen bestimmen (oder bestimmen wollen!). Wobei es ganz natürlich ist und überall praktiziert wird, daß einer von beiden immer dann das letzte Wort haben muß, wenn man sich trotz redlichen Bemühens nicht einigen konnte.

Wir wissen alle, es ist bei weitem nicht immer der Mann, der das letzte Wort hat.

In vielen Firmen wird aber die Familie leider immer nur dann zitiert, wenn es darum geht, von den Mitarbeitern besondere oder zusätzliche Leistungen oder gar Opfer zu verlangen. So ist es zum Beispiel wenig überzeugend, wenn ein Chef seinen leitenden Angestellten im personellen Bereich und u. a. auch beim Fuhrpark der Firma einschneidende Sparmaßnahmen unter Hinweis auf eine angespannte Lage des Unternehmens verordnet, für ihn selbst aber ohne irgendeine Einschränkung nach wie vor Sekretärinnen und Firmenwagen mit Chauffeur wie selbstverständlich zur Verfügung stehen. Gut, er hat das Recht, so zu handeln. Nur darf er sich nicht wundern, wenn dann die Ernsthaftigkeit der Sparmaßnahmen den Mitarbeitern nicht so ganz klar wird oder für sie zumindest nicht sehr überzeugend wirkt. In so einem Fall ist ein konsequent patriarchalisches oder streng hierarchisches System schon ehrlicher, wenn auch nicht unbedingt besser.

Das Dilemma resultiert ganz einfach aus dem Widerspruch zwischen notwendiger, konsequenter Führung, die immer hierarchisch gegliedert sein muß, und dem familiären Gebot von Kollegialität und Mitbestimmung. Einerseits muß eine als richtig erkannte oder zumindest als richtig angenommene Unternehmensstrategie zielstrebig verfolgt werden.

Andererseits stößt man dabei natürlich immer wieder auf den Widerspruch und die Kritik mancher Mitarbeiter.

G. Ein besonders wertvoller Mitarbeiter

Nun kann der Chef schließlich nicht von morgens bis abends durch den Betrieb gehen und mit jedem Mitarbeiter über die richtige Unternehmenspolitik diskutieren.

Konstruktive Kritik ist ja grundsätzlich sehr willkommen, aber leider handelt es sich häufig um eine unterschwellige Kritik, die den Arbeitsfrieden gefährdet, die Arbeitsmoral untergräbt und von der die Verantwortlichen eines Unternehmens erst viel zu spät etwas erfahren. Zu spät, um rechtzeitig notwendige Gegenmaßnahmen einleiten zu können.

Wohlgemerkt! Hier geht es nicht darum, die Kritikbereitschaft oder die Kritikfähigkeit der Mitarbeiter etwa als gefährlich hinzustellen. Das Gegenteil ist wahr. Mitarbeiter-Kritik, die offen geäußert wird, ist geradezu wünschenswert, zeigt sie doch wesentliche Vorteile. Sie zeugt erstens von einer wohltuend kooperativen Atmosphäre im Betrieb. Die Mitarbeiter trauen sich, Kritik anzubringen. Das ist viel wert!

Zweitens haben wir die Möglichkeit, unsere Maßnahmen und Entscheidungen an der Kritik zu messen. Die Kritik setzt uns in die Lage, eine falsche Entscheidung rückgängig zu machen oder eine grundsätzlich richtige noch effizienter. Schließlich beweist diese sogenannte konstruktive Kritik das Engagement des Mitarbeiters für die Sache. Ein Mitarbeiter, der an dem Betrieb und seinem Wohlergehen uninteressiert ist, wird sich niemals aufraffen und offen eine Kritik aussprechen, erst recht nicht einem Vorgesetzten gegenüber.

Ein Besucher sagte einmal in einem Betrieb zu einem Mitarbeiter, der ihm als sehr kritikfreudig vorgestellt wurde, völlig zutreffend: »Nun, dann sind Sie offenbar ein besonders wertvoller Mitarbeiter.«

Nein, ich habe vorhin die unterschwellige, heimliche und darum so gefährliche Kritik gemeint. Die Kritik, die durch den Betrieb schleicht, nicht richtig zu fassen und auch nicht eindeutig ist. Wie gesagt, die Geschäftsführung erfährt von ihr sowieso meist viel zu spät.

Wie kann ihr begegnet werden, wenn man nichts von ihr erfährt?

H. Wie müssen Entscheidungen sein, wenn sie richtig umgesetzt werden sollen?

Gehen Sie davon aus, daß diese Kritik immer dann einsetzt, wenn Mitarbeiter Ihre Maßnahmen oder Entscheidungen nicht verstehen und darum intellektuell nicht nachvollziehen können. Jeder Psychologe weiß: Was der Mensch nicht verstehen, nicht begreifen kann, lehnt er ab. – Eine wichtige Erkenntnis!

Gehen wir einmal davon aus, Sie hätten eine unpopuläre, aber richtige Entscheidung getroffen. Sie haben sie treffen müssen, weil die Daten und Fakten, nach denen Sie zu entscheiden hatten, keine andere Entscheidung zuließen. Gut, aber in den wenigsten Fällen sind diese Daten und Fakten so geheim, daß sie nicht veröffentlicht werden könnten.

Glauben Sie mir, Ihre Mitarbeiter sind viel vernünftiger, als Sie vielleicht annehmen oder als viele patriarchalische Unternehmer-Generationen angenommen haben. Wenn Sie ihnen die Beweggründe für eine unangenehme Entscheidung klarmachen, überzeugend klarmachen, dann können Sie in der Regel sicher sein, Ihre Mitarbeiter werden Ihre Entscheidung nicht nur verstehen, sondern auch nachvollziehen, d. h. zu ihr stehen, sie mit großer Einsatz-Bereitschaft ausführen und nicht an ihr herummäkeln.

Die »Veröffentlichung« Ihrer Kenntnisse, die zu dieser Entscheidung geführt haben und die wahrlich nicht bis ins letzte Detail auseinandergesetzt werden müssen, ist aber vielleicht auch ein gutes »Zuchtmittel« für die Firmenleitung. Wer jede Entscheidung vor einem Kreis von sachverständigen Mitarbeitern rechtfertigen muß, wird sie sich vorher vielleicht noch ein bißchen gründlicher überlegen, als er es getan hätte, wenn er keine Erklärung und Begründung abgeben müßte.

I. Richtiges und falsches Timing

Ich denke da – als Beispiel – an die Rede eines Vorstandsvorsitzenden anläßlich einer Betriebsversammlung. Er forderte alle Mitarbeiter mit bewegten Worten angesichts der angespannten Lage des Unternehmens zu äußerster Sparsamkeit auf. Nur wurde sein Appell nicht ernstgenommen, und er brauchte sich darüber auch nicht zu wundern (ich weiß nicht, ob er sich gewundert hat): Zwei Tage vorher hatten drei leitende Mitarbeiter des Hauses, die bisher ihre Privatwagen fahren mußten, Firmenwagen bekommen. Drei nagelneue Mercedes (jeder weiß ja, was die kosten!) standen beneidenswert blitzend auf dem Firmengelände. Und natürlich wußte jeder, für wen sie bestimmt waren. Ja, zwei Tage standen die Wagen für alle sichtbar da, und dann kam der Appell zur Sparsamkeit. Es spielt bei diesem Beispiel gar keine Rolle, ob die Entscheidung, diesen Mitarbeitern Firmenwagen zu geben, richtig war oder nicht. Entscheidend war das, was die Amerikaner »falsches Timing« nennen.

J. Vom Nutzen einer Werkzeitung

Sprechen Sie also mit Ihren Mitarbeitern! Natürlich nicht mit jedem einzelnen persönlich. Schaffen Sie sich ein Sprachrohr an; z. B. die Runde Ihrer Abteilungsleiter. Oder installieren Sie ein richtiges Informationsmittel, z. B. eine Werkzeitung. Aber denken Sie bei der Werkzeitung nicht, nur Sie hätten etwas zu sagen, mitzuteilen. Berücksichtigen Sie auch das legitime Recht Ihrer Mitarbeiter und des Betriebsrats, Meinungen zu äußern, die nicht unbedingt mit den Ihren übereinstimmen.

Ja, ermuntern Sie die Mitarbeiter, auch kontroverse Meinungen zu äußern. Ein Redakteur muß dann dafür sorgen, daß dies in der Form geschieht, die für die Gemeinschaft erwachsener Menschen angemessen ist.

Mit der Werkzeitung schaffen Sie sich ein Instrument, mit dem Sie zu Ihren Mitarbeitern sprechen können, indem Sie Probleme des Unternehmens schildern und Ihren Entscheidungen die für das Verständnis notwendige Basis geben können. Wenn dies sachlich und konstruktiv geschieht, brauchen Sie keine Angst zu haben, wenn diese Werkzeitung auch von Firmenfremden, also von Außenstehenden, gelesen wird. Seien Sie froh, der Gefahr von schleichenden Gerüchten mit klaren Informationen begegnen zu können. Traumtänzer, die meinen, in Ihrer Firma gäbe es keine Probleme, sind seltener, als Sie vielleicht denken. Dagegen gibt es viele Menschen, die eine nüchterne und offene Ansprache von Problemen und die entsprechende Darstellung von Problemlösungen positiv beurteilen, ja, sie sogar schätzen und davon beeindruckt sind.

Die Werkzeitung sollte aber keinen leitenden Mitarbeiter davon abhalten, sich trotzdem ab und zu im Betrieb sehen zu lassen. Ich kenne Unternehmen, in denen der Chef täglich oder wenigstens einmal in der Woche einen kurzen Rundgang macht. Ich kenne aber auch welche, in denen sich der Chef bereits seit Monaten im Betrieb nicht hat sehen lassen.

K. Gespräch und Kritik: die wichtigsten Mittel der Mitarbeiterführung

Wenn Sie eine Familie, eine Betriebsfamilie schaffen wollen, die in schweren Zeiten ohne Zögern bereit ist, mehr zu leisten und Einschränkungen oder Opfer auf sich zu nehmen, dann müssen Sie in guten Zeiten für die entsprechenden Voraussetzungen sorgen.

Setzen Sie ruhig die grundsätzliche Bereitschaft Ihrer Mitarbeiter voraus, in schwierigen Zeiten zu Ihnen und der Firma zu stehen und mehr zu leisten. Sie müssen jedoch dafür sorgen, daß diese Bereitschaft für ein Miteinander auch wirksam wird. Das geeignete Mittel ist das Gespräch und – wo das Gespräch wegen der Größe des Unternehmens nicht möglich ist – die vorurteilsfreie, kritikvertragende Information.

Aber vielleicht gehören Sie ja noch zu der Gründergeneration. Sie sind der Mann, der alles aufgebaut hat. Auf Ihren beiden Augen basiert das Unternehmen, wie man so schön sagt. Sie bestimmen, weil Sie es nun mal seit Gründung der Firma so gewohnt sind. Dann sollten Sie mal folgendes überlegen: Wenn Sie Erfolg hatten – und das unterstelle ich –, haben Sie jetzt Mitarbeiter mit wertvollen Kenntnissen und Erfahrungen. Achten Sie daher deren Urteil, beachten Sie deren Empfehlungen. Und bauen Sie den Fähigsten von ihnen rechtzeitig zu Ihrem Nachfolger auf. Akzeptieren Sie die neue Situation. Dieser Mann wird nicht mehr Alleinherrscher sein (wie Sie!) und es auch nicht sein wollen (wenn er wirklich gut ist!).

Sobald Sie Ihren Kronprinzen erwählt haben, wird dieser nach und nach seine Führungsmannschaft zusammenstellen. Wenn Sie ihn akzeptieren, müssen Sie auch seine Mannschaft akzeptieren, wenn's auch manchmal schwerfällt.

Leider gehen viele relativ junge, florierende Firmen nur deswegen kaputt, weil der Firmeninhaber es nicht verstanden hatte, sich rechtzeitig einen fähigen, ihm ebenbürtigen Nachfolger heranzubilden. Ebenbürtige Nachfolger sind nämlich auch unbequeme Mitarbeiter, keine Ja-Sager. Mit ihnen muß sich der Boß täglich neu auseinandersetzen. Und das gefällt vielen nicht. Leider, sie machen damit häufig den entscheidenden Fehler ihrer Unternehmer-Laufbahn und verurteilen ihr Unternehmen dazu, mit ihnen zusammen eines Tages wieder von dieser Welt zu verschwinden.

Noch eine Anmerkung zum Schluß dieses Kapitels: Wenn ich auch dem Prinzip der Firmen- oder Betriebsfamilie grundsätzlich den Vorzug gebe, darf das nicht zu dem Mißverständnis führen, Familienangehörige des Firmeninhabers seien für die Führung des Unternehmens besonders befähigt. Wenn das so ist, um so besser. Sollte es aber nicht so sein, ist es richtiger und vernünftiger, beizeiten an eine anderweitige Verwendung dieser Sprößlinge zu denken. Floriert die Firma unter einer neuen, nicht der Familie entstammenden Leitung, geht es auch den Angehörigen der Gründerfamilie gut. Ruiniert ein Sohn oder eine Tochter das Unternehmen, hat keiner etwas davon.

V. Das Betriebsklima

A. Seine Voraussetzungen

Nachdem wir über die Familie gesprochen haben und besonders über die Parallelen zur Betriebsfamilie, kommen wir jetzt natürlich an einem Begriff nicht vorbei, der in diesem Zusammenhang immer wieder erwähnt wird: Betriebsklima! Jeder weiß natürlich, was darunter zu verstehen ist.

Nun, wissen Sie's?

Ja, so ungefähr hat jeder seine Vorstellung darüber, hat jeder eine Erklärung parat. Doch gehen wir einmal der Bedeutung etwas näher auf den Grund. Beginnen wir wieder bei der Familie.

Die Familie ist nicht nur eine Institution, die durch die Menschen, die zu ihr gehören, geprägt wird, sondern auch die Einrichtung, die diese Menschen weitgehend prägt. Natürlich haben daran auch noch viele andere Einflüsse und anlagebedingte Eigenschaften und Fähigkeiten einen Anteil. Aber es gibt keinen Zweifel, die Familie trägt sehr viel zur Formung des Menschen bei.

Wir kennen alle die Schwierigkeiten von Jugendlichen, deren Familie es nicht verstanden hat, sie auf das Leben als Erwachsene richtig vorzubereiten, die es versäumt hat, durch Vorbild einerseits und Rat und Hilfestellung andererseits aus dem Jungen einen Mann werden zu lassen, der weiß, was z. B. als Ehemann und Vater von ihm erwartet werden muß (und das sage ich ohne Stammtischgelächter!), sollen seine Kinder zu lebenstüchtigen, verantwortungsbewußten und verantwortungsbereiten Menschen aufwachsen.

Wie wenig junge Mädchen gibt es, die den ganzen Umfang von Arbeit, Hingabe, Selbstbescheidung, Verzicht und Verantwortung übersehen und bejahen können, der auf sie zukommt, wenn sie einem Kind das Leben schenken. Werden die Mädchen und Jungen auf die vielfältigen und doch komplexen Aufgaben in der Weise und Gründlichkeit vorbereitet, wie die Erziehung eines Kindes es verlangt?

Wer einen Kraftwagen fahren will, braucht einen Führerschein, wer einen Beruf ausüben will, muß eine entsprechende Ausbildung, ja, häufig ein jahrelanges Studium absolvieren. Nur wer eine Familie gründen und Kinder in die Welt setzen will, braucht dazu nichts Vergleichbares – heutzutage nicht mal eine Heiratsurkunde.

Um ein gutes, alle Familienmitglieder zufriedenstellendes und ausfüllendes Familienleben zu führen, bedarf es bestimmter Regeln und Voraussetzungen. So muß jeder bereit sein, jedem anderen in der Familie zu helfen. Nicht nur der Vater dem Sohn bei den Schulaufgaben.

Eine allgemein akzeptierte Arbeits- und Aufgabenteilung ist die erste Voraussetzung. Unbezahlte Arbeit ist zu leisten, versteht sich. Ich halte es für völlig falsch, einem Sprößling Geld zu geben, wenn er bereit ist oder damit er bereit ist, bei der Autowäsche zu helfen, oder wenn die Tochter das Geschirr abwäscht. Andererseits sollten Kinder auch nicht zu reinen Handlangern degradiert werden.

Interessante Aufgaben sind, dem jeweiligen Alter und Wissen des Kindes angemessen, selbstverständlich ebenfalls auf alle aufzuteilen, wenn mehrere Kinder da sind. Dies alles geht nicht, wenn die zweite Forderung unerfüllt bleibt: das Gespräch. Familienmitglieder müssen miteinander sprechen. Jeder sollte das Gefühl haben und darin bestätigt werden, daß er Freude und noch vielmehr Sorge allen mitteilen kann und daß jeder sich mit ihm freut oder die Sorgen mit ihm teilt und ihm hilft, damit die Sorgen so bald wie möglich überwunden werden.

Das betrifft natürlich besonders die heiklen Themen, schwierige Situationen in der Schule, Probleme mit Freunden oder Freundinnen, Liebeskummer, ausgefallene Berufswünsche und last not least politische Fragen. Mit Worten wie »Das verstehst du nicht. Dafür bist du noch zu klein (oder schlimmer) ... bist du noch zu dumm« wird mehr und mehr der Zugang zu Verstehen und Verständigung verschüttet.

Und dann wundern sich viele Eltern, wenn ihre Kinder als Teenager »plötzlich« nichts mehr von ihnen wissen wollen. »Plötzlich« ist diese Lage nicht entstanden. Sie ist vielmehr der bedauerliche Endpunkt einer von den Eltern in den meisten Fällen selbst eingeleiteten und daher zu verantwortenden Entwicklung. Nicht etwa, weil sie das so wollten. Nein, weil sie es nicht besser gewußt haben. Weil ihnen kein Mensch vorher gesagt hat, was sie tun und was sie lassen sollen, damit ihre Familie funktioniert und ihre Kinder in Harmonie mit ihnen aufwachsen. Sie haben es nicht verstanden, in ihrer Familie das Klima der Zusammengehörigkeit und des Miteinander zu schaffen.

So wie es viele Geschäftsführungen nicht erreichen, ein Gefühl der

Zusammengehörigkeit, des Miteinander, der konstruktiven Zusammenarbeit und der kollegialen Hilfe in ihrem Betrieb zu verbreiten. Und das nennt man dann ein schlechtes Betriebsklima.

B. Ein gutes Betriebsklima erhöht die Rentabilität eines Unternehmens

Auch hier sind, wenn ein gutes Betriebsklima geschaffen werden soll, die Gesetze, die beachtet werden müssen, die gleichen wie bei der Familie. Ein gutes Betriebsklima, das – wie Wirtschafts-Wissenschaftler inzwischen eindeutig nachgewiesen haben – in der Lage ist, die Rentabilität eines Unternehmens erheblich zu verbessern, kann sich auf vielerlei Weise auswirken:

Der »Sand im Getriebe« wird beseitigt. Alle Mitarbeiter arbeiten effizienter; auftauchende Schwierigkeiten werden leichter und schneller behoben; jeder Mitarbeiter leistet mehr, weil Einsatzfreude und Freude an der Arbeit motivieren und das Streben nach immer besseren Ergebnissen auslösen.

Es ist also keine philanthropische Gefühlsduselei, wenn jemand an einem guten Betriebsklima interessiert ist, sondern ein nüchternes betriebswirtschaftliches Kalkül. Und die Methoden, mit denen ein alle zufriedenstellendes Betriebsklima zu erreichen ist, haben nichts mit Sozialismus zu tun, sondern eher mit ein wenig Psychologie. Verständnis haben und zeigen für die Wünsche anderer, so könnte man es bezeichnen.

C. Woran ein gutes und ein schlechtes Betriebsklima zu erkennen ist

Ob ein Betriebsklima gut oder schlecht ist, läßt sich u. a. an dem Grad der Identifikation mit dem Firmengeschehen, der Begeisterung für die Firma und der freiwilligen Zuwendung zu ihr ablesen. Unzufriedene Mitarbeiter wechseln in guten wirtschaftlichen Zeiten ohne Arbeitslosigkeit einfach die Stellung. Wenn Arbeitslosigkeit herrscht und die Leute froh sind, einen Arbeitsplatz zu haben, werden sie ihre Unzufriedenheit nicht so offenkundig zeigen.

Aber es gibt deutliche Merkmale, an denen die Einstellung von Betriebsangehörigen zur Firma abgelesen werden kann. Tun die Mitarbeiter immer nur das, was man ihnen aufträgt? Und das auch nur genau so, wie man es ihnen gesagt hat, ohne selbst irgendeine Initiative zu entwikkeln? Strömt alles bereits wenige Sekunden nach Arbeitsschluß aus dem Fabriktor, und hat man dabei das Gefühl, jeder sei froh, das Tor endlich hinter sich zu haben? Sind aus Altersgründen ausgeschiedene Pensionäre bereit, hier und da noch einmal auszuhelfen, wenn sie darum gebeten werden, oder lehnen sie das ab, vielleicht sogar mit dem Hinweis, sie seien froh, endlich »aus dem Laden« heraus zu sein bzw. nichts mehr damit zu tun haben zu müssen? Ist der Betriebsablauf eher zähflüssig? Kommen die Mitarbeiter von selbst auf die Idee, daß in dem einen oder anderen Fall mal etwas mehr getan werden muß? Und ergreifen sie dann auch die Initiative?

Ein gutes Betriebsklima ist immer gepaart mit Begeisterung und Zuwendung, Interesse, Engagement und Identifikation. Und das resultiert wiederum aus dem Gefühl von Zugehörigkeit und Wertschätzung. Beides erwächst von selbst durch Information und Kommunikation, durch Lob und Anerkennung.

Ein Mensch, der informiert wird, mit dem gesprochen wird, dessen Urteil beachtet wird und dessen Leistung gelobt wird, wird sich mit der Institution, die dieses tut, mehr und mehr identifizieren.

In Vereinen geschieht so etwas. Darum kompensieren so viele Menschen ihre Frustrationen aus dem Arbeitsalltag durch die Mitgliedschaft in Vereinen, in denen man miteinander spricht, wo sie durch diese Gespräche also permanent informiert sind, wo man auf ihr Urteil Wert legt und gute Leistungen anerkennt – und sei es auch nur in Form einer Ehrenurkunde oder eines Vereins-Ordens.

Nutzen Sie einen Teil dieses Engagements, zu dem auch Ihre Arbeiter und Angestellten grundsätzlich bereit sind, im Interesse Ihrer Firma. Lenken Sie es sozusagen auf Ihre Firma und nicht von ihr ab.

Das Gefühl der Zugehörigkeit und der Zusammengehörigkeit kann immer nur von oben nach unten wachsen. Der einfache Soldat wird nie den ersten Schritt tun können, indem er versucht, zu seinem Leutnant einen guten Kontakt zu bekommen. Das muß vom Leutnant ausgehen.

Oder: Wenn die Eltern das Gespräch mit sich und den Kindern nicht vorleben, werden es die Kinder von sich aus kaum beginnen.

Und wieder einmal ist es im Unternehmen wie in der Familie: Ein gutes Betriebsklima kann nur von oben nach unten geschaffen werden, niemals von unten nach oben. Die Geschäftsführung muß den ersten Schritt, nein, die ersten Schritte tun, Weichen stellen, das gute Beispiel vorleben. Nur dann kann sie erwarten, daß die Mitarbeiter sich ebenso verhalten werden, also ein Beispiel nehmen, und das Gefühl von Zusammengehörigkeit und Zugehörigkeit, die Voraussetzung für das gute Betriebsklima, entsteht.

D. Der Auf- und Abbau von Privilegien

Solange es einer Firma wirtschaftlich gutgeht, wird niemand sich daran stören, wenn bestimmte Leute, die sich verdient gemacht haben, besondere Privilegien erhalten. Gute Zeiten sind immer auch gut für den Auf- oder Ausbau von Privilegien. Umgekehrt ist es in schlechten Zeiten. Immer dann, wenn es darauf ankommt, zusammenzurücken, ein Team zu bilden, wie groß es auch immer sein mag, eine – wie es so schön heißt – »verschworene Gemeinschaft«, immer dann müssen Privilegien abgebaut werden. Privilegien und Teamgeist schließen einander aus!

Privilegien wären keine Privilegien, wenn sie nicht etwas betont Trennendes an sich hätten. Durch das Auszeichnen mit Privilegien soll ja gerade erreicht werden, daß der so Begünstigte aus der Masse der anderen Mitarbeiter herausgehoben wird. Will man dann wieder zusammenrücken, müssen trennende Wände aber wieder eingerissen, müssen Privilegien abgebaut werden.

Ich glaube, das leuchtet im Grunde jedem ein. Ich weiß aber auch, wie schwer es ist, Begünstigungen wieder zurückzunehmen. Aber sollte man von verdienten Mitarbeitern (ich setze mal voraus, daß nur verdiente Mitarbeiter bei Ihnen in den Genuß von Privilegien gekommen sind) nicht erwarten können, daß sie mehr als jeder andere in schweren Zeiten das Notwendige erkennen?

E. Auch hier: Das wichtige Gespräch

Natürlich gehört auch hierzu wieder das Gespräch. Gerade hierzu, möchte ich behaupten, denn jemandem etwas wegzunehmen ist bekanntlich immer eine schwierige Angelegenheit, bei der es in hohem Maße darauf ankommt, das Verständnis für die Maßnahme bei den Betroffenen zu wecken. Ideal ist es natürlich, wenn die Situation des Unternehmens, die Schwierigkeiten und die möglichen Lösungsansätze so geschildert werden, daß die Privilegierten von selbst mit einer Einschränkung ihrer einseitigen Bevorzugung einverstanden sind, ja, diese vielleicht sogar von sich aus vorschlagen.

Warum spreche ich so viel von schlechten Zeiten? Weil die Frage des guten oder schlechten Betriebsklimas gerade in schlechteren Zeiten an Bedeutung zunimmt. Gehen die Geschäfte gut, kann die Firma wegen ihrer ausgezeichneten Gewinnsituation hohe Gehälter, Zulagen oder Prämien zahlen, Betriebsfeste veranstalten, Privilegien verteilen und soziale Maßnahmen in einem breiten Spektrum durchführen, braucht man sich über das Betriebsklima meist keine Gedanken zu machen. Obwohl natürlich auch in solchen Firmen Spannungen und Frustrationen verbreitet sein können, die nur durch die reichlich verteilten »Zuckerle« überdeckt werden. Einem Beobachter von draußen, etwa einem Unternehmensberater, könnte diese negative Stimmung aber als gefährliches Indiz für eine Wende zum Schlechteren auffallen.

F. Drei Motivations-Instrumente

Weil nun gerade in schwierigen Zeiten, in denen es auf jeden ankommt, ein gutes Betriebsklima entscheidend dazu beitragen kann, die Krise schnell und reibungslos zu überwinden, möchte ich noch eingehender beleuchten, wie der Weg zu einem guten Betriebsklima aussieht.

Ein gutes Betriebsklima steht und fällt mit der richtigen Anwendung von drei Motivations-Instrumenten: Information, Kompetenzabgrenzung, Zielvorgabe. Und als »Würze« gehört dazu eine gehörige Prise Optimismus.

Was nützen die vielen Diskussionen und klugen Abhandlungen über die verschiedenen »Management by ...«-Techniken (oder Theorien?), wenn nicht vorher die Grundlagen für ihren Erfolg in Form eines guten Betriebsklimas geschaffen worden sind?

Über die große Bedeutung der Information habe ich schon an anderer Stelle ausführlich geschrieben. Sie kann nicht oft genug betont werden. Nur der informierte Mitarbeiter kann motiviert werden, kann Zielvorgaben verstehen und richtig nachvollziehen. Wenn bei Ihren Mitarbeitern eine gewisse Basisinformation über die Philosophie und die Politik des Unternehmens fehlt, können Sie sich Geld und Mühe für andere Incentive- oder Motivations-Programme sparen. Sie haben doch keinen Erfolg, weil sie nicht verstanden werden.

Ich war vor einigen Jahren als Creative Direktor in einer Werbeagentur mittlerer Größe tätig. Die beiden Geschäftsführer, die anderen Abteilungsleiter und ich setzten uns in jeder Woche mindestens einmal nach Feierabend bei einem Glas Bier zusammen und besprachen völlig zwanglos und ohne Tagesordnung alle Fragen, die in den Tagen vorher aufgetaucht waren und nicht sofort entschieden oder besprochen werden mußten.

Nach diesen Gesprächen gingen wir jedesmal gut informiert nach Hause, denn wir hatten nicht nur über die uns selbst interessierenden Fragen diskutieren können, sondern auch gehört, was andere bewegte, und auf diese Weise einen guten Einblick in die Sorgen und Probleme, aber auch in die Vorhaben und Absichten der anderen Abteilungen erhalten. Auf diese Weise konnten wir uns zu jedem Thema eine Meinung bilden und gemeinsam die besten Lösungen erarbeiten.

G. Ein falsches Rundschreiben

Natürlich weiß ich, daß ein solcher »Stammtisch« bei größeren Firmen nicht möglich ist. Aber ähnliche Wege der Information und des Erfahrungsaustausches gibt es überall.

Ein Beispiel dafür, wie es wohl gut gemeint ist, jedoch nur unvollkommen realisiert wird, kenne ich aus der Textilindustrie. Der Verkaufsleiter eines relativ bedeutenden Herstellers schickt jede Woche einmal ein Rundschreiben an seinen Außendienst. Er teilt darin die neuesten Verkaufszahlen mit und informiert, welche Modelle geändert, neu in die Kollektion aufgenommen oder gestrichen worden sind. Schließlich endet das Schreiben jedesmal mit einem Appell, in dem die Aufforderung steht, »um jeden Auftrag zu kämpfen« oder ähnliche markige Formulierungen.

Dient dieses Schreiben der Information? Ja, natürlich. Aber dient es auch der notwendigen Motivation? Sicher nicht.

Warum nicht?

Die Informationen, die gegeben werden, sind in Routine erstarrt und darüber hinaus z.T. lästig oder nichtssagend.

Wirklich interessant ist für die Außendienst-Mitarbeiter nur die Bekanntgabe des neuesten Standes beim Verkauf. Aber in diesem Beispiel geschieht das leider auch nicht so, wie sie es erwarten könnten, denn die Verkaufszahlen werden in diesem Rundschreiben nur pauschal und nicht personenbezogen angegeben, was zumindest auf den einen oder anderen motivierend wirken würde.

Die Aufzählung der Änderungen an der Kollektion oder an Modellen ist zwar für die Verkaufsarbeit notwendig und daher wichtig, aber lästig. Der Reisende muß – meist nach Feierabend oder am Wochenende – seine Unterlagen korrigieren, Muster auswechseln, einen oder mehrere Musterkoffer neu packen, sein Verkaufsgespräch überdenken und vielleicht sogar ändern. Zwar wird er diese Arbeit gern auf sich nehmen, wenn die Änderung auf seinen Vorschlag hin vorgenommen worden ist und er ihrer Berechtigung daher zustimmt, aber das ist natürlich die Ausnahme.

Es wäre also angebracht, im Rundschreiben darauf hinzuweisen, warum geändert wurde und was man sich davon verspricht. Der Außendienst-Mitarbeiter würde dann nicht nur die Änderung ausführen (also eine Anweisung befolgen), sondern auch ihren Sinn verstehen. Und darauf kommt es an!

Mitarbeiter-Information muß erreichen, daß der Sinn von Anordnungen und Maßnahmen verstanden wird, weil sie nur dann in der optimalen Weise ausgeführt werden.

Und dann der Appell! Was soll denn das?

H. So sind Zielvorgaben richtig

Pauschalierte Anfeuerungsrufe kommen bei Mitarbeitern schon lange nicht mehr an; wenn sie überhaupt jemals angekommen sind. Was ich bezweifele.

Begründete Zielvorgaben mit entsprechender Hilfestellung wären erfolgversprechender. Natürlich kann es sich dabei in Rundschreiben nur um Ergänzungen zu den Zielvorgaben handeln, die zu Beginn der Verkaufs-Tour mit jedem einzelnen Außendienst-Mitarbeiter oder – bei zahlenmäßig großen Außendienst-Mannschaften – mit den Gebiets- oder Bezirks-Verkaufsleitern besprochen worden sind.

Das könnte sich zum Beispiel so anhören: »In A-Stadt sind wir noch nicht vertreten. Bitte sprechen Sie die Geschäfte X, Y und Z, in dieser Reihenfolge, an, und versuchen Sie, die Aufnahme unserer Artikel zu erreichen. Als Starthilfe sind wir bereit, ...« und nun kommt, was an Konditionen, Werbe- und/oder Verkaufsförderungs-Maßnahmen, Verkäuferinnen-Schulung usw. den prospektiven Kunden zur Unterstützung der Einführung geboten werden kann. Darüber hinaus sollten dem Vertreter einige Daten über die Bevölkerungsstruktur dieser Stadt mitgegeben werden, damit er den Wert dieses Ortes für die Distribution erkennt und sein Verkaufsgespräch vielleicht mit einigen Marktdaten, die auch den Fachhändler interessieren könnten, anreichert.

Das Rundschreiben aus unserem Beispiel gibt es zwar, es ist aber kein zufriedenstellendes, motivierendes Informationsmittel, weil wesentliche Aussagen über den Sinn der einzelnen Maßnahmen fehlen. Die Möglichkeiten, die das Management-Instrument »Rundschreiben« bietet, werden hier nicht genutzt.

Die Regel lautet: Um Ihnen einen zweiten Schritt folgen zu können, müssen Ihre Mitarbeiter erst verstanden haben, warum Sie den ersten Schritt gegangen sind.

»Information« und »Zielvorgabe« sind also Funktionen der Mitarbeiter-Führung, die zusammengehören. Eine kann ohne die andere ihren Zweck nicht erfüllen. Doch auch sie genügen nicht zur Motivation, weil sie einseitig gerichtet sind: Es sind Äußerungen vom Vorgesetzten zum Untergebenen.

Um die Mitarbeit, das Mitdenken, das berühmte »Mitziehen«, wie man so schön plastisch sagt, zu erreichen, müssen Sie Ihren Mitarbeitern regelmäßig Gelegenheit geben, sich zu Ihren Handlungen und Maßnahmen äußern zu können.

Sprechen Sie ruhig mit Ihrem Mitarbeiter über Probleme, und hören Sie sich seine Meinung an. Und wenn Sie seine Meinung nicht teilen können: Sagen Sie ihm, warum Sie die Angelegenheit doch anders verfolgen wollen, als er Ihnen geraten hat. Seien Sie andererseits aber auch bereit, ein anerkennendes Wort auszusprechen, wenn Ihnen die Idee Ihres Mitarbeiters oder sein Vorschlag gefällt.

Natürlich sollen Sie aus Ihrem Unternehmen oder Ihrer Abteilung keine »Quasselbude« machen, aber führen Sie konstruktive Gespräche auf einer Ebene gleichen Engagements, jedoch unterschiedlicher Verantwortlichkeit. Der Untergebene wird immer bereit sein, Ihre Entscheidungs-Befugnis anzuerkennen. Hauptsache ist, er weiß sich mit Ihnen »im gleichen Boot«. Nichts ist schlimmer als die Polarität »die da oben« und »die da unten«.

I. So überwinden Sie die Trägheit im Denken

Wie ich am Beispiel des Rundschreibens aus der Textil-Industrie gezeigt habe, müssen die theoretischen Begriffe »Information«, »Zielvorgabe« und »Kommunikation« mit sinnvollen Inhalten versehen werden.

Und trotzdem kann alles ganz anders laufen, als Sie es sich wünschen. Rechnen Sie mit der Trägheit der Menschen! Womit ich die Trägheit im Denken und besonders im Umdenken meine.

Nehmen wir einmal an, alles ist programmgemäß gelaufen: Sie haben Ihren Mitarbeitern so ausführlich wie möglich erklärt, warum eine Produktgruppe aus Ihrem Herstellungs-Programm einen neuen Namen und ein neues Markenzeichen erhalten muß. Jeder hat es offenbar begriffen, da Sie die Gründe nicht nur überzeugend dargestellt, sondern alle noch offenen Fragen so detailliert beantwortet haben, daß weder Unklarheiten noch Zweifel geblieben sind.

Und jetzt kommt es nun für jeden einzelnen darauf an, sich ab sofort zu dem neuen Namen und Zeichen zu bekennen!

Denken Sie nicht, das würde so ohne weiteres klappen. Den guten Willen wollen wir Ihren Mitarbeitern nicht absprechen, aber die Gewohnheit an das Alte und die Trägheit im Umdenken machen einen Strich durch die Rechnung. Wenn Sie nicht selbst durch Konsequenz ein Vorbild sind.

J. Wie Sie den Nachahmungstrieb nutzen können

Der Gegenpol zur Trägheit im Umdenken ist der Nachahmungs-Trieb.

Nennen Sie, so oft es angebracht ist, die Produktgruppe mit ihrem neuen Namen und machen Sie deutlich, welch großen Wert Sie auf das neue Zeichen legen. Die meisten Ihrer Mitarbeiter werden dann sofort dazu übergehen, das Neue in ihr Denken, Sagen und in ihre Überlegungen aufzunehmen.

Wenn die Geschäftsführung dagegen zum Ausdruck bringt, wie in einem mir bekannten Fall, daß sie dem alten Namen eigentlich doch ein wenig nachtrauert, weil doch so viele Erfolgserlebnisse mit ihm verbunden sind, und sie in Gesprächen »versehentlich« immer wieder den alten Namen verwendet, dann darf man sich natürlich nicht wundern, wenn die Mitarbeiter Jahre brauchen, bis sie eine als notwendig begründete Änderung nachvollziehen.

Und obwohl wir die ganze Zeit nur von Information, Kommunikation und Zielvorgabe sprechen, behandeln wir gleichzeitig ausführlich das Thema »Betriebsklima«. Nur da, wo das Miteinander funktioniert, stimmt auch das Betriebsklima.

Zum Miteinander im Betrieb gehört, und das soll nicht unerwähnt bleiben, aber auch die Gemeinsamkeit in fröhlichen Stunden. Ein Betriebsfest muß nicht in ein Saufgelage ausarten! Ein solches Fest mit richtiger Dosierung aus gutem Essen und Trinken, Vorführungen, Musik und Tanz ist der allerseits willkommene Farbtupfer im Bild eines Unternehmens mit gutem Betriebsklima, eines Unternehmens, in dem mit Recht von einer großen Familie gesprochen werden darf.

K. Kompetenz-Abgrenzung

Ich möchte nun auf die dritte Voraussetzung eingehen, die ein gutes Betriebsklima begründet: Kompetenz-Abgrenzung.

Was würden Sie von einer Familie halten, in der ohne jegliche Abstimmung mal die Frau den Haushalt versorgt und das Essen zubereitet – und mal auch nicht; der Mann ab und zu Geld verdient, sich manchmal aber auch ums Essen kümmert, vielleicht gerade an einem Tag, an dem die Frau ebenfalls alles für ein Essen vorbereitet hatte? Dafür ist dann wieder an einem anderen Tag kein Essen da, weil jeder sich auf den anderen verließ. Es mag sein, daß Sie so eine Familie kennen, trotzdem werden Sie mir zugeben, hier herrscht ein ganz schönes Durcheinander. Streit und Unzufriedenheit sind Tür und Tor geöffnet.

Es gibt eine Menge Firmen, in denen ein solches Durcheinander zum normalen Tagesablauf zählt, in denen die Definition gelebt wird: Teamarbeit heißt, jeder glaubt, der andere mache die Arbeit.

Nun ist es nicht etwa so, wie mancher vielleicht meinen könnte, daß dort jeder Mitarbeiter sich gemäß seinen Fähigkeiten nach Herzenslust entfalten könnte und würde. Nein, irgendwo hat ja jeder doch so eine Art Aufgabenbereich, für den er verantwortlich ist. Nur ahnt er diesen mehr, als er ihn kennt. Kompetenz-Abgrenzung sollte also mit klarer Aufgabenzuweisung ausgedrückt werden. Stellenbeschreibung nennt man das ja wohl. Aber wie kann eine Stellung beschrieben werden, die vorher nicht genau definiert wurde?

Ich kenne eine Firma, in der gibt es einen Vertriebsleiter und daneben (Sie lesen richtig: daneben, nicht darunter!) noch zwei Verkaufsleiter. Spricht man als Berater den einen an, um mit ihm ein Problem zu diskutieren oder ein Vorhaben zu besprechen, fühlt sich der andere übergangen. Wollen Sie mit beiden oder allen dreien sprechen, haben Sie Schwierigkeiten, einen allen genehmen Termin zu bekommen. Schaffen Sie es auch terminlich, sagt bestimmt einer im Anschluß an das Gespräch vorwurfsvoll entweder: »Das hätten Sie auch mit mir allein besprechen können. Da brauchte Herr ... nicht dabei zu sein« (wenn es sich um ein seiner Meinung nach wichtiges Thema handelte!) oder, da nicht alle Themen, die behandelt werden müssen, so sehr wichtig sind oder erscheinen: »So etwas können Sie beim nächsten Mal mit Herrn ... allein besprechen. Dafür brauche ich meine Zeit nun wirklich nicht auch noch zu opfern.« Und richten Sie sich beim nächsten Mal danach, müssen Sie den Vorwurf einstecken: »Warum haben Sie mich übergangen?«

Ja, da haben Sie's! Nun erkennen Sie als außenstehender Berater und Gesprächspartner mal immer ganz genau, wann ein Thema nach Meinung dieser Herren wichtig ist, so wichtig, daß sie dabei sein möchten, daß jeder es allein mit Ihnen besprechen möchte oder daß er nicht dabei zu sein braucht.

Unklare Kompetenz-Abgrenzungen werden zur Belastung! Und wer nicht bereit oder nicht in der Lage ist, hier klare Verhältnisse zu schaffen, ist dagegen sehr schnell bereit, die »Schuld« an dieser Situation immer bei einem anderen zu suchen.

Das ist dann zwar im Moment die einfachste Methode, aber sicher nicht die beste. Wie gesagt, die Folge ist nicht die Entfaltung der Mitarbeiter zum Nutzen der Firma, sondern Frustration, Ignoranz und schließlich Resignation. Typisch für eine solche Firma ist der dort häufig geäußerte Satz: »Das geht mich nichts an. Damit habe ich nichts zu tun.«

Ich saß vor einiger Zeit im Büro eines Rechtsberaters einer Textilfirma. Unser Gespräch wurde von einem Angehörigen der Kollektionsabteilung unterbrochen, weil eine wichtige juristische Frage sofort beantwortet werden mußte. Während der darauffolgenden Diskussion legte der Mann einen Dessin-Entwurf vor. Als der Rechtsanwalt – eigentlich so ganz nebenbei – fragte: »Ja, finden Sie diesen Entwurf denn schön und gelungen?«, bekam er die mich doch sehr schockierende Antwort: »Dazu möchte ich nichts sagen. Damit habe ich nichts zu tun.«

Eine solche Haltung ist ganz klar die Folge ungenügender Motivation, die u. a. auch aus einem ungenügenden Zuständigkeits-Bewußtsein entspringt. Mit ihm geht das Bemühen einher, möglichst jeder Entscheidung auszuweichen, denn man könnte mit ihr ja den Bereich eines anderen berühren und sich dann Ärger einhandeln. Also läßt man es lieber und engagiert sich nicht.

Eine klare Aufgabenzuteilung geht immer auch einher mit einem bestimmten Maß von Entscheidungsbefugnis. Denn, wer keine Entscheidungen treffen darf, kann auch keine Aufgaben verantwortlich durchführen.

Fassen wir noch einmal zusammen: Nur in einem Unternehmen, in dem informierte Mitarbeiter wissen, welchen Zielen ihre klar formulierten Aufgaben dienen sollen, werden die Mitarbeiter auch mit der richtigen, positiven Motivation an ihre Arbeit gehen. Und nur in solchen Unternehmen kann ein gutes, für die Firma nützliches Betriebsklima gedeihen.

VI. Der Chef

A. Der Schlüssel zum Erfolg und zum Mißerfolg

Wir haben uns ausführlich über die Betriebsfamilie und das Betriebsklima unterhalten. Information, Zielvorgabe, Motivation waren die Stichworte. Aber alles das bleibt nur graue Theorie, wenn der Vorgesetzte es nicht versteht, diese theoretischen Rezepte in die reale Wirklichkeit des täglichen Arbeitsablaufs umzusetzen. Der »Chef«, auf welcher Ebene der Firmen-Hierarchie auch immer, ist der Schlüssel zum Erfolg – aber auch die Ursache für den Mißerfolg.

In so mancher Firma wird unentwegt über theoretische Management-Modelle gesprochen, doch denkt keiner daran, das sogenannte Middle-Management durch eine geeignete Schulung in die Lage zu versetzen, diese Modelle durch richtiges Verhalten mit Leben zu erfüllen, und zwar so mit Leben zu erfüllen, daß sie für die Mitarbeiter vernünftig und nachahmenswert erscheinen.

Die meisten Menschen wollen geführt werden! Lassen Sie sich durch Schlagworte, wie »kollegialer Führungsstil« oder ähnliche, nicht beirren. Viele Mitarbeiter sind nur dann gute Mitarbeiter, wenn ihnen täglich neu gesagt wird, was sie zu tun haben. Sie wollen es nicht anders. Mehr Verantwortung, die Forderung nach mehr Eigeninitiative würde sie nicht nur belasten, sondern irritieren und auch überfordern.

B. Ein interessantes Beispiel aus Italien

In einer italienischen Firma gab es offiziell nur eine Führungskraft je 100 Mann der Belegschaft. Lange schien das gutzugehen. Als es jedoch zu einer kritischen Situation kam, merkte die Firmenleitung plötzlich, daß sich unter den Arbeitern von selbst für je fünf bis zehn Mann »führende« Mitarbeiter entwickelt hatten. Mit ihnen ergab sich ein großes Problem. Diese nicht im Organisations-Schema dieser Firma vorgesehenen

»Führungskräfte« beeinflußten die Belegschaft nicht unbedingt im Sinne der Firmenleitung, sondern nahmen eher eine Gegenposition ein.

Aus einer vielleicht vorübergehenden wirtschaftlichen Krise des Unternehmens war auf diese Weise eine allgemeine Unternehmenskrise geworden, welche die Existenz der Firma stark gefährdete.

Glauben Sie also nicht, man könne die Zahl der Führungskräfte in einem Unternehmen sehr knapp halten und auf diese Weise die höheren Gehälter sparen. Machen Sie es zur Regel, Arbeitsgruppen von je höchstens zehn Mann bzw. Personen eine Führungskraft zuzuordnen. Eine Führungskraft, die Sie aussuchen, weil sie qualifiziert und loyal ist. Tun Sie das nicht, bilden sich trotzdem Führungskräfte heran, die aber eines Tages zu einer Belastung für das Unternehmen werden können.

C. Die häufigste Ursache von Frustration oder Motivation der Mitarbeiter

Nun gibt es in jedem normalen Unternehmen eine ganze Menge Leute, die in irgendeiner Weise Chef sind, weil es zu ihren Aufgaben gehört, anderen Anweisungen zu geben. Leider wissen sehr viele von ihnen zwar, daß sie eine vorgesetzte Position innehaben, aber nicht, wie sie sich in dieser Position benehmen sollten, um die untergebenen Mitarbeiter zu bestmöglicher Leistung anzuregen.

Auch bei der Behandlung dieser Frage möchte ich es mir schenken, mich über Management-Techniken auszulassen, sondern in bekannter Weise auf die vielen Kleinigkeiten eingehen, auf die es ankommt und die eben, in ihrer Gesamtheit betrachtet, alles andere als Kleinigkeiten sind.

Was ich über die Kommunikation im allgemeinen gesagt habe, trifft natürlich ganz besonders auf das Verhältnis zwischen dem Chef und seinen direkten Untergebenen zu. Ich kenne z. B. viele Abteilungsleiter, die ihr Zimmer verlassen, um mit einem Kollegen zu sprechen oder irgendeinen anderen Termin im Hause wahrzunehmen, ohne ihre Sekretärin zu informieren, wohin sie gehen oder wo sie zu erreichen sind.

Das ist kein böser Wille, sondern entweder Gedankenlosigkeit oder schlicht Unkenntnis über die Verhaltensregeln, nach denen ein Chef handeln sollte.

Was passiert?

Der Chef wird angerufen. Die Sekretärin meldet sich und sagt dem Anrufer wahrheitsgemäß, ihr Chef sei nicht anwesend. Aber auf die Fragen, die nahezu immer folgen, wohin der Herr denn gegangen sei, wie lange er wegbliebe, wo er eventuell zu erreichen sei und ob überhaupt, kann sie keine Antwort geben. Das frustriert! Es untergräbt die Motivation der Mitarbeiterin, weil sie das absolut berechtigte Gefühl hat, ihre Aufgabe als Sekretärin nicht zufriedenstellend ausüben zu können (zumindest in diesem kleinen Teilbereich), und schuld daran ist ihr Chef. Hat man es mit einer relativ gleichgültigen Mitarbeiterin zu tun, so wird sie diese Situation ohne große Gefühlsbewegung hinnehmen und achselzuckend auf dem Standpunkt stehen: Wenn er mir nicht sagt, wo er hingeht, dann kann ich es einem Anrufer auch nicht sagen. Was soll's?

Ich kann Ihnen nur wünschen, daß dieser Typ einer Mitarbeiterin in Ihrem Unternehmen nicht zu häufig vertreten ist, denn auf diese Mitarbeiterinnen können Sie eigentlich verzichten. Sie sind interesselos und unmotiviert und tragen zur Leistungsverbesserung des Unternehmens kaum etwas bei, – eher zu seiner Lähmung. Sie können und werden auf eine solche Mitarbeiterin aber auch gern verzichten wollen, wenn Sie die andere, die motivierte, die mitdenkende, ja, die ehrgeizige Mitarbeiterin kennengelernt haben.

Nur können sie, ohne es zu ahnen, durch die oben geschilderte Gedankenlosigkeit sehr schnell dazu beitragen, aus dieser guten Kraft eine mittelmäßige, unmotivierte werden zu lassen oder eine, die sich schon bald wieder eine neue Stellung sucht.

D. So verhält sich ein guter Chef

Bei IBM hat der Chef bekanntlich die Pflicht, in ganz bestimmten Zeitabständen mit seinen Mitarbeitern Beurteilungsgespräche zu führen. Beide, Chef und Untergebener, sollen bei diesem Gespräch versuchen, zu einer übereinstimmenden Beurteilung der Leistungen des Mitarbeiters zu kommen. Hierbei wird ganz logischerweise nicht nur die eventuelle Kritik des Vorgesetzten laut, sondern auch die Kritik des Untergebenen, der besonders bei einer für ihn negativen Beurteilung seine unzufriedenstellende Leistung begründen und rechtfertigen wird. Auch bei diesen Gesprächen wird oftmals deutlich, wie sehr es nur an der notwendigen Kommunikation zwischen dem Abteilungsleiter und seinem Mitarbeiter gefehlt hat.

Und: Fragen Sie! – Geben Sie nicht nur Informationen weiter, sondern lassen Sie sich auch Informationen geben, und lassen Sie sich ganz besonders auch raten!

Es erfüllt einen Menschen mit Stolz und Genugtuung, wenn er seinem Chef einen Rat geben durfte und sieht, daß sein Chef diesem Rat folgt.

Es gibt so viele leitende Damen und Herren – auch heute noch! –, die glauben, sie würden sich etwas vergeben, wenn sie mit Untergebenen sprechen und sie um Rat fragen. Diese Leute meinen, sie müßten auf Grund ihrer Stellung alles wissen (oder zumindest so tun), da sie sich sonst bei ihren Untergebenen lächerlich machen würden. Wie falsch gedacht! Sie müßten einmal beobachten, wie stolz ein Arbeiter in der Werkhalle ist, wenn der Technische Direktor ab und zu durch den Betrieb geht, hier und da an den einen oder anderen ein paar Worte richtet und bei dieser Gelegenheit ihn dann nach seiner Meinung zu einem bestimmten Arbeitsablauf fragt.

Zwei Verhaltensweisen sind es, die man bei leitenden Damen und Herren immer wieder beobachten kann. Die einen machen auf »leutselig«, biedern sich an, saufen bei jeder Gelegenheit »mit ihren Leuten«; die anderen versuchen, ihre Position durch ein besonders arrogantes Verhalten herauszustellen, ein Verhalten, das ganz darauf abzielt, den Unterschied zwischen Vorgesetztem und Untergebenem deutlich zu markieren.

Ich kenne z. B. einen Direktor, der jedesmal laut hupt, wenn er mit seinem Wagen das Fabrikgelände verlassen will. Warum? Damit der Pförtner ja schnell genug die Schranke hochdrehen läßt und der Herr Direktor ohne Halt hinausfahren kann. Ein dummes Verhalten! Die Reaktion der Arbeiter und Angestellten, denen das natürlich nicht verborgen geblieben ist: »Der spinnt.« Sicher eine »ausgezeichnete« Voraussetzung für Mitarbeiter-Motivation.

Weder Kumpanei noch »Adelsabstand« sind die richtigen Mittel, um als Vorgesetzter zu einem guten Klima, einem der Sache dienlichen Verhältnis zu den Mitarbeitern seines Bereiches zu kommen. Fachwissen,

Kompetenz und eine gewisse Souveränität, gepaart mit Freundlichkeit und Aufgeschlossenheit, sind die empfehlenswerte Mischung.

Und seien Sie bei Ihren engeren Mitarbeitern, das heißt bei denen, die Sie täglich um sich haben, mit denen Sie täglich zu tun haben, nicht kleinlich. Ich kenne den Inhaber einer kleineren Firma, der morgens am Eingang sitzt und sich notiert, wann seine Angestellten ins Büro kommen. Diejenigen, die schon zehn Minuten vor dem offiziellen Arbeitsbeginn erscheinen, bekommen Pluspunkte. Wehe, einer kommt eine Minute zu spät. Er wird dann ernsthaft verwarnt. Derselbe Chef hat nun auch noch den Ehrgeiz, jeden Morgen als erster zu kommen. Er muß Vorbild sein, wie er meint, auch in diesem Punkt. Kommt er mal ein bißchen später und sieht einige Angestellte schon auf dem Firmengelände vor der Verwaltung, rennt er im Dauerlauf an seinen Leuten vorbei und überholt sie, um als erster im Büro zu sein. Sicher ein seltenes Exemplar, dieser Mann; aber ich habe ihn selbst erleben dürfen.

Wenn Sie von Ihren Mitarbeitern erwarten, daß sie der Firma gegenüber, soweit es zumutbar ist, großzügig sind und bei Bedarf auch mal ein bißchen länger bleiben, um z. B. noch eine wichtige Post zu erledigen, dann seien auch Sie großzügig, wenn ein Mitarbeiter mal eine Stunde früher gehen möchte, um ... nein, fragen Sie doch gar nicht, warum. Solange diese Wünsche nicht überhandnehmen, sollten Sie dem Mitarbeiter das Vertrauen entgegenbringen, daß er nur dann ein bißchen später kommen oder früher gehen möchte, wenn er einen wichtigen Grund dafür hat.

Schenken Sie Ihren Mitarbeitern das Vertrauen, daß sie im Interesse der Firma eine gute Leistung erbringen wollen. Und verhalten Sie sich so, wie ich empfohlen habe. Dann wird jeder gern mit Ihnen zusammenarbeiten, wird jeder die Leistung erbringen, zu der er in der Lage ist, und das Klima in Ihrer Abteilung wird alle Voraussetzungen für ein erfolgreiches Arbeitsteam bieten.

Und noch ein Rat: Glauben Sie nicht, in Ihrer Firma oder in Ihrer Abteilung sei alles in Ordnung, weil Sie von Ihren Untergebenen noch nie kritisiert worden sind. Im Gegenteil, nehmen Sie diese Tatsache als höchstes, alarmierendes Warnsignal! Offenbar traut sich bei Ihnen niemand, ein kritisches Wort zu sagen, denn sie werden ehrlicherweise von sich nicht annehmen, unfehlbar zu sein. Seien Sie selbstkritisch, so schwer es Ihnen auch fallen mag. Und stellen Sie Ihren Mitarbeitern ab und zu zwei Fragen:

1. Möchten Sie, daß in Ihrem Arbeitsbereich etwas geändert wird?
2. Haben Sie im Zusammenhang mit Ihren Aufgaben irgendeinen speziellen Wunsch?

Wenn Sie das tun, sind Sie bereits auf dem besten Wege, ein »ganz prima Chef« zu werden.

E. Es gibt mehr Chefs als Sie glauben

Gute Gedanken, Konzeptionen, Strategien und Aktionen werden meist in kleinem Kreis oder auch nur von einzelnen erdacht. Um sie aber in erfolgversprechende Aktivitäten umsetzen zu können, bedarf es einer meist erheblich größeren Anzahl von Vermittlern. Nervensträngen gleich übertragen sie das von ihnen aufgenommene Signal in für nachgeordnete Kräfte verständliche Informationen und veranlassen sie auf diese Weise, sich in Bewegung zu setzen.

Auch ein Staffellauf ist als Beispiel geeignet: Der Chef oder die Geschäftsführung sind mit dem Starter zu vergleichen. Sie geben den Startschuß. Damit der Stab aber so schnell wie möglich ans Ziel kommt, muß ein Läufer nach dem anderen den Stab über eine bestimmte Strecke tragen und exakt an den nächsten Läufer weitergeben. Nur ein Fehler in dieser Kette genügt, und der Lauf ist verloren.

Diesen Vermittlern, Nervensträngen, Läufern, diesen wichtigen Personen in einem Unternehmen soll dieses Kapitel gewidmet sein.

Wer das Wort »Chef« hört, der denkt unwillkürlich zunächst mal an den da ganz oben, – an den obersten Chef. Selten nur machen wir uns klar, wie wichtig die vielen »kleineren« Chefs unter dem einen großen Chef für den reibungslosen und erfolgreichen Ablauf des Geschehens im Betrieb sind. Manch ein guter Gedanke der Geschäftsführung wurde ein Flop, weil sie es nicht verstanden hatte, die nachgeordneten Mitarbeiter der mittleren Führungsebene, die schließlich alle auch mehr oder weniger »Chef« sind, entsprechend ihrer Position und Aufgabe für diesen Gedanken zu begeistern und zu motivieren.

Der Inhaber einer kleinen Firma schafft es vielleicht noch, wenn er rhetorisch einigermaßen geschickt ist und mit seinen Angestellten und Arbeitern umzugehen weiß. Aber in einem großen Betrieb schafft es die

Geschäftsführung nicht mehr allein, die Unternehmenskonzeption, für die sie sich entschieden hat, bis zum einfachsten Arbeiter und Angestellten durchgängig, verstehbar und nachvollziehbar zu machen. Sie muß sich der zwischengeordneten Prokuristen, Abteilungsleiter, Betriebsleiter, Obermeister, Meister usw. bedienen. Das gelingt aber nur, wenn sie es versteht, mit diesen wichtigen Mitarbeitern, von denen das Gelingen des Vorhabens im Grunde eigentlich erst abhängt, kooperativ zusammenzuarbeiten.

Das hört sich so selbstverständlich an und wird doch so unendlich oft mißachtet. Es ist erstaunlich, wie viele »Bosse« immer noch der Meinung sind, ein flammender Appell, verbunden mit einer entsprechenden Anordnung, würde genügen, um den ganzen Laden in Schwung zu bringen und in Begeisterung zu versetzen.

Ich habe es schon mehrfach gesagt: Wer eine Sache nicht versteht, lehnt sie ab! Diese fundamentale Erkenntnis sollte der Ausgangspunkt bei allen die Mitarbeiterführung betreffenden Überlegungen sein, denn die daraus resultierenden Konsequenzen sind entscheidend für den Erfolg des Unternehmens.

F. Ergebnisse einer Untersuchung »So wünsche ich mir die Führung«, und was man daraus lernen kann

Lassen Sie mich auf zwei Veröffentlichungen hinweisen, die nicht einem Sachbuch über Management-Techniken oder Menschenführung entnommen sind, sondern einer Illustrierten und einer Hauszeitung.

Zunächst ein paar Sätze, die ich einem Artikel der Illustrierten BUNTE vom April 1982 entnommen habe. Dort schreibt ein Psychologe Dr. Braun unter dem Titel »Was Chefs oft falsch machen«:

»Ihrer beruflichen Karriere, Ihrem Streben nach einer Führungsposition sind eher Grenzen gesetzt, wenn Sie sich neben fachlicher Fortbildung nicht auch als Mensch weiterentwickeln. Sie sollten nämlich nicht glauben, daß Sie als Chef auf andere keine Rücksicht mehr nehmen müßten. Im Gegenteil. Wenn Sie Führungskraft geworden sind, wird man hohe Ansprüche an Sie stellen – besonders auf dem Gebiet der Menschenführung.«

Dem ist eigentlich nichts hinzuzufügen. Dr. Braun unterscheidet bei der Kommunikation mit den Untergebenen dann zwischen der »Inhaltsebene« und der »Beziehungsebene«. Es geht also einmal um die sachlichen Inhalte, die es zu vermitteln gilt, und zum anderen um Sympathie oder Ablehnung.

Wie groß die Gefahren für eine gute Zusammenarbeit sind, wenn ein Chef diese beiden Ebenen nicht auseinanderhalten kann, habe ich bereits dargelegt. Auch Dr. Braun zählt eine Reihe von Fehlern auf, die Chefs machen können. Einer davon erscheint mir besonders wichtig und erwähnenswert: Der Chef verunsichert seine Mannschaft, indem keiner seiner Mitarbeiter so recht weiß, wo, wie und wann er Verantwortung übernehmen kann, darf oder soll.

Und ich füge hinzu: Es ist genauso schlimm und verhängnisvoll, wenn den Mitarbeitern nicht klar wird, wie und wann der Chef bereit ist, Verantwortung zu übernehmen.

Dr. Braun stellt seinen Ausführungen die Mahnung voran: »Fachliches Können reicht für eine Führungsposition nicht aus. Denn wenn ein Vorgesetzter nicht mit seinen Untergebenen umgehen kann, leidet der ganze Betrieb darunter.« Eine bissige Anmerkung kann ich mir nicht verkneifen: Und dann gibt es sogar Chefs, bei denen auch das fachliche Können zu wünschen übrigläßt. – Dr. Braun weiter: »Eines ist sicher: Wenn die Beziehung zu Ihren Untergebenen stimmt, gibt es viel weniger Probleme. Und da haben Sie als Chef am meisten davon.«

Gerade bei diesem Thema möchte ich es nicht damit bewenden lassen, nur Ratschläge zu geben oder zu zitieren. Wenden wir uns auch den Wünschen zu, die Untergebene äußern, wenn sie gefragt werden, wie sie sich ihren idealen Chef vorstellen.

Und da komme ich nun zu meinem zweiten Zitat, einer Veröffentlichung der Hauszeitschrift der UNION, Deutsche Lebensmittelwerke, der UNION-Rundschau vom März 1983:

Sie berichtet von den Ergebnissen einer Fragebogenaktion zu dem Thema »So wünsche ich mir die Führung!«. Man hatte die Mitarbeiter gefragt, wie eine Führungskraft sich verhalten muß, damit die heutigen wirtschaftlichen Probleme bewältigt werden können. Rigoros oder kompromißfähig, autoritär und ehrgeizig oder flexibel und kreativ?

Die Antworten in einem Satz zusammengefaßt lauteten in dieser Reihenfolge: gerecht, entscheidungsfreudig, zielstrebig und orientiert auf Leistung!

Aber schauen wir uns auch ein paar Einzelergebnisse an:

Entscheidend für die Untergebenen ist offenbar, daß die Führungskraft wirklich das können muß, was das Wort andeutet: Sie muß führen und muß beispielgebend sein. Dem Satz »Eine Führungskraft muß Unannehmlichkeiten und Verantwortung auf sich nehmen« stimmten 100 Prozent der Befragten zu.

Auch die damit in engem Zusammenhang stehende Feststellung »Eine Führungskraft muß streßstabil und leistungsorientiert sein!« fand die überwiegende Mehrheit (92 %) richtig.

Als die wichtigsten Eigenschaften einer Führungskraft wurden genannt (Mehrfachnennungen waren möglich):

1. Bleibt ruhig, wenn es mal brennt . . . . 68 %
2. Erkennt schnell die Probleme und erarbeitet mit den Mitarbeitern Lösungen . . . . 67 %
3. Unterstützt die Unternehmensziele . . . . 52 %
4. Bringt Verständnis auf für die Schwierigkeiten und Probleme in der Arbeit . . . . 47 %
5. Kennt die Fähigkeiten seiner Mitarbeiter, aber auch ihre Grenzen . . . . 45 %
6. Hält Vorgesetzte, Gleichgestellte und Untergebene auf dem laufenden . . . . 43 %

Vielleicht würden Sie die Prioritäten anders setzen. Egal, interessant ist hier die Meinung der Mitarbeiter der UNION-Lebensmittelwerke. Interessant ist aber auch, daß die Untergebenen in ihren Chefs trotz aller Anforderungen keine Übermenschen sehen; das Verständnis für menschliche Schwächen ist mehrheitlich vorhanden:

Die Frage lautete: »Jeder Mensch hat Schwächen, Unsicherheiten: Darf eine Führungskraft sie zeigen oder muß sie sich immer in der Gewalt haben?«

Die Antworten zeigen ganz deutlich, Helden oder Supermänner sind nicht mehr gefragt: rund 72 Prozent der Befragten meinten, ein Chef dürfe auch mal Schwächen oder Unsicherheiten zeigen, und nur rund 28 Prozent waren der Überzeugung, ein Chef müsse sich immer in der Gewalt haben.

Nur? Oder meinen Sie, 28 Prozent seien noch eine ganze Menge?

Auch die Frage »Darf oder muß eine Führungskraft sensibel sein, d. h. eigene Gefühle zeigen oder Gefühle in anderen Menschen wahrnehmen? Oder stört das nur?« zielt auf die menschliche Seite der Zusammenarbeit. Hier die Antworten:

Darf sensibel sein	63 %	96 % !!!
Muß sensibel sein	33 %	
Stört nur	4 %	

Eine interessante Aktion mit interessanten Ergebnissen. Sie schließt mit einem Satz, den ich nur unterstreichen kann und mit dem ich dieses Kapitel ebenfalls schließen möchte:

»Eine gute Führungskraft ist die rentabelste Investition, denn zufriedene Mitarbeiter leisten mehr!«

P. S.: Ein Gedanke sollte der Vollständigkeit halber doch noch ausgesprochen werden. Das, was wir in diesem Kapitel über die Führungskraft gesagt haben, sollte sinngemäß bei allen Personal-Entscheidungen oder personellen Überlegungen eine wesentliche Rolle spielen. Auch der modernste Computer kann immer nur so gut sein wie der Mensch, der ihn programmiert. Und in einer Zeit, in der die Automation überhandzunehmen scheint, erkennen wir eine Wiedergeburt der Handarbeit, der individuellen Gestaltung. Wir werden auf den Menschen niemals verzichten können, auf den qualifizierten Mitarbeiter, sollte ehrlicherweise ergänzt werden. Der Unternehmensberater Peter Linnert schreibt in seinem wirklich lesenswerten Buch »Clausewitz für Manager«: »Gerade Personalinvestitionen können für ein Unternehmen von schicksalhafter Bedeutung sein.« Wie wahr!

VII. Marketing – ein alter Hut, der nicht aus der Mode kommt

A. Was heißt eigentlich »Marketing«?

Ich wundere mich immer wieder, wieviel Brimbamborium um Marketing gemacht wird. Das, was gewöhnlich damit gemeint wird, ist im Grunde eine uralte Geschichte, nur mit dem Unterschied, daß man diese heute so benannten Tätigkeiten früher zu den selbstverständlichen Aufgaben eines erfolgreichen Firmeninhabers zählte, denen man keinen besonderen Namen zu geben brauchte.

Auch wird immer so getan, als ob Marketing nur etwas für größere Firmen sei. Mein Onkel, schon seit vielen Jahren verstorben, hatte vor dem 2. Weltkrieg eine Bäckerei und Konditorei. Neben seinem eigentlichen Handwerk, also seinen Aufgaben als Bäcker- und Konditor-Meister, hat er fortwährend versucht, durch neue Ideen sein Geschäft auszuweiten und profitabler zu gestalten. So gehörte er in seinem Wohnort zu den ersten Bäckern, die echtes Schwarzbrot auf den Markt gebracht haben.

Durch Gespräche mit seinen Kundinnen hatte er zum Beispiel herausgefunden, welche Probleme diese Hausfrauen beim vorweihnachtlichen Kuchen- und Plätzchenbacken hatten. Er veranstaltete daraufhin während der Adventszeit Backnachmittage, bei denen die Frauen mit ihren Kuchenwünschen zu ihm in die Backstube kommen konnten, um dort unter seiner Anleitung und Hilfestellung den Teig anzurühren und zuzubereiten. Natürlich hat er, wo eine Backzutat fehlte, sie gern an die Kundin verkauft. Anschließend wurden alle Kuchen und Plätzchen im großen Backofen der Bäckerei gebacken. Die Aktion hatte, wie ich mich erinnern kann, einen riesigen Erfolg.

War das nicht auch ein bißchen Marketing, was mein Onkel da praktiziert hat? Ich finde, ja. Nur kannte er das Wort noch nicht. Er hätte höchstwahrscheinlich ganz bescheiden gesagt, er versuche lediglich, die Wünsche seiner Kundinnen zu erfahren und diese dann, soweit es geht, optimal zu erfüllen.

Wir sollten auch Verständnis dafür haben, daß er das Wort »Marketing« noch nicht kannte, sucht man dieses Stichwort doch noch im Großen Brockhaus, Ausgabe 1955, vergebens. Erst im Ergänzungsband mit der Nummer 13 findet sich auf Seite 250 zwischen den Stichworten »Marie, André« und »Märkische Steinkohlengewerkschaft« folgende Definition:

»Marketing (amerk. ›einen Markt machen‹). Schlagwort für die Ermittlung verborgener Verbraucherwünsche, ihre Weckung und Befriedigung«.

Das hört sich recht geheimnisvoll an und ist wohl aus der gleichen Einstellung heraus formuliert worden, aus der dann auch Bücher wie »Die geheimen Verführer« entstanden sind. Sie haben zur Aufklärung dieses Begriffs wenig beigetragen, dagegen viel Verwirrung gestiftet.

Wenn wir nun schon bei den Lexika sind, gestatten wir uns noch einen Blick in zwei andere bekannte Editionen:

Das Große Duden-Lexikon beschreibt Marketing in seinem Band 5 aus dem Jahr 1966 so: »Marketing (in der Verkehrswirtsch.) die laufende Anpassung der unternehmer. Tätigkeit an den Markt mit Hilfe von Marktanalysen und Marktbeobachtung«.

Also das finde ich schon sehr gut! Ich weiß zwar nicht, was der Hinweis »in der Verkehrswirtschaft« soll, denn die Definition bzw. der Begriff Marketing bezieht sich doch, wie auch aus den folgenden Worten hervorgeht, eindeutig auf alle Branchen. Aber, wie gesagt, eine meiner Meinung nach in ihrer Kürze gute und treffende Erklärung.

Viel ausführlicher schreibt natürlich Dr. Gablers Wirtschafts-Lexikon über Marketing. Ich zitiere aus der Kurzausgabe, Band 4, herausgegeben im Jahr 1969:

»Marketing (engl. = auf den Markt bringen), vieldeutig ausgelegter amerikanischer Begriff der Absatzwirtschaft. 1. Ursprünglich verstand man unter Marketing die Gesamtheit aller Maßnahmen, die von einem Unternehmen ergriffen werden, um den Strom der Güter und Dienstleistungen vom Produzenten bis zum Konsumenten zu lenken, zu fördern und zu sichern. Marketing wurde als Funktion aufgefaßt und diente der Beschreibung der Verteilungsvorgänge und der Vertriebstätigkeit. – 2. Neuerdings spricht man nicht mehr vom Marketing als Funktion, sondern vom Marketingdenken, vom Marketingkonzept, d. h. von einer unternehmerischen Grundeinstellung, die nicht mehr dem Produktionsbereich, sondern dem Absatzbereich und der Gestaltung und Formung des Marktes den Vorrang gibt. Marketing ist daher jene unternehmerische Tätigkeit, deren Ziel und Zweck es ist, eine vorhandene Nachfrage zu erhalten und neue Nachfrage zu schaffen, sowie die Summe der Maßnahmen, die, orientiert an den Bedürfnissen des Marktes und den Wünschen der Verbraucher, eine planmäßige Produktion ermöglichen. Marketing ist immer eine Managementfunktion. – In der Wissenschaft wird der Begriff Marketing nur ungern verwendet, man bevorzugt den Ausdruck ›koordinierte Absatzpolitik‹.«

Eine ausführliche Definition, wie es sich für ein Wirtschaftslexikon gehört, die den Nagel auf den Kopf trifft – aus dem Jahre 1969.

Wir Deutsche sind ja solche Definitionsfanatiker, daß wir erst dann zufrieden sind, wenn eine Sache richtig und verständlich erklärt worden ist. Und das wollte ich mit dem Ausflug zu den Lexika hiermit getan haben.

Was mich in diesem Zusammenhang nur manchmal stört, ist die Wichtigtuerei und Überheblichkeit einerseits und die Geheimnistuerei andererseits, die von einigen an den Tag gelegt und praktiziert wird, wenn sich ein Gespräch um Marketing oder das, was derjenige darunter versteht, dreht.

»Dabei ist«, und jetzt zitiere ich aus einer sehr gescheiten kleinen Publikation der Deutschen Zeitung mit Wirtschaftszeitung aus dem Jahre 1963, »Marketing ganz schlicht und einfach die sinnvolle Abstimmung von Produkt und Markt, von Erzeugung und Verbrauch, über die Bereiche der Produktschaffung, der Produktgestaltung, der Marktforschung, des Vertriebs, des Verkaufs, der Werbung, der Verkaufsförderung und der Öffentlichkeitsarbeit«.

Und gleich am Anfang dieser kleinen, nur 54 Seiten im DIN-A5-Format umfassenden Schrift mit dem Titel »Marketing. Keine Zauberformel, Gedanken zu einem oft mißverstandenen Thema, dargestellt von Habsheim« finden wir noch ein paar sehr aufschlußreiche und erhellende Sätze. Sätze, die mir, wie man so sagt, aus der Seele gesprochen sind und die der Ausgangspunkt für dieses Buch sein könnten, so genau stimmen sie mit dem überein, was ich Ihnen hier vermitteln möchte:

»Aller Geheimnistuerei entkleidet, ist Marketing nicht nur ein ungemein interessantes, äußerst lebendiges, steten Wandlungen unterworfenes Gebiet menschlichen Denkens, Forschens und Wirkens, sondern auch ein geradezu existentielles Wirken von Persönlichkeiten für die Allgemeinheit. Neu ist Marketing also eigentlich gar nicht!« (Ausrufezeichen vom Verfasser hinzugefügt) »Neu ist eigentlich nur der Versuch, durch analytische und synthetische Methoden gewisse Gesetzlichkeiten in den vielfältigen Relationen zwischen Mensch und Wirtschaft herauszufinden und sie mit wissenschaftlichen Argumenten zu systematisieren.«

Seit diese Worte geschrieben worden sind, sind inzwischen über zwanzig Jahre vergangen, und die Welt hat sich seither sehr verändert. Die Methoden und Grundmuster, die »Denke«, die Einstellung von verantwortlichen Menschen diesem Arbeitsgebiet gegenüber sind aber die gleichen geblieben. Nur kommen wir heute, den gewandelten Bedingungen und Gegebenheiten entsprechend, manchmal zu anderen Ergebnissen bei unserer Arbeit.

Vieles ist dabei aber nicht nur anders, sondern auch erheblich schwerer geworden. Nach dem letzten Weltkrieg, genau genommen nach der Währungsreform im Jahre 1948, konnte noch der eine oder andere Firmeninhaber oder Geschäftsführer das Mitschwimmen auf der Woge des Wirtschaftswunders mit eigener Tüchtigkeit verwechseln. Das sind die »Männer der ersten Stunde«, die sich jahrelang im Glanz von Zuwachszahlen sonnten und dabei nicht bemerkt haben, daß die allgemeinen Zahlen ihres Marktes sich noch viel besser entwickelten.

Heute gebietet die verschärfte Wettbewerbs-Situation eine gnadenlose Auslese. Die Firmen, die seit Jahren die Gesetze des Marketing übersehen oder vernachlässigt haben, die sich diesen Gedanken gegenüber als erhaben betrachteten, bekommen heute unerbittlich die bittere Quittung dafür. Das möchte ich besonders einigen Technikern sagen, die jahrelang geglaubt haben, es würde genügen, einwandfreie Maschinen oder Geräte oder Waren zu produzieren, dann würden die Kunden schon von ganz alleine kommen und ›dankbar‹ diese Sachen kaufen. Schon so manch ein Techniker und Technokrat ist in letzter Zeit von diesem Thron aus Überheblichkeit und Scheuklappen, Ignoranz und Sturheit gestürzt worden.

Lassen Sie mich zu diesem Thema noch ein paar Sätze aus dem erwähnten Büchlein zitieren:

»Das Marketing steht heute zumindest gleichberechtigt, wenn nicht dominierend neben der Technik. Das eine ist ohne das andere in unserem Zeitalter nicht mehr denkbar. Die großartigsten technischen Erkenntnisse und Entwicklungen würden ohne das absatzpolitische Wirken, ohne Marketing im theoretischen Raum verklingen.«

Wie schon gesagt, geschrieben im Jahre 1963!

Aber wie aktuell!

Auch heute noch trifft man relativ häufig auf leitende Mitarbeiter von Unternehmen, die diese simplen und selbstverständlichen Wahrheiten und Erkenntnisse offenbar immer noch nicht bemerkt oder begriffen haben.

Vielleicht wird jetzt sogar der eine oder andere Leser dieses Buches insgeheim etwas nachdenklich, weil er bis jetzt den Eindruck hatte, ich hätte mein Versprechen aus dem Vorwort, dieses Buch sei ein Buch über Marketing, nicht eingehalten. Das ganze Buch handelt von Marketing. Nur eben auch von einigen Überlegungen, die in den landläufigen Lehrbüchern über Marketing gerne übersehen werden.

Aber ich möchte nach den vielen allgemeinen Beispielen, Hinweisen, Anregungen und Zitaten auch konkret werden. Wenn es auch ungewöhnlich ist, so werde ich mich dabei selbst zitieren.

Ich führe nachstehend eine Marketing-Checkliste auf, die ich vor einiger Zeit für die Firmenleitung eines größeren mittelständischen Unternehmens ausgearbeitet habe. Die Stichworte dieser Liste haben dort Aktivitäten in Gang gesetzt, die eine bessere, den Anforderungen des Marktes und den Möglichkeiten des Unternehmens adäquate Firmen- und Sortimentspolitik als Ergebnis hatten. Kurz, sie haben den Beginn einer erfolgreichen Marketingarbeit in dieser Firma markiert.

Ich werde die Stichworte natürlich ein wenig kommentieren und hoffe, daß beides, Sichworte und Kommentare, für Sie von Interesse sein werden.

B. Checkliste für die Ausarbeitung einer Marketing-Konzeption

Stichworte	*Kommentare*
1. Produkt-Analyse	
Kapazitäten	Welche Möglichkeiten besitzt das Unternehmen? Was ist mit der vorhandenen maschinellen Ausstattung zu erreichen, und was

kann evtl. bei Zulieferbetrieben hinzugekauft werden, um das Angebot abzurunden? Wie groß ist das Sortiment; wie groß sollte es sein, um eine rationelle Auslastung aller Ressourcen zu erreichen? Welches Verkaufsvolumen steht in den einzelnen Sortiments-Segmenten den Kapazitäten des Betriebes gegenüber? Welche Notwendigkeiten der Anpassung ergeben sich hierdurch? Welche Maßnahmen sind durch die Ausstattung des Unternehmens, personell und maschinell, möglich und welche wünschenswerten zum gegenwärtigen Zeitpunkt nicht? Wie sind unsere Lieferzeiten im Vergleich zu den Wettbewerbern einerseits und den Erwartungen der Kundschaft andererseits? Wie steht es mit unserer Liefertreue? Halten wir zugesagte Liefertermine normalerweise ein oder nicht? Wenn nicht, woran liegt das? Welche Möglichkeiten der Variabilität haben wir, um in veränderten Situationen entsprechend reagieren zu können, und nutzen wir diese Möglichkeiten? Wenn nein, warum?

Produkt-Eigenschaften

Versuch einer objektiven Beurteilung! Wie sind die Schwächen und Stärken unserer Produkte (oder – bei Dienstleistungs-Unternehmen – unserer Leistungs-Angebote)? Ist das von uns verwendete Material, bezogen auf jede einzelne Produktgruppe bzw. jedes Angebotssegment, gleich gut, besser oder minderwertiger als das von unseren Wettbewerbern verwendete? Garantiert unsere Fertigung eine gleiche, bessere oder schlechtere Verarbeitungs-Qualität? Sind unsere Produkte auf dem neuesten Stand der technischen Entwicklung, des industriellen Designs, der Praktikabilität, der Mode?

Preislagen/Konditionen

Wie liegen wir mit unseren Preisen im Vergleich zu vergleichbaren Wettbewerbern? Wie sind unsere Konditionen? Wo bieten wir mehr und wo bieten wir weniger? Rabatte, Zahlungsziele, Kommissionen usw.

Produktbekanntheit/ Produkteinschätzung

Haben wir Markenartikel? Welche Marken von uns sind im Markt bekannt? Welche Marken von uns sind bei unseren Verwendern bekannt? Wie hoch ist der Bekanntheitsgrad unserer Marken? Wie hoch ist der Bekanntheitsgrad der vergleichbaren Konkurrenzmarken? Hat der Bekanntheitsgrad unserer Marken in den letzten Jahren zu- oder abgenommen? Sind neue Marken des Wettbewerbs hinzugekommen, die erheblich an Bekanntheit zugenommen haben, und worauf ist das zurückzuführen? Wie ist das Markenprofil unserer und der Marken, mit denen wir konkurrieren? Stimmt die Anmutung unserer Produkte und Marken mit unseren Vorstellungen überein? Welche Abweichungen müssen wir registrieren? Sind diese Abweichungen positiv oder negativ zu beurteilen? Welche Gründe könnte es für diese Abweichungen geben, und was können wir für unsere zukünftigen Aktivitäten daraus lernen? Was traut man uns zu und was nicht?

2. Vertriebs-Analyse

Vertriebswege

An wen verkaufen wir? Direkt an den Verwender oder Verbraucher? An den Fachhandel? An den Großhandel? An Supermärkte, Discounter oder an Warenhäuser, Versender? Warum verkaufen wir z. B. nur an den Fachhandel? Sind die Gründe dafür gravierend genug, um andere Vertriebswege außer acht lassen zu können? Sind die Entscheider über unser Angebot aber vielleicht keiner der genannten Zielgruppen zuzuordnen, sondern sitzen sie ausschließlich in den Büros der Einkaufsgenossenschaften? Welche Vorteile bringt uns das? Und welche Nachteile? Wie ist die Form unseres Angebots (Kataloge, Außendienst, festangestellte Reisende oder Handelsvertreter, Messen, Ausstellungen usw.)? Bedienen wir Vertriebswege, die sich gegenseitig Konkurrenz machen? Welche Möglichkeiten der Ausweitung und des Mehrverkaufs bietet der gegenwärtig von uns beschrittene Vertriebsweg? Was verlieren wir, wenn wir einen weiteren Vertriebsweg beschreiten, kurzfristig und langfristig, und was werden wir voraussichtlich gewinnen? Wie ist die Bindung zu unseren jetzigen Kunden? Vertragen diese Bindungen Belastungen oder sind sie bereits sehr angespannt? Sind unsere Produkte auswechselbar, so daß unsere Kunden relativ leicht zu anderen Produkten überwechseln könnten? Was haben wir bisher getan, um die Kundenbindung zu festigen?

Distribution

Wo werden unsere Produkte angeboten? Unterscheiden Sie zwischen numerischer und gewichteter Distribution! 1) In wievielen (zahlenmäßig) Vertriebsstellen (z. B. Fachgeschäfte) ist unser Produkt vertreten, und wieviele dieser Vertriebsstellen gibt es insgesamt?
Beispiel: Lt. Statistischem Jahrbuch (oder einer anderen zuverlässigen Quelle) gibt es für Ihre Produktgruppe 12.672 Fachgeschäfte. Ihre Produkte werden in 8.318 Fachge-

schäften geführt. Ihre numerische Distribution beträgt also 65.6 %.

2) Die gewichtete Distribution errechnet sich wie folgt: Die 12.672 Fachgeschäfte setzen in dem von Ihnen angebotenen Produkttyp insgesamt 6 Milliarden DM um; der Umsatz der von Ihnen belieferten 8.318 Fachgeschäfte beträgt etwa 3,7 Milliarden DM, also 61,7 %. Es scheint, daß Sie in den umsatzschwächeren Geschäften vertreten sind.

Die gewichtete Distribution ist noch weiter aufzuschlüsseln: Vergleichen Sie die Umsatzklassen der Gesamtzahl der Geschäfte mit den Umsatzklassen, denen die von Ihnen belieferten angehören. Wieviel Geschäfte gibt es mit einem Jahresumsatz von 500.000 DM und weniger, wieviel mit 500.000 bis 1 Million, wieviel mit 1 bis 2 Million usw. und wieviel davon gehören jeweils zu Ihren Abnehmern?

Ein weiterer interessanter Aspekt: Versuchen Sie Ihren Abnehmerkreis in Geschäfte einzuteilen, die expandieren, stagnieren oder rückläufig sind, und prüfen Sie wiederum, wo Sie Ihre Absatzschwerpunkte haben.

Schließlich die regionale Distribution: Sie gehört eigentlich zum »kleinen Einmaleins« eines jeden Verkaufsleiters. Erkennen Sie die regionalen Distributionslöcher, und setzen Sie Ihren Außendienst bzw. Ihre Vertriebsanstrengungen gezielt dort an.

Gerade die Erkenntnisse, die aus einer detaillierten Distributions-Analyse entnommen werden können, sind für viele Entscheidungen zur Sortimentspolitik, Werbung, Verkaufsförderung, Preispolitik bis hin zur Pakkungsgestaltung, Farben, Duft und Geschmack von großer Bedeutung.

Außendienst

Wie effektiv arbeitet Ihr Außendienst? Überprüfen Sie die Tourenplanung. Kann der Außendienst-Mitarbeiter, wenn er beim Kunden ist, zusätzliche Aufgaben, z. B. Merchandising, übernehmen oder wäre er damit überfordert bzw. würde sein Verkaufsgespräch darunter leiden. Oder würde es durch eine zusätzliche Aufgabe vielleicht sogar gewinnen und die Verkaufs-Chancen würden dadurch wachsen? Oder ist der Mitarbeiter schon jetzt überfordert? Welche Vorgaben erhält der Außendienst, und wodurch werden sie begründet? Etwa nur durch Wunschdenken, also den Wunsch der Verkaufsleitung, daß mehr verkauft werden soll? Wie werden die Vorgaben begründet und wie werden sie präsentiert? Wie schätzen Sie den Wissensstand des Außendienstes bezogen auf Ihre Produkte und auf die des Wettbewerbs ein? Erfolgt hier eine regelmäßige, überschaubare, verstehbare Kommunikation? Beurteilen Sie das Engagement Ihres Außendienstes für Ihre Zielvorgaben, und prüfen Sie, was alles getan wird, um dieses Engagement wachzuhalten und zu stimulieren. Welche Maßnahmen zur Schulung, zum Training und zur Motivation des Außendienstes werden durchgeführt und geschieht das regelmäßig? Genügen diese Maßnahmen, oder sind weitere wünschenswert und, wenn ja, welche? Wie erfolgt die Bezahlung des Außendienstes? Wird er vielleicht mit Prämien überfüttert, so daß der Anreiz der Prämien schon längst verlorengegangen ist und sie zum festen Einkommen gerechnet werden? Werden andererseits Prämienaktionen so durchgeführt, daß für den Mitarbeiter ein echter zusätzlicher Ansporn zu erhöhter Leistung erreicht wird? Und werden diese besonderen Leistungen auch entsprechend gewürdigt (100-%-Club, Verdienstnadel, Geschenk)?

Marktanteil

Wie hoch sind die Marktanteile Ihrer Produkte, bezogen auf die primären Wettbewerber? Wie sieht die Entwicklung dieser Marktanteile in naher Zukunft voraussichtlich aus, und wie war diese Entwicklung in den letzten Jahren? Wie hat sich der Gesamtmarkt in den letzten Jahren entwickelt? Wie haben sich die Marktanteile der sekundären Wettbewerber entwickelt? (Zum Beispiel: Für das Pilsner Bier einer Brauerei sind natürlich in erster Linie die Pilsner Biersorten der anderen Brauereien des Vertriebsgebietes, aber auch die Export-, Alt-, Bock- und andere Biersorten die primären Wettbewerbsprodukte. Zu den sekundären Wettbewerbsprodukten, die ebenfalls auf die eigene Absatzsituation Einfluß haben können, gehören die Limonaden, Fruchtsaft-Getränke und die Mineralwasser, also alle alkoholfreien Getränke, aber natürlich auch alle Weine.)
Die Marktanteilswerte und die Vergleichszahlen sind für alle Produktgruppen, die Sie anbieten, gesondert zu ermitteln. Und wenn Sie unterschiedliche Preisgruppen in Ihrem Sortiment haben, müssen Sie die Marktanteils-Untersuchung auch nach den einzelnen Preiskategorien differenzieren.

Werbung, Verkaufsförderung, Öffentlichkeitsarbeit

Nehmen Sie als Zeitraum die letzten 5 Jahre, und listen Sie einmal auf, welche Aktivitäten Sie durchgeführt haben. Machen Sie sich rückschauend noch einmal klar, warum diese Werbekampagnen gestartet worden sind, was sie bewirken sollten, an wen sie sich richteten, was sie gekostet haben – und welchen Erfolg sie hatten. Bei der Bewertung des Erfolgs oder Mißerfolgs sind gerechterweise bestimmte Einflüsse, die nicht vorhersehbar waren und daher bei der Planung unberücksichtigt geblieben sind, zu beachten und zu relativieren. Versuchen Sie, aus dem Ergebnis Ihrer Rückschau Folgerungen für die zukünftige Werbeplanung zu ziehen, indem Sie die Fragen beantworten: Haben wir die richtigen Zielgruppen angesprochen? War die Argumentation überzeugend? War die grafische und textliche Umsetzung unserer Werbebotschaft dem Angebot entsprechend und für die Zielgruppe verstehbar? Haben wir den Zeitpunkt richtig gewählt? War unsere Werbekampagne lang genug, oder wurde die Werbung zu früh wieder eingestellt? Ist in der Werbung mehr versprochen worden, als wir bzw. unsere Produkte halten konnten? Oder hätten wir sogar noch mehr versprechen können? Hat es eine Reaktion auf unsere Werbung von seiten des Handels gegeben (jede Endverbraucher-Werbung ist auch eine Handels-Werbung!)? Ist unsere Werbung durch zeitlich genau abgestimmte Verkaufsförderungs-Maßnahmen ergänzt und unterstützt worden? Und wie war es mit flankierenden Presseberichten?

Wie wurde die Höhe des Werbeetats berechnet? Nach der »alt-un-bewährten« Methode der Prozente vom Umsatz? Vom bisherigen oder vom Umsatz, der erreicht werden soll? Oder ist vernünftigerweise ein Etat bereitgestellt worden, der sich aus der Kalkulation und Zusammenstellung der für einen Erfolg notwendigen Maßnahmen ergeben hat?

Wurden alle Abteilungen des Hauses, die etwas mit dem Kundenkontakt zu tun haben, vornehmlich also der Verkauf mit seinem Außendienst, über die Gründe und die Ziele der Werbung so gründlich informiert, daß sie den Sinn der Kampagne verstanden haben? Wurde schließlich dafür gesorgt, daß alle Beteiligten »mit einer Stimme«, d. h. mit den Argumenten der Werbung sprechen?

Image

Wie ist der Ruf Ihres Unternehmens bei Ihren Handelspartnern? Was antworten sie zuerst, wenn sie nach den besonderen Vorteilen einer Zusammenarbeit mit Ihnen befragt werden? Sind diese Antworten für Sie zufriedenstellend, d. h. stimmen sie mit Ihren Vorstellungen, wie diese Antworten ausfallen müßten, überein? Oder wo sind Unterschiede, und wie kann dafür gesorgt werden, daß diese Unterschiede möglichst bald verschwinden? Wie also sehen Sie Ihr Unternehmen? Wie, möchten Sie, soll es von Ihren Partnern gesehen werden? Und wie sehen es Ihre Partner gegenwärtig? Welche Ursachen könnten für eine unterschiedliche Sicht verantwortlich sein? Sind die Attribute, mit denen man Ihre Firma versieht, konservativ oder progressiv? Rühren sie von Zeiten her, die Sie schon längst vergessen glaubten? Und wie ist die Beantwortung all dieser Fragen, wenn sie den Endverbrauchern gestellt werden? Gibt es Übereinstimmungen mit der Meinung des Handels? Oder hat der Endverbraucher von Ihrem Unternehmen bzw. Ihren Produkten eine bessere oder eine schlechtere Meinung als der Handel? Und was haben Sie eigentlich in den letzten Jahren zur Verbesserung Ihres Images getan?

Wettbewerber

Wer sind Ihre stärksten Wettbewerber? Wer sind die primären und wer die sekundären Wettbewerber? Wie ist deren Markenbekanntheit und Marktanteils-Entwicklung? Wodurch zeichnen sich die Produkte der Wettbewerber aus? Worin sind sie den eigenen vielleicht sogar überlegen? Hat der Wettbewerber günstigere Konditionen oder Preise bei gleicher Angebots-Qualität? Liefern die Wettbewerber pünktlicher? Welche Werbe- und Verkaufsförderungs-Aktivitäten entwickeln sie, und haben sie damit merkbare oder sogar für Sie »schmerzliche« Erfolge? Gibt es Neuentwicklungen bei Wettbewerbern, die zwar gegenwärtig noch keine besondere Bedeutung im Markt haben, diese aber bald gewinnen könnten? Sind in den letzten Jahren neue Wettbewerber hinzugekommen und haben diese erste Markterfolge mit neuen Ideen erzielt? Können sich aus dem Bereich der sekundären Wettbewerber primäre Konkurrenten entwickeln? Gibt es Produktgruppen, die Ihre Produkte eines Tages ablösen könnten? Benutzen Wettbewerber neue Fertigungs-Methoden, die Sie noch nicht einsetzen können? In welche Bereiche des Sekundär-Wettbewerbs könnten Sie eindringen?

3. Positionierung

Zielgruppen-Definition

Wer sind Ihre Abnehmer? Wer sind Ihre Verwender oder Endverbraucher? Definieren Sie diese Gruppen nicht nur nach Geschlecht, Alter, Einkommen und Wohnort, sondern auch nach ihrer psychologischen Struktur. Beispiel: Produkte, die für den

Feierabend gedacht sind, zu seiner Verschönerung, und Produkte für den Schreibtisch, also für die Arbeitszeit, können in beiden Fällen Produkte für Männer sein; trotzdem muß ihre Anmutung, also ihre Gestaltung in Farbe und Form, die Packungsgestaltung, die Argumentation in der Werbung usw., sehr unterschiedlich sein, wenn sie ankommen soll.

Produkt-Positionierung

Beschreiben Sie nun entsprechend Ihren Erkenntnissen über Ihre Zielgruppe die Anforderungen, die das entsprechende Produkt oder die Produktgruppe erfüllen müssen. Legen Sie die Eigenschaften fest, die Preisunter- und -obergrenzen, in denen Sie sich bewegen wollen, und bestimmen Sie die Vertriebswege, über die diese Produkte verkauft werden sollen. Sie wissen, nicht jedes Genre sucht man in jedem Geschäft. Ein Kosmetikum der unteren Preisklasse erwartet man nicht in einer Apotheke und ein teures nicht gerade im Verbrauchermarkt auf der grünen Wiese. Versuchen Sie, die Produktpositionierung in einem Satz zusammenzufassen. Je kürzer sie ist, desto größer ist die Wahrscheinlichkeit, daß alle Mitarbeiter sie verstehen.

4. Marketing-Konzeption

Zielsetzungen und ihre Definition

Wenn Sie alle bisher genannten Daten und Fakten zusammenhaben, sie gewichtet, analysiert, beurteilt und entschieden haben, wie Sie nun weiter vorgehen wollen, legen Sie jetzt die Zielsetzungen für die einzelnen

Unternehmensbereiche fest. Sie berühren die Sortiments-Gestaltung in Umfang und Qualität genauso wie die anderen Kriterien, die ich hier theoretisch nur stichwortartig nennen kann: Zielsetzung bei Marktbedeutung, Marken- und/oder Produkt-Image, Distribution und Marktanteils-Entwicklung. Absatz-Entwicklung entsprechend der Zielgruppen-Analyse und -Definition, ihrer Struktur und Kaufkraft sowie der hieraus abzuleitenden Marktzahlen (Entwicklung der Zielgruppe nach Zahl, Kaufkraft, Lebensgewohnheiten, Mode und subjektiver Lebensgestaltung).

5. Marketing-Strategie

Während wir in der Konzeption festlegen, *was* wir erreichen wollen, schreiben wir in der Strategie fest, *wie* wir diese Zielsetzungen erreichen wollen. Da diese Strategiepunkte von Firma zu Firma natürlich sehr unterschiedlich sein können, möchte ich mich hier darauf beschränken, einige Stichworte zu nennen, die Sie noch – bezogen auf die Verhältnisse Ihres Unternehmens – ergänzen sollten:

Richtlinien für die Sortiments-Gestaltung,
Neufestsetzung der Konditionen,
Neu- oder Umorganisation des Außendienstes,
Definition und Umsetzung der kommunikativen Ziele sowie Festlegung neuer Gestaltungs-Vorgaben und -Richtlinien,
Schulung und Training des Außendienstes,
Festlegung terminlicher Abläufe und Zuordnung klarer Verantwortlichkeiten,
Information und Motivation der Mitarbeiter.

Damit möchte ich meine »Checkliste« abschließen. Sicher habe ich noch das eine oder andere Detail unerwähnt gelassen. Oder vielleicht hätte ich auch auf die eine oder andere Aufgabe noch ausführlicher eingehen sollen. Ich wollte jedoch mit meinen Ausführungen nur einen Denkanstoß geben. Sie werden selbst feststellen, was in Ihrem Unternehmen getan werden sollte und was bereits Routine ist.

Schließlich gehe ich selbstverständlich davon aus, daß ein großer Teil der erwähnten Daten bei Ihnen seit langer Zeit sowieso schon registriert wird, so daß Sie natürlich nicht »bei Adam und Eva« anfangen müssen. Ich mußte nur, um einigermaßen komplett zu sein, alle Daten aufführen, die nach meiner Meinung zur Ausarbeitung einer sinnvollen und erfolgversprechenden Marketing-Konzeption gehören.

Abschließend zu diesem Thema noch ein Gedanke: Wer mit Marketing zu tun hat, kommt unweigerlich sehr schnell mit dem Begriff »Unternehmens-Philosophie« in Berührung. Es sollte aus diesem Grunde ehrlicherweise einmal folgendes festgestellt werden: Kein Unternehmen ist jemals gegründet worden, um eine »Philosophie« zu verwirklichen! Unternehmen werden gegründet, um damit Geld zu verdienen, Gewinn zu machen. Das ist bei großen Unternehmen genauso wie beim Bäcker. Der Bäckermeister hat sein Geschäft nicht aufgemacht, um die Bevölkerung durch Brotversorgung vor dem Verhungern zu bewahren, sondern weil er mit seinem Bäckerladen Geld verdienen möchte. Erst bei der Überlegung, wie dieses Ziel, Gewinne zu machen, am besten erreicht werden kann, entstehen Unternehmens-Philosophien.

Nun ja, wie gesagt, das nur als abschließende Anmerkung zum Thema »Marketing«.

VIII. Die Kommunikation mit dem Kunden

A. Warum ist Werbung so furchtbar teuer?

Für den Gegenwert von nur drei ganzseitigen Farbanzeigen in der HÖRZU können Sie sich ein ganz properes Einfamilienhaus hinstellen und das Baugrundstück auch noch bezahlen, wenn Sie nicht gerade in der teuersten Gegend bauen wollen.

Jahr für Jahr geben mittlere und große Firmen viele Millionen Mark für Werbung aus. Es gibt Einzelwerbeetats in Höhe von 15, 20 und mehr Millionen Mark.

Ist das nicht unbegreiflich?

Wird der Verbraucher durch die Werbung veranlaßt, Dinge zu kaufen, die er gar nicht braucht? Manipuliert Werbung den Verbraucher? Verteuert die Werbung die Produkte und damit unser Leben?

Wäre ohne Werbung also vieles billiger?

Diese Fragen hören wir von allen Seiten. Vorwürfe, besonders von Sozialisten, werden laut. Haben diese Kritiker recht?

Andere wieder schimpfen und behaupten rundweg: Werbung lügt! Sollte die Werbung also verboten und abgeschafft werden?

Es gibt wenige Akivitäten in der Welt der Wirtschaft, die mehr und gründlicher mißverstanden werden als die Werbung. Gerade die Kritiker offenbaren mit ihrer Kritik nur, wie wenig sie von wirtschaftlichen Abläufen und von den Vorgängen bei Angebot und Nachfrage, ja, besonders der Nachfrage, verstehen.

Werbung ist keine Institution wie das Wohnungsamt. Man kann sie nicht einfach abschaffen. In diesem Zusammenhang finde ich den Vergleich mit dem Piloten passend, der den Motor seines Flugzeuges auch nicht einfach abschalten kann, wenn er Höhe gewonnen hat. Er muß den Motor weiterlaufen lassen und Gas geben, weil er sonst abstürzen würde.

Werbung gehört zum Funktionieren der Wirtschaft wie der Anlasser und die Zündung zum Motor. Ohne sie würde es keinen funktionierenden wirtschaftlichen Ablauf geben. Das haben sogar die sogenannten sozialistischen Staatshandelsländer inzwischen eingesehen. Nur mit dem Unterschied, daß dort eine miese, oft menschenverachtende Werbung betrieben wird.

Werbung ist ein integrierender, lebensnotwendiger Bestandteil der Wirtschaft! – Sie meinen, das sei etwas übertrieben? Nun, lesen Sie dieses Kapitel, und urteilen Sie selbst.

Wir können theoretisch drei Grundaufgaben der Werbung unterscheiden, die natürlich nur sehr selten allein oder getrennt voneinander darstellbar sind, sondern normalerweise kombiniert wirken.

Die Aufgaben sind:

1. Sagen und zeigen, daß man vorhanden ist;
2. Vertrauen schaffen;
3. die Kaufentscheidung des Kunden bestätigen.

B. A.I.D.A., eine problematische Regel

Ich habe von der in den USA entwickelten und von vielen »Werbepäpsten« übernommenen und weitergegebenen AIDA-Regel nie sonderlich viel gehalten. Sie stellt angeblich den wünschenswerten Wirkungsablauf von Werbung dar und bedeutet:

A = Attention (Aufmerksamkeit erregen)
I = Interest (Interesse wecken)
D = Desire (Kaufwunsch auslösen)
A = Action (Kaufhandlung = der Kunde kauft)

Schau ich mir diesen seit Jahren als das erstrebenswerte Werbeziel in vielen Büchern gelehrten Ablauf an, so hege ich mehr und mehr den Verdacht, ja, ich möchte sagen, komme ich zu der Überzeugung, diese Regel und die aus ihr resultierenden Konsequenzen könnten eine große Mitschuld an den vielen Mißverständnissen und Vorwürfen tragen, mit denen sich die Werbung seit Jahren auseinanderzusetzen hat.

Ich könnte jeden verstehen, der den AIDA-Wirkungsmechanismus liest und das kalte Grausen bekommt. Wird hier doch, zumindest in den Augen des Laien, das hilflose Ausgeliefertsein des Verbrauchers gegenüber den Methoden und »Tricks« der Reklamemanager deutlich gemacht. Mit anderen Worten: Wer sein Werbehandwerk versteht, führt seine prospektiven Kunden zielsicher, ob sie es wollen oder nicht, also beinahe magisch zum Kauf. Dieses Gefühl des »der Werbung gegenüber wehrlos sein« ist es doch, das Mißtrauen und Ablehnung erzeugt.

Ich würde mich daher freuen, wenn die AIDA-Regel so bald wie möglich aus der Werbelehre verschwinden würde.

C. Die neue A.V.E.-Regel

Lassen Sie mich die Aufgaben der Werbung auf eine neue Kurzformel bringen, die ich hiermit zur Diskussion stellen möchte: A V E !
A = Aufmerksam machen
V = Vertrauen schaffen
E = Entscheidung bestätigen

Die erste Aufgabe »Aufmerksam machen« ist eigentlich selbstverständlich. Werbung will anderen etwas mitteilen. Jeder, der anderen etwas mitteilen möchte, muß zunächst sicher sein, daß seine Worte auch gehört werden. Sonst kann er das Schönste und Beste verkünden; wenn ihn keiner hört, ihm keiner zuhört, hat seine überzeugendste Rede keinen Sinn.

Nun kann man natürlich auf verschiedenste Art und Weise Aufmerksamkeit erregen. Daß es hier in diesem Zusammenhang nur positiv gemeint sein kann, braucht wohl keiner besonderen Erwähnung und Erläuterung.

Hier ist »Aufmerksam machen« nicht nur im Sinne eines werblichen Gags gemeint, sondern auch im Sinne von »Sagen, daß man vorhanden ist«. Und dies kann ohne weiteres als der Ursprung aller Werbung bezeichnet werden.

D. Der wichtige Impulsgeber

Nehmen wir einmal an, Sie besäßen eine größere Parterre-Wohnung an einer von Fußgängern stark frequentierten Straße und würden der Meinung sein, als Eigentümer eines Cafés Ihren idealen Beruf ausüben zu können. Sie bauen also Ihre Wohnung zu einem gemütlichen Café um, stellen Tische und Stühle hinein, schaffen sich eine Espresso-Maschine an und eine große Kühltruhe für die Torten, auch das Geschirr und die Bestecke sind komplett. Alles gut und schön, aber was müssen Sie nun tun, damit alle diese Investitionen einen Sinn bekommen? Damit nun auch Kunden in Ihr Café kommen, kurz, damit Sie Ihren gewählten Beruf ausüben können und Ihre junge Firma floriert?

Sie müssen draußen, am besten über der Eingangstür, ein Schild anbringen!

Ein Schild, aus dem die Fußgänger, die an Ihrem Haus vorbeikommen, erkennen können, daß sich hier jetzt ein neues Café befindet. Und auf einem zweiten Schild, empfehlenswerterweise neben der Eingangstür, sollten Sie kundtun, was für Köstlichkeiten Sie anbieten und was die kosten. Nur, wenn Sie diese Schilder draußen anbringen, kann und wird Ihr Geschäft beginnen. Nur dieser erste Schritt »Werbung«, denn nichts anderes ist es, was Sie da tun, setzt Ihr Geschäft in Gang.

Wenn dann die ersten Gäste bei Ihnen waren, und Kaffee und Kuchen haben gut geschmeckt, die Atmosphäre war gemütlich, die Bedienung freundlich und die Preise nicht zu hoch, dann kann sich zu Ihrer Werbung das gesellen, was man gemeinhin mit »Mundpropaganda« bezeichnet und was für den Erfolg Ihres Cafés und Ihrer weiteren Werbung entscheidend ist. Waren jedoch der Kaffee zu bitter, der Kuchen zu trocken, die Bedienung unfreundlich und/oder die Preise zu hoch, dann können Sie gegen den sich daraus entwickelnden schlechten Ruf Ihres Cafés nicht anwerben. Da hilft die Werbung dann nichts mehr. Sie werden über kurz oder lang Ihr Geschäft wieder schließen müssen.

Werbung hat also die Funktion eines Impulsgebers. Sie ist, wie ich schon sagte, mit dem Anlasser beim Motor vergleichbar. Wenn das Benzin fehlt, können Sie, wie jeder Autofahrer weiß, mit dem Anlasser oder Starter zwar ein paar Meter vorwärtshoppeln, doch nach kurzer Wegstrecke bleiben Sie unweigerlich stehen.

Wenn also Angebot und Leistung, Atmosphäre und Preis nicht stimmen, kann auch die Werbung nichts ausrichten, – mag sie noch so gut gestaltet, noch so raffiniert getextet und noch so aufwendig sein.

Das ist eine wesentliche Feststellung. Sie zeigt, wie sehr gerade den Werbeleuten eines Unternehmens an guten Produkten, einwandfreier Leistung und angemessenen Preisen liegt. Die sogenannten »geheimen Verführer« sind bei einem unvorteilhaften Angebot völlig aufgeschmissen.

Techniker finden schnell eine Erklärung für das Versagen eines Apparates, Designer finden es selbstverständlich, daß sie sich bei der Gestaltung von Produkten oder Kollektionen auch mal verhauen können, Kalkulatoren rechnen treu und brav einen guten Gewinnaufschlag, der dann einen viel zu hohen Abgabepreis ergibt. Alle diese Leute sind auf ihrem Gebiet grundsätzlich sehr fähige Mitarbeiter. Nur ist es ihnen häufig fremd, an die einzige Richtschnur zu denken und sie zu berücksichtigen, die das Handeln eines Unternehmens bestimmen sollte: an den Markt und seine Erfordernisse.

Nur die Werbeleute müssen sich gemeinsam mit den Verkäufern permanent mit den Forderungen des Marktes auseinandersetzen. Sie wissen, der Erfolg ihrer Arbeit ist entscheidend von der Güte der Produkte und der ihr adäquaten Preisgestaltung abhängig.

Ich möchte bei meinen weiteren Betrachtungen über das, was Werbung bewirken oder nicht bewirken kann, nun davon ausgehen, daß die Voraussetzungen für eine erfolgreiche Werbung geschaffen und Produkte, Leistungen und Preise in Ordnung sind.

Die zweite Aufgabe der Werbung ist auch ihre wichtigste! Sie lautet: Vertrauen schaffen!

Auf welche Weise kann Werbung bei der Schaffung von Vertrauen für bestimmte Produkte oder Leistungen mitwirken?

Die Werbung bedient sich hierbei in erster Linie einer interessanten psychologischen Erkenntnis: Die Menschen gewinnen zu allem Vertrauen, das sie häufig genug unter positiven Begleitumständen sehen oder erfahren.

Lassen Sie mich mit einem zugegeben sehr drastischen Negativbeispiel beginnen: Nehmen wir einmal an, Sie bewohnen einen hübschen Bungalow mit Garten, und in das Haus, das neben Ihrem steht, ist ein neuer Nachbar eingezogen. Sie sehen sich kaum, da sowohl Sie als auch er beruflich viel unterwegs sind.

Nur am Wochenende trifft man sich schon mal am Gartenzaun und wechselt dann die bekannten geistreichen Floskeln über das Wetter, das entweder zu kalt oder zu warm, zu naß oder zu trocken, zu windstill oder zu stürmisch ist. Man grüßt freundlich hinüber und herüber und lächelt sich dabei natürlich an, kurz, Sie sind freundlich zueinander, weil es sich für erwachsene Menschen sowieso und für Nachbarn erst recht nun einmal so gehört.

Nach einigen Wochen bittet Ihr Nachbar Sie eines schönen Sommertages näher an den Zaun und fragt Sie dann höflich, ob Sie wohl so freundlich wären, ihm für ein paar Tage Ihre tolle Bohrmaschine zu leihen. Er würde sich bei passender Gelegenheit selbstverständlich gern revanchieren und erkenntlich zeigen.

Ich bin überzeugt, Sie werden keinen Augenblick zögern und dem netten Menschen, als den Sie Ihren Nachbarn inzwischen kennengelernt haben, den Wunsch erfüllen. Und ein kleines bißchen sind Sie sogar stolz, diesem Mann etwas leihen zu können, was Sie besitzen und er ja offenbar nicht.

Die Tage vergehen. So langsam werden Sie ungeduldig, denn der freundliche Nachbar – er ist so freundlich wie immer – scheint gar nicht daran zu denken, die Bohrmaschine wieder zurückzugeben.

Nach vier Wochen wollen Sie selbst etwas basteln, wozu Sie die Maschine dringend benötigen. Es ist zwar etwas peinlich, aber, was soll's, Sie gehen rüber.

Sie klingeln. Ihr Nachbar öffnet, stutzt kurz, strahlt dann aber über das ganze Gesicht und sagt, wie sehr man sich über diesen Besuch freuen würde und daß man eigentlich schon längst mal hätte einander besuchen müssen und warum Sie denn Ihre Frau nicht mitgebracht hätten. Man sei zwar auf einen Besuch nicht recht vorbereitet, aber...

»Kommen Sie rein. Trinken Sie ein Glas Wein mit uns! Oder mögen Sie lieber einen Schluck Bier? Bitte, nehmen Sie doch Platz.«

Inzwischen ist auch die charmante Ehefrau des Nachbarn dazugekommen. Jetzt, angezogen, sieht sie nicht weniger attraktiv aus als in dem raffinierten Bikini, den sie sommertags im Garten trägt und in dem Sie sie, nicht gerade zur Begeisterung Ihrer Angetrauten, schon manches Mal mit Ihren Blicken verschlungen haben.

Tja, alles ist so freundlich und nett. Ihr Anliegen wird Ihnen eigentlich immer peinlicher. Aber, es hilft nichts, es muß heraus. – Und dann ist es heraus. Sie haben es geschafft! Denken Sie.

Stille im Raum.

Dann die verwunderte und erstaunte Frage Ihres Nachbarn: »Wann soll das gewesen sein? Und was soll ich mir bei Ihnen geliehen haben?« Nein, das könne gar nicht sein, denn erstens hätte er in diesem Haus noch nie etwas mit einer Bohrmaschine bohren müssen und zweitens, das sagt dieses reizvolle Weib mit kokettem Augenaufschlag und einem sympathischen Lächeln, sei ›ihr Dicker‹ doch so ungeschickt, daß er mit einer Bohrmaschine überhaupt nicht umgehen könne. Aber, sagt dann der Hausherr und gießt noch einmal die Gläser voll, Irrtum ist schließlich menschlich und man sei natürlich nicht böse. So etwas könne ja jedem mal passieren und deswegen keine Feindschaft. »Sicher haben Sie die Maschine einem anderen Nachbarn geliehen und das jetzt nur verwechselt. Kommen Sie, trinken wir noch ein Glas zusammen.«

Wie diese Geschichte weitergeht, hängt natürlich vom Temperament des Besuchers ab. Gibt er sich geschlagen und verschmerzt den Verlust, weiß er zwar, mit wem er es zu tun hat, aber diese Erkenntnis war echt teuer. Haut er aber auf den Tisch und sagt, das ließe er sich nun doch nicht gefallen und er wisse schließlich genau, wem er die Bohrmaschine geliehen habe, nämlich ihm und keinem anderen, dann wird die Atmosphäre eisig. Der Nachbar wird ihn fragen, ob er seine unerhörte Behauptung denn beweisen könne und ob er vielleicht eine Quittung habe oder etwas ähnliches. Hat er natürlich nicht.

Eine fiktive Geschichte. Sie kommt glücklicherweise, wenn überhaupt, nur sehr selten vor. Sie sollte auch nur zeigen, wie wir zu Menschen Vertrauen gewinnen, die wir im Grunde überhaupt nicht kennen, sondern nur oft genug unter positiven Umständen gesehen haben. Die positiven Umstände waren hier die sommerlichen Freizeitbegegnungen im Garten.

Bitte verstehen Sie mich jetzt nicht falsch! Ich bin weit davon entfernt empfehlen zu wollen, Sie sollten zu Ihren Nachbarn, speziell zu Ihren neuen Nachbarn, nicht mehr freundlich und hilfsbereit sein. Nein, ich wollte nur ein wenig drastisch demonstrieren, was passieren kann, – doch die Menschen sind erfreulicherweise viel besser, viel ehrlicher, als manche Pessimisten es wahrhaben wollen.

Trotzdem läßt sich für die Werbung daraus ein Grundsatz ableiten: Wenn Sie Ihre Produkte oder Leistungen nur oft genug unter positiven Umständen Ihren prospektiven Kunden vorstellen, werden die so Angesprochenen nach und nach zu Ihrem Angebot Vertrauen gewinnen – und es kaufen. Zumindest um es mal auszuprobieren. Und damit hat die

Werbung getan, was sie kann, denn jetzt treten die anderen Kriterien in Aktion, wie Produktnutzen, Qualität, Preiswürdigkeit, also das Halten des Produktversprechens. Und, wenn diese nicht das halten, was die Werbung versprochen hat, nützt weitere Werbung auch nicht mehr viel.

Übrigens ist auch das wieder eine Parallele zu meinem Beispiel mit der Bohrmaschine, so übertrieben Sie es auch immer finden mögen. Wenn der Nachbar die Bohrmaschine am nächsten Tag mit einem herzlichen Dankeschön und vielleicht einer Einladung zu einem netten Zusammensein bei einem Glas Wein zurückgebracht hätte, dann wäre aus dem zunächst relativ banalen Vorgang eines »Bohrmaschinen-Leihens« eventuell der Anfang einer langjährigen und engen Freundschaft geworden. Mit anderen Worten, hätte das Verhalten des Nachbarn die Erwartungen bestätigt, könnte daraus eine aus Vertrauen und Freundschaft bestehende bleibende Bindung entstehen.

Nichts anderes wünschen wir uns doch als Ergebnis unserer Werbeanstrengungen, und nicht anders funktioniert es auch hier. Bestätigt das Produkt die Erwartungen, kann der Einmal- oder Erstkäufer zu einem Stammkunden werden; tut es das nicht, wird keine Werbung der Welt, so teuer und so kreativ sie auch sein mag, es schaffen, einen treuen Kundenkreis zu gewinnen.

So einfach oder so schwer ist das!

Werbung soll aber noch mehr bewirken. Es genügt nicht, ein Produkt oder eine Leistung nur bekannt zu machen und um Vertrauen dafür zu werben. Trotz aller Argumente und der Güte unserer Angebote gilt nach wie vor die alte Weisheit: Die Konkurrenz schläft nicht!

Oder wie sagt man häufig so nett: Auch andere Väter haben schöne Töchter!

Mit anderen Worten: Es hieße doch mit Scheuklappen herumlaufen, wollten wir der Meinung sein, es würde genügen, gute Produkte herzustellen und eine gute Werbung dafür zu machen. Richtige Konditionen und eine ausreichende Distribution einmal vorausgesetzt: Unsere Kunden sind – wie wir alle – täglich einer Flut von Angeboten ausgesetzt, auch von Angeboten guter, ja gleichwertiger Produkte oder Leistungen, wie wir sie anbieten. Wir leben eben nicht mehr in der Zeit, in der es sich herumsprach, wenn ein Meister sein Handwerk besonders gut verstand und die Leute dann auch weite Wege nicht scheuten, um zu diesem Meister zu fahren und sich von ihm ein Kleid, die Schuhe, den Wagen oder was es auch gewesen sein mag, anfertigen zu lassen.

Wir benutzen alle die gleichen Maschinen, häufig – infolge Wechselns von einer Firma zur anderen – die gleichen durch Mitarbeiter angewendeten Verfahrens-Techniken und, was besonders wichtig ist und so langsam zu einem ernsthaften Problem wird, durch eine gleichartige Markt- und Produktforschung gewonnene gleichartige Ergebnisse und Erkenntnisse.

Ein bekannter Wirtschafts-Wissenschaftler, Prof. Steffenhagen von der Universität in Aachen, hat einmal von Unternehmen »aus dem Windkanal« gesprochen. Ein treffender Vergleich, wie ich meine. Genau so, wie die Formen unserer Autos sich immer mehr ähneln, weil alle aus dem Windkanal stammen und alle Autohersteller dabei natürlich zu den gleichen Ergebnissen kommen, werden auch unsere Produkte und Leistungen immer ähnlicher und austauschbarer, weil die Erkenntnisse, die zu ihrer Entwicklung und Markteinführung geführt haben, aus gleichen oder vergleichbaren Marktforschungs-Ergebnissen stammen.

Was ist also zu tun?

Zunächst einmal sollten wir es uns abgewöhnen, das ganze Heil von Markt- oder Meinungsforschungs-Ergebnissen und von Produkttests zu erwarten. Es ist sicher auf Dauer erfolgversprechender, Randspektren auszuloten und alternative Szenarien auf ihre Marktchancen zu überprüfen. Es ist eben nicht richtig und wenig aussichtsreich, das kann nicht oft genug gesagt werden, die 100 Prozent des Marktes anzupeilen, sondern schauen Sie lieber nach den zwei, drei oder vier Prozent, die mit dem vorhandenen Angebot nicht zufriedenstellend bedient werden. Das hat nur wenig mit der berühmten Marktlücke zu tun. Die Manager, die nach ihr suchen, leben doch häufig in dem Wahn, sie könnten etwas finden, das es noch nicht gibt und das, wenn man es dann anbietet, den ganzen Markt »überschwemmen« wird. Schütteln Sie bitte nicht den Kopf. Sie glauben gar nicht, wieviele solcher Traumtänzer auch heute noch in den Chef-Etagen sitzen.

E. Ein interessanter Produkttest und seine Auswertung

Bestimmt haben Sie es selbst auch schon erlebt, daß eine sehr interessante, aber vielleicht etwas ausgefallene Produktidee nur deswegen nicht weiterverfolgt wurde, weil sie bei einem Test nur von einer Minderheit der Befragten als »sehr gut« oder »gut« beurteilt wurde.

Kein Mensch kommt dann auf die Idee, einmal nachzuforschen, warum diese Minderheit zu dem guten Urteil kam.

Ich möchte an einem fiktiven Beispiel einmal darstellen, wie so etwas häufig abläuft und wie es eigentlich ablaufen sollte. Nehmen wir an, wir würden die Einführung eines neuartigen strapazierfähigen Straßenschuhes für Jungen planen und wollten seine Marktchancen durch einen Produkt- und Pre-Test untersuchen.

Alles ist richtig und professionell gemacht: Das Testinstitut ist eine renommierte Firma, die Psychologen, die mit den Kindern und Jugendlichen während des Tests sprechen sollen, haben gerade auf diesem Gebiet eine große Erfahrung und die interviewten Jungen geben ihre ehrlichen Urteile ab.

Und dann liegt das Ergebnis vor: Der Schuhtyp, der die beste Note erhielt, ist ein Schuh der Konkurrenz, der genauso aussieht, wie sich »klein Fritzchen« eben einen normalen strapazierfähigen Jungenschuh vorstellt. Unser neuer Schuh, der schließlich einen ganz neuen, ungewohnten Look hat, den es in dieser Form bisher noch nicht gab, gefiel nur einer Minderheit. Die allgemeine Enttäuschung ist groß. Aber Enttäuschung hin, Enttäuschung her, wichtig ist, was wir jetzt unternehmen.

F. So geht Marktforschung schief

Was geschieht häufig? Anstatt nun erst mit der eigentlichen Forschung zu beginnen und zu untersuchen, was diese Minderheit an unserem neuen Schuh denn so besonders interessant fand, daß sie ihn zu ihrem Favoriten auserkor, und weiter zu untersuchen, ob es ein bestimmter Jungentyp war, der diese Schuhe bevorzugte usw., wird das neue Produkt, von dem wir uns ursprünglich so viel versprochen haben, »auf kleiner Flamme«, ja ganz kleinlaut in den Markt gebracht. Ohne nennenswerte Werbeunterstützung und in der Erwartung, daß dieser Schuhtyp wohl doch kein Renner werden wird. Die Testergebnisse haben dies ja schließlich prophezeit.

Und wer bekommt recht?

Natürlich diejenigen, die das so erwartet hatten. Und wie geht es weiter? Schon nach ein oder zwei Saisons werden wir beschließen, die neuen Modelle sang- und klanglos wieder aus dem Angebot zu nehmen.

Wie gesagt, ein fiktives Beispiel, bei dem Sie das erwähnte Produkt »Jungenschuh« auch durch andere Produkte aus anderen Branchen ersetzen können.

Immer dort, wo es zutrifft, könnte man ausrufen: Schade um die vertane Chance! Warum? Ich werde es Ihnen erklären:

So selten wie der Sechser im Lotto ist die Chance, eine neue Produktidee zu haben, die beim Test der Mehrheit der Testpersonen gefällt und die zu einem für die meisten annehmbaren Preis auf den Markt gebracht werden kann. Und trotzdem träumen die meisten Firmenchefs – wie die Lottospieler von sechs richtigen Tips – immer nur von dieser seltenen Chance. Sie übersehen dabei die vielen gewinnträchtigen Möglichkeiten, die auch winzige Marktsegmente bieten können.

Marktsegmente, aus denen schon häufiger riesige Märkte entstanden sind, obwohl das zunächst nicht erwartet worden war und man sich nur auf die Belieferung einer Marktnische eingerichtet hatte.

Nehmen wir einmal an, bei unserem Schuh-Beispiel hätte sich bei genauerer Prüfung ergeben, daß es die Meinungsführer unter den Jungen waren, die den neuen Schuh gut fanden. Die Annahme ist gar nicht so abwegig, denn meistens sind es ja gerade die Meinungsführer, die sich trauen, unangepaßte Meinungen zu äußern; mit anderen Worten, Dinge gut zu finden, die es noch nicht gibt.

Die Angepaßten, die Nachahmer dagegen finden immer nur das gut, was sie schon kennen. Für die Beurteilung neuer, vielleicht sogar avantgardistischer Ideen sind sie völlig unbrauchbar.

Natürlich weiß man bei einem Test nie vorher, wer zu dem einen Teil und wer zu dem anderen Teil der Bevölkerung zählt. Gehen Sie am besten von folgender Erfahrung aus: Bei einem auf normalem Wege »gebaggerten« (wie es in der Fachsprache der Marktforscher so sinnig heißt) Kreis von Befragten hat der Anteil der Angepaßten, der Menschen ohne eigene Meinung, die Mehrheit.

Selbstverständlich wird jeder, der eine der vielen meinungslosen Mitmenschen, wie ich sie nenne, nach ihrer Meinung fragt, eine Antwort bekommen. Sie ist aber dann eben keine eigene Meinung, sondern das Bemühen des Befragten, eine Aussage zu formulieren, die seiner Ansicht nach von der Mehrheit seiner Mitmenschen oder der Mehrheit der Gruppe, der er sich zugehörig fühlt, geteilt wird.

Wenn es sich bei einem Test also um eine bisher wirklich unbekannte Neuheit handelt, ist die Mehrheit der Meinungen oder – genauer gesagt – sind die mehrheitlich geäußerten Ansichten für die Bewertung des neuen Produktes uninteressant. Interessant sind diejenigen, die eindeutig positiv oder eindeutig negativ geurteilt haben. Hierbei ist gerade die Eindeutigkeit der Aussage wichtig, denn die meisten werden diffuse, unrationale Antworten gegeben haben, die zwar eine Ablehnung oder Zustimmung beinhalten, jedoch nicht individuell begründet, sondern nur pauschal formuliert. Man sollte das auch nicht damit zu entschuldigen suchen, daß manche Menschen sich eben besser ausdrücken können als andere. Die Opinionleader, diejenigen also, die wir bei der Einführung eines neuen Produktes brauchen, können sich in der Regel ganz gut ausdrücken.

Bei der Auswertung des Schuhtests könnten wir also davon ausgehen, daß die Minderheit, die den neuen Schuhtyp gut fand, zu den Meinungsbildnern gehört. Ich weiß, daß dies von den Testinstituten in den seltensten Fällen berücksichtigt wird. Im Gegenteil, auch die Institute gehen bei der Auswertung der Befragungsergebnisse normalerweise stur von den reinen Zahlenergebnissen aus und lassen die psychologische Struktur der befragten Gruppen, ihre Aussagekraft und die daraus resultierende notwendige Gewichtung der Aussagen meistens unbeachtet.

Vielleicht liegt hier auch ein Grund für die oft zu beobachtende Fehldeutung von Testergebnissen.

Was wollen wir eigentlich erfahren, wenn wir ein neues Produkt testen? Auf keinen Fall eine Bestätigung, daß die Befragten die allgemein bekannten, ähnlichen Artikel ebenfalls bereits kennen. Das überrascht nun wirklich keinen, und dafür braucht man schließlich auch keinen Test durchführen zu lassen – kein Geld auszugeben. Nein, wir wollen doch einen Ansatzpunkt für die Einführung des neuen Artikels finden.

Wir wollen herausfinden, ob der neue Artikel bei einigen Verbrauchern einen Nerv trifft, wenn ich das mal so ausdrücken darf, und, wenn ja, welchen Nerv. Und wir müssen ausloten, ob aus dieser Erkenntnis etwas zu machen ist, was uns die erfolgversprechende Einführung des neuen Artikels möglich macht und sinnvoll erscheinen läßt.

Aus diesen Erkenntnissen ergeben sich Arbeitsschritte, die meist nur von denen gegangen werden, die erfolgreich im Markt operieren. Systematisch erfolgreich, möchte ich hinzufügen, denn es ist natürlich nicht ausgeschlossen, daß jeder auch mal zufällige Erfolge haben kann.

Eine Firma, eine Geschäftsführung, die sich mit einem bestimmten Markt seit Jahren beschäftigt, hat natürlich die Chance, hin und wieder gute Produkte im Markt erfolgreich einzuführen. Aber von systematischer Arbeit (Marketing-Arbeit!) kann man hierbei in den meisten Fällen nicht sprechen. Hier wirkt sich das berühmte Fingerspitzengefühl eines Unternehmers aus. Nicht wenige Firmen sind groß und bedeutend geworden, weil an ihrer Spitze eine Persönlichkeit saß, die diese unbezahlbare Gabe besaß. Die Fähigkeit, aus der Kombination unterschiedlichster Erfahrungswerte und Informationen die richtige Folgerung zu ziehen, d. h. das Wissen um die technischen und geistigen Möglichkeiten des Unternehmens, die Informationen aus dem Außendienst und aus Gesprächen mit Kunden, die Vorschläge von Mitarbeitern und nicht zuletzt eigene Erfahrungen auf echt kreative Weise zu analysieren und daraus dann eine neue Leistung, ein neues Produkt oder auch nur eine neue Produktidee zu formen oder zu formulieren.

Dieses sogenannte Fingerspitzen-Gefühl ist aber nur wenigen, begnadeten Unternehmer-Persönlichkeiten zu eigen. Alle anderen ziehen aus den ihnen von allen Seiten, inklusive der Marktforschung, zufließenden Informationen manchmal richtige, aber eben häufig auch nicht die richtigen Schlußfolgerungen, was die nach wie vor hohe Flop-Rate bei den meisten Unternehmen beweist. Eine systematische Erfolgsvorbereitung wird nicht betrieben.

G. Acht Schritte einer systematischen Marketing-Arbeit bei der Einführung neuer Produkte

Lassen Sie mich am Beispiel des schon mehrfach erwähnten Schuhtests die notwendigen Arbeitsschritte ausführlicher erläutern:

Auf die Methoden zur Findung neuer Produktideen gehe ich an anderer Stelle dieses Buches ein. Darum setze ich hier einmal voraus, daß die Produktidee und erste Prototypen bereits vorhanden sind.

Verschiedene Modelle in einem neuen, etwas ungewöhnlichen Look, mit kompakter, stark profilierter und leicht wulstiger Sohle, in interessanter, von einem international anerkannten Designer gestalteten Form und Linienführung stehen zum Test bereit.

Befragt werden Jungen im Alter von 7 bis 9 Jahren in einer ersten Gruppe und Jungen im Alter von 10 bis 12 Jahren in einer zweiten Gruppe. Es handelt sich um einen sogenannten qualitativen Test, d. h. es werden nur relativ wenige Jungen befragt, diese aber dafür von entsprechend ausgebildeten Psychologen in ausführliche Gespräche verwickelt. Es lautet also der

1. Arbeitsschritt: Qualitativer Produkttest

Es erübrigt sich eigentlich, ich muß es trotzdem aber wenigstens einmal erwähnen: Selbstverständlich kann man solche Tests nicht selbst »stricken«. Hier müssen Fachleute aus den anerkannten Marktforschungs- oder Test-Instituten beauftragt werden. Das gilt übrigens auch für die weiteren Arbeitsschritte. Ich bin grundsätzlich ein Gegner der Methode: Das können wir auch; das können wir billiger! – Es zeigt sich immer wieder, wie sehr diese Einstellung zu Fehlentscheidungen führen kann. Oder vielleicht sollte ich drastischer sagen, zu Fehlentscheidungen führt, die dann sehr teuer werden können.

Ergebnis des ersten Arbeitsschrittes: Von insgesamt 20 getesteten Schuhen (die neuen Modelle wurden natürlich mit gängigen Jungenschuh-Modellen der Wettbewerber in Konkurrenz gesetzt) liegen die neuen Modelle bei den jüngeren Kindern im guten Mittelfeld und bei den älteren im letzten Drittel. Konsequenz: Das Zutrauen in die Neuentwicklung schwindet, der Elan ist weg, Gelder für eine Einführungswerbung werden praktisch gestrichen usw. usw.

Ja? Wäre es bei Ihnen so?

Ich habe schon erwähnt, daß ich diese Konsequenz zumindest in diesem Stadium der Entwicklung für verfrüht und die genannten Entscheidungen darum für falsch halte; denn: Die Schuhe sind natürlich nicht von allen Kindern gleich beurteilt worden. Sie haben ihren Mittelplatz in der Bewertungsskala erreicht, weil neben den mittleren Bewertungen auch sehr gute und als Gegengewicht sehr schlechte oder ablehnende sich gegenüberstanden.

Jetzt muß daher der 2. *Arbeitsschritt* beginnen: die *Analyse* der guten und der schlechten Bewertungen. Die übrigen können Sie sowieso vergessen.

Es müssen folgende Fragen beantwortet werden:
Warum fanden die einen Jungen die Schuhe gut, und warum lehnten die anderen die Schuhe ab?
Waren es jeweils die älteren oder die jüngeren in den beiden Altersgruppen oder spielte das Alter keine Rolle?
Welches waren die entscheidenden Argumente für Zustimmung oder Ablehnung, d. h. welche Argumente zeigten eine deutliche Häufigkeit?
Kamen die eindeutig gut oder ablehnend Urteilenden aus ganz bestimmten sozialen Schichten?
Was sagten sie über ihr Verhältnis zu ihren Eltern? (Wobei ich hoffe, daß ein erfahrenes Institut bei der Befragung von Kindern eine solche Frage selbstverständlich schon von sich aus stellt!)
Haben die zustimmend oder ablehnend Urteilenden während der Interview-Phase »das große Wort« geführt oder gehörten sie mehr zu den Stillen, die erst etwas sagen, wenn sie ausdrücklich gefragt werden?
Gibt es eine Übereinstimmung in der Kleidung dieser beiden Gruppen oder unterscheiden sie sich hier? Wenn Übereinstimmung, bezieht sie sich auch auf die Schuhe, die sie anläßlich des Tests trugen?
Kann beurteilt werden, ob die Befragten beim Kauf von Schuhen ihre Wünsche gegenüber den Eltern in der Regel durchsetzen können?
Über wieviel Taschengeld verfügen sie, und wie geben sie es aus? (Nicht, daß ich der Meinung wäre, die Jungen würden sich von ihrem Taschengeld die Schuhe kaufen. Man kann aber aus der Art und Weise, wie Jugendliche mit dem ihnen zur Verfügung stehenden Geld umgehen, sehr gut auf ihr sonstiges Verhalten Gegenständen und Sachen gegenüber schließen.)

Da es sich um ein Beispiel handelt und die Untersuchungen nicht wirklich durchgeführt worden sind, müssen wir bei den Ergebnissen et-

was ›spekulieren‹, ohne jedoch Gefahr zu laufen, völlig schiefzuliegen. Das Ergebnis könnte ohne weiteres etwa so ausgesehen haben:
Die eindeutig Zustimmenden oder Ablehnenden gehören zu den Meinungsbildnern. Auf sie achten alle anderen in der Schulklasse, auf dem Spiel- oder Sportplatz bzw. in der Freundesgruppe. Es zeigt sich weiter, die Ablehnenden stören sich nur an einer ganz bestimmten gut einzugrenzenden Eigenschaft der Schuhe. Sie würden zu einem großen Teil ebenfalls zustimmen, wenn es gelänge, diesen Negativpunkt zu beseitigen. Andererseits zeigt sich aber auch, daß die Zustimmenden nach der Änderung dieses Details bei ihrer positiven Beurteilung bleiben oder sie sogar noch bekräftigen.

Aus den Argumenten, die für die neuen Schuhe vorgebracht werden, lassen sich Gestaltungsvorgaben für die Einführungswerbung entwikkeln, und aus den Daten über die soziale Struktur dieser Jungen ergeben sich Anhaltspunkte für die Zielgruppe, die zunächst angesprochen werden muß.

Und aus der nunmehr analysierten Zielgruppe ergibt sich der *3. Arbeitsschritt: Untersuchung der Absatzchancen.*

Wie groß ist die Zielgruppe? Welche Kaufkraft hat sie? Welches Marktvolumen repräsentiert sie? Wie kann sie am besten erreicht werden? Also bei unserem Beispiel: Wieviel Schuhe in welchen Preislagen werden pro Jahr von dieser Zielgruppe gekauft? Kaufen sie mehr oder weniger als ihre Altersgenossen und kaufen sie mehr höhere oder mehr niedrigere Preislagen im Vergleich zu den anderen?

Aus der Analyse und der Auswertung dieser Daten und Zahlen lassen sich die Marktchancen ersehen. Die Berechnung, wann das neue Produkt spätestens den sogenannten »Break-even-point« erreicht haben muß, also die Gewinnschwelle überschreitet (auch Nutzschwelle genannt) und in die Gewinnzone kommt bzw. kommen sollte, muß natürlich auch die erhöhten Kosten für die Einführungswerbung berücksichtigen.

Natürlich? – Oft genug wird das übersehen.

Aus all dem ergibt sich dann die wichtigste Entscheidung überhaupt: Soll das neue Produkt in den Markt gebracht werden oder nicht? Zu diesem Zeitpunkt die Entwicklung abzubrechen, kostet entschieden weniger, als einen Flop im Markt zu landen. Abgesehen vom Imageverlust, der bei Handel und Verbraucher mit jeder mißglückten Einführung eines neuen Produktes einhergeht.

Lautet aber die Entscheidung »Ja, wir werden das neue Produkt auf den Markt bringen«, dann bitte mit allen Konsequenzen! Ein »Ja, aber...« ist die sichere Vorstufe zum Mißerfolg!

Leider gibt es viele Manager, die Angst vor der eigenen Courage bekommen und diese Angst damit zu kompensieren versuchen, indem sie die notwendigen Mittel für die Einführungsphase im Rahmen eines schnell verabschiedeten Sparprogramms wieder streichen (oder gar nicht erst zur Verfügung stellen). In diesem Zusammenhang hört man dann häufig so dumme Sprüche wie: »Mit viel Geld eine gute Werbung machen, das kann jeder. Wir müssen eben beweisen, daß wir mit weniger Geld den gleichen Erfolg erzielen können. Wozu zahlen wir unserer Werbeagentur jeden Monat ein so hohes Honorar?«

Gut, nehmen wir an, bei unserem Beispiel lautet die Entscheidung: Wir machen's! Mit allen Konsequenzen! Mit allen notwendigen finanziellen Mitteln! Mit vollem Engagement aller Beteiligten! Dann folgt der *4. Arbeitsschritt: das Timing.*

Welche Vorgänge müssen bis wann abgeschlossen sein, damit das Produkt wie vorgesehen eingeführt werden kann? Ob es sich hierbei um einen gekonnten Netzplan handelt oder um eine simple Terminliste, wichtig ist, alle, wirklich alle Mitarbeiter, die an den nächsten Arbeitsschritten maßgeblich mitwirken, an der Ausarbeitung des Zeitplanes zu beteiligen und ihre ausdrückliche Zustimmung zu jedem einzelnen Datum zu erhalten. Wie oft schon wurde gerade in der Vorbereitungsphase »die Rechnung ohne den Wirt gemacht« und alle Planungen wurden über den Haufen geworfen, weil eine Abteilung mit den ihr zugemessenen Zeiten nicht auskam.

Der *5. Arbeitsschritt: Änderungen und Korrekturen*

Die notwendig erscheinenden Änderungen an dem neuen Schuhtyp werden vorgenommen. Es kann sich, ja es darf sich nur um unwesentliche Änderungen oder geringfügige Korrekturen handeln, die das getestete Ausgangsmuster nicht entscheidend verändern. Ansonsten müßten wir wirklich noch einmal ganz von vorn anfangen, was bei dem erwähnten, angenommenen Ergebnis nicht erforderlich ist.

Der *6. Arbeitsschritt: das Gestaltungs-Briefing*

Aus der Basis-Produktidee (hier: ein neuer strapazierfähiger Jungenschuh in einem für Jungen attraktiven, interessanten Design zu einem akzeptablen Preis) sowie aus den überzeugendsten Argumenten, der sich aus Produktidee und Schuhdesign ergebenden grafischen Gestaltungslinie und der Primär-Zielgruppe wird das Briefing für die Gestaltung der Werbung und Verkaufsförderung erarbeitet. An diesem Schritt müssen Marketing, Verkaufsleitung und Werbeleitung plus Werbeagentur gemeinsam arbeiten, denn hinter dem Ergebnis dieser Arbeit müssen alle stehen »wie ein Mann«. Es ist der für die Einführungsphase wichtigste Schritt, neben der perfekten Abarbeitung der ersten Mustermodelle natürlich!

Wir kommen zum *7. Arbeitsschritt:* Die Werbeagentur oder die Werbefachleute des Hauses präsentieren *die Kommunikations-Strategie.*

Sie legt fest, wie das gesamte Unternehmen die Einführung argumentativ und in seinem Verhalten begleitet und fördert. Wohlgemerkt: das gesamte Unternehmen! Also nicht nur die Verkaufs- und die Werbeabteilung. Es gehört zu einer erfolgreichen Produkteinführung ein Prozeß der Identifikation mit dieser beschlossenen Maßnahme. Alle müssen in einer Art Gleichklang reden, argumentieren und sich verhalten; der Außendienst, der Verkaufs-Innendienst, die Werbung, die Verkaufsfahrer und nicht zuletzt die Geschäftsführung.

Jeder muß stolz sein auf das neue Produkt! Jeder muß begeistert sein, es auch zeigen und versuchen, andere mit dieser Begeisterung anzustekken, sie sozusagen auf das neue Produkt positiv einzustimmen. Warum sollte der Geschäftsführer oder Inhaber anläßlich einer Pressekonferenz nicht strahlend das neue Produkt hochheben, um so seine Begeisterung auszudrücken? Ja, warum eigentlich nicht?

Nun sollte man nicht wegen jeder kleinen Verbesserung an einem Produkt gleich eine Pressekonferenz einberufen. Das versteht sich von selbst. Aber wenn es sich wirklich um eine interessante Neuentwicklung handelt, kann die Presse zur Vorstellung der Neuheit ruhig eingeladen werden.

Wie so eine Pressekonferenz am besten durchgeführt werden sollte, darüber können Sie an anderer Stelle dieses Buches ausführlich nachlesen. Tun Sie das bitte auch, denn eine schlechte Presse zu haben, wie es so schön heißt, ist eine sehr unangenehme Sache, gegen die Sie häufig auch mit erheblichem Werbeaufwand nicht anwerben können. Der Spruch »Ist der Ruf mal ruiniert, lebt sich's richtig ungeniert« mag irgendwo stimmen, aber gewiß nicht im Wirtschaftsleben.

Tja, und nun kommt eigentlich der *8. Arbeitsschritt: die Einführung.* Nur ist das genaugenommen kein Schritt, sondern viel mehr.

Ob die Einführung des neuen Produkts nun aber ein Spaziergang, eine Wanderung, eine Stolpertour oder ein zünftiger Dauerlauf wird, das hängt jetzt von Ihnen und allen Mitarbeitern ab. Ich habe es in einem anderen Kapitel bereits gesagt: Das beste »Schmiermittel« für einen reibungslosen wirtschaftlichen Ablauf ist das Vertrauen. Das Vertrauen, das man zueinander hat, ob man sich nun kennt oder nicht. Ja, Sie haben richtig gelesen »... oder nicht«, denn ich meine das Vertrauen in Produkte, die von Menschen geplant, entwickelt, produziert, verpackt und geliefert werden, die Sie nicht kennen und wahrscheinlich während Ihres ganzen Lebens auch nicht kennenlernen werden. Wie tragisch die Situation werden kann, wenn Geistesgestörte oder Kriminelle dieses Vertrauen zu Verbrechen mißbrauchen, indem sie Waren vergiften, haben wir in erschreckendem Maße in den USA gesehen, und wir können nur hoffen, daß es sich um eine vorübergehende Erscheinung handelt, die nicht auch in anderen Ländern Nachahmer findet.

Wir müssen gerade während der Einführungsphase besonders darauf achten, für das neue Produkt eine gesunde Vertrauensbasis bei Handel und Verbraucher zu schaffen. Hierbei kommt uns der bereits erwähnte Umstand zugute, daß die Menschen normalerweise ohne Vorleistungen bereit sind, uns ein großes Maß an Vertrauen entgegenzubringen.

Es kann einen nur immer wieder erschüttern, wenn man beobachtet, wie leichtfertig viele Firmen mit diesem Vertrauensvorschuß umgehen. Ob es sich nun um nicht ausgereifte Entwicklungen handelt, um verspätete Lieferungen oder um andere Mißhelligkeiten und Schwierigkeiten, immer werden diese Fehler und Versäumnisse beim Handel und schließlich auch oder erst recht beim Verbraucher Enttäuschungen verursachen. Enttäuschungen sind aber der Auslöser oder die Vorstufe von Ablehnung – also von Mißerfolg.

Wir wenden uns von Menschen ab, die uns enttäuscht haben, und wir wenden uns von Produkten ab, die nicht halten, was durch Werbung und andere Informationen versprochen wurde. Ja, und neuen Produkten wenden wir uns dann eben gar nicht erst zu.

Vielleicht haben uns erste Ankündigungen des Herstellers in Anzeigen oder in der Fernsehwerbung neugierig gemacht, vielleicht waren wir sogar überzeugt, endlich ein Produkt zu erhalten, das bestimmten Vorstellungen von uns genau entspricht, vielleicht waren wir also ernsthaft entschlossen, das neue Produkt möglichst bald zu kaufen, – und dann war es nirgends vorrätig.

Die Händler beteuern, sie hätten rechtzeitig bestellt, aber die Lieferung sei trotz mehrfacher Mahnungen immer noch nicht erfolgt. Einen Mißerfolg im ersten Geschäft nehmen wir gelassen hin, auch das »nein« im zweiten Geschäft entmutigt uns noch nicht, aber drei bis fünf Geschäftsbesuche (je nach Ausdauer und Temperament) mit negativem Erfolg enttäuschen dann doch so sehr, daß wir zu einem Zeitpunkt, wenn das neue Produkt endlich da ist, nicht mehr bereit sind zu kaufen. Und wenn auch nur, weil wir uns inzwischen ein bekanntes, vorhandenes ähnliches Produkt gekauft haben. Eher aber, weil wir sauer sind, mit Recht sauer sind und das Vertrauen in das neue Produkt verloren haben.

Es wäre nicht das erste Mal, daß eine gute, überzeugende Einführungswerbung durch eine schlechte, weil verspätete Auslieferung der Ware Erfolg für ein Wettbewerbs-Produkt gebracht hätte, dessen Verdienst lediglich darin bestand, vorhanden, greifbar, lieferbar zu sein. Schließlich löst eine gut gemachte Einführungswerbung für ein neues Produkt immer auch ein allgemeines Interesse an Produkten der gleichen Art aus, so daß sich die geweckte Nachfrage dann auf die im Markt präsenten Anbieter zu deren Freude und Gewinn konzentriert, – und zu Ihrem Nachsehen.

Das Beispiel mit der verspäteten Auslieferung gilt sinngemäß natürlich auch für alle anderen Fehler, die bei einer Einführung passieren können, aber eigentlich nicht passieren dürfen. Die Techniker in einem Betrieb haben zwar meist eine ganz plausible Erklärung dafür, und in vielen Firmen finden sie dann volles Verständnis, obwohl etwas vorgefallen ist, was kaum zu entschuldigen ist. Und wenn es erklärt wird, dann ist die verantwortliche Geschäftsführung dringend aufgerufen, die Qualifikation dieser Leute, die vorher gravierende Fehler begehen und sie nachträglich plausibel erklären, zu überprüfen und in Frage zu stellen.

Ja, die Verantwortlichen müssen unnachsichtig zur Rechenschaft gezogen werden, denn einerseits haben sie es zu verantworten, wenn viele Hunderttausende Mark oder gar Millionen ohne den nicht nur erhofften, sondern erwarteten Erfolg ausgegeben und – wie man so plastisch sagt – »in den Sand gesetzt« wurden, und andererseits kann mit großer Sicherheit erwartet werden, daß bei einer nächsten Einführungskampagne wieder etwas schiefgeht und diese Leute wieder ganz plausible Erklärungen dafür haben werden.

Natürlich billige ich jedem Menschen zu, auch mal Fehler machen zu dürfen. Ich, Sie, wir alle machen Fehler. Diese Fehler sind hier nicht gemeint. Hier spreche ich von den Versäumnissen, die immer wieder vorkommen, weil auf ihrem engen Fachgebiet vielleicht ganz fähige Mitarbeiter nicht willens oder nicht in der Lage sind, die Auswirkungen ihrer Fehlleistungen auf die Firma zu begreifen.

Wir kennen alle die vielen Beispiele von auf ihrem speziellen Fachgebiet genialen Männern, die ihre Firmen mit unausgereiften Produkten oder anderen gravierenden Managementfehlern zugrunde gerichtet haben.

Hüten Sie sich davor, Ihre Kunden zu enttäuschen! Sie schlagen damit den Weg zum Niedergang Ihrer Firma ein, auch wenn Sie es lange Zeit nicht merken oder – noch schlimmer – nicht wahrhaben wollen. Auf jeden enttäuschten Kunden warten begierig und frohlockend unzählige Wettbewerber. Tun Sie alles, um das Vertrauen, das man Ihnen entgegenbringt, zu rechtfertigen. Und wenn es Ihnen gelingt, noch einen »Bonbon«, den keiner Ihrer Kunden zunächst erwartet hatte, oben draufzusetzen, dann haben Sie eigentlich schon gewonnen. Viel kann Ihnen und Ihrem Produkt dann nicht mehr passieren.

Sie sind im Dauerlauf auf dem Weg zum Erfolg!

Nun muß ein Dauerläufer, auch wenn er sich auf einem noch so guten Weg befindet, sich weiter anstrengen, sonst erreicht er nicht sein Ziel. Trotz des guten Starts, trotz des guten Weges kann plötzlich ein starker Gegenwind das Fortkommen erschweren, ein Stein auf dem Weg ihn zum Stolpern bringen.

Nach erfolgreicher Startwerbung geht's auch mit unserem Produkt nicht von allein weiter. Einiges von dem, was noch zu beachten ist, möchte ich daher noch erwähnen.

Wieder ein kleines Beispiel: Nehmen wir einmal an, Sie würden Fotoapparate produzieren. Sie haben für Ihre neueste Kameraentwicklung geworben, und ein junger Fotoamateur gehört zu den Kunden, die diese Kamera gekauft haben. Der Fotohändler hat dem Käufer eine Fotozeitschrift als kleine Zugabe und als Dank für den Kauf mitgegeben.

Was kann nun passieren, wenn der junge Mann zu Hause angekommen ist?

Zunächst ist er natürlich aufgeregt, denn die Kamera war recht teuer (zumindest für ihn) und hat einen großen Teil seines mühsam ersparten Geldes gekostet. Obwohl der Händler ihm die Funktion der Kamera, so wie es sich gehört, erklärt hat, setzt er sich zu Hause gemütlich an den Wohnzimmertisch, packt stolz sein neues »Prachtstück« aus und beginnt die Gebrauchsanleitung zu lesen. Da er ein begeisterter Fotoamateur ist, versteht er einiges von Fotoapparaten. Aber er weiß natürlich auch, wie groß das Angebot an ähnlichen oder gar gleichwertigen Kameras ist. Darum nagt in jedem Käufer einer hochwertigen und entsprechend teuren Ware der Zweifel, ob er denn wohl wirklich richtig gekauft und sich nicht »verkauft« hat, wie man so etwas dann nennt.

Er beginnt also mit der Lektüre der Gebrauchsanleitung, und seine Unsicherheit wird immer größer, denn neben einer relativ nüchternen und zum Teil schwer verständlichen Beschreibung der einzelnen Hebel und dessen, was er eh' schon weiß, findet er nichts, was seine Zweifel völlig beseitigen könnte.

»Egal«, denkt er, »schließlich kenne ich mich mit Kameras ja ganz gut aus. Höchstwahrscheinlich hat der Hersteller dies einkalkuliert und unnötige Kosten bei der Abfassung und Gestaltung der Gebrauchsanweisung vermieden.«

Immer noch zu 90 Prozent überzeugt, die richtige Wahl getroffen zu haben, nimmt unser junger Mann nun die interessante Fotozeitschrift zur Hand und blättert sie aufmerksam durch. Dabei stößt er auf eine Anzeige, mit der für eine Kamera geworben wird, deren Kauf er ebenfalls in Erwägung gezogen hatte, bevor er sich für sein Modell entschied. Die Kamera wird natürlich vorteilhaft herausgestellt, wobei besonders auf den außerordentlich weich arbeitenden Auslöser und den einzigartigen, brillanten Sucher hingewiesen wird.

Der junge Mann nimmt seinen neuen Apparat in die Hand, schaut durch den Sucher (ein wenig brillanter könnte er schon sein) und betätigt den Auslöser (ob der andere noch weicher funktioniert???). Plötzlich wird er unsicher. Hat er wirklich die richtige Kamera gekauft? Das schöne, Mark für Mark ersparte Geld; nun ist es futsch! Na ja, ich werde das Beste draus machen müssen.

Das Telefon klingelt. Sein Freund ruft an: »Du, ich habe gehört, du hast dir eine neue Kamera gekauft. Ich möchte mir auch eine zulegen. Kannst du mir deine empfehlen?« Zögernd kommt die Antwort: »Tja, weißt du, ich hab' ja noch keine Bilder mit der Kamera gemacht. Aber ich hab' das Gefühl, ich habe mich da ein bißchen verkauft.«

Mein Beispiel komprimiert die Entwicklung ein wenig. Aber Sie haben sicher erkannt, worauf ich hinaus will. Die Werbung für Ihr Produkt, Ihre Werbung um den Kunden ist nicht zu Ende, wenn er Ihr Produkt gekauft hat. Im Gegenteil! Sie haben die große Chance, einen

Menschen, der sich für Ihr Produkt bereits mindestens einmal entschieden und sein Geld dafür ausgegeben hat, als eine Art Werbeträger für sich zu gewinnen. Nehmen Sie ihn quasi in die Gemeinschaft der vernünftigen, richtig entscheidenden Menschen auf, der Menschen, die sich alle für Ihr Produkt entschieden haben.

Sprechen Sie weiter mit ihm durch Ihre Werbung und zunächst durch die Gebrauchsanleitung. Sagen Sie ihm, wie prima Sie es finden, daß er Ihr Produkt gekauft hat und welch vernünftige Entscheidung das war. Und begründen Sie es!

Erklären Sie nicht nur die Funktion jedes einzelnen Hebels oder Details, sondern sagen Sie auch, wozu es gut ist, daß diese Kamera – um bei dem Beispiel zu bleiben – gerade diese Funktion überhaupt besitzt. Wenn durch einen Test bestätigt worden ist, wie weich der Auslöser arbeitet und daß es praktisch keinen gibt, der weicher die Aufnahme auslöst, dann sagen Sie das nicht nur in Ihren Anzeigen und Prospekten, mit denen Sie die Leute bewegen wollen, Ihre Kamera zu kaufen, sondern sagen Sie es auch denen, die bereits gekauft haben.

Denken Sie nicht, die wüßten das ja nun sowieso, denn sonst hätten sie diesen Fotoapparat höchstwahrscheinlich gar nicht gekauft. Kann sein, kann nicht sein! Warum lassen Sie sich auf Annahmen ein? Gehen Sie sicher! Sagen Sie, erläutern Sie, wiederholen Sie die Vorzüge Ihrer Produkte immer wieder. Und gerade auch gegenüber demjenigen, der sich für Ihr Produkt entschieden hat.

Manch einer wird jetzt wieder sagen, das wisse man doch nun schon seit vielen Jahren, daß Gebrauchsanleitungen ein Werbemittel seien. Warum, frage ich dann, findet man auch heute noch so viele, bei denen das offenbar nicht berücksichtigt wurde?

Kurz und gut, denken Sie immer daran, auch den Kunden, der Ihr Produkt gekauft hat, weiter zu umwerben. Bestätigen Sie seine Kaufentscheidung als eine richtige und kluge Entscheidung. Wenn Sie so verfahren, dann haben Sie auch den dritten Punkt meiner Formel A V E erfolgversprechend erfüllt.

IX. Verkaufsförderung, die attraktive Schwester der Werbung

A. Ein verführerischer Begriff

Es gibt Begriffe, die sich unwahrscheinlich gut und griffig anhören und darum von vielen gern gebraucht werden, egal, ob sie wissen, was wirklich damit gemeint ist oder nicht. Bittet man einen technischen Laien um die Beurteilung eines komplizierten technischen Vorgangs, wird er ohne Umschweife zugestehen, daß er sich zu diesem Vorgang nicht äußern kann, weil er davon zu wenig versteht. Jeder Techniker wird das auch gar nicht anders erwarten. Ähnlich geht es einem in buchhalterischen oder finanziellen Dingen Ungeübten, der vor der Aufgabe steht, eine Konzernbilanz lesen und beurteilen zu sollen.

Ganz anders ist es erstaunlicherweise dagegen bei allen Fragen, die im Zusammenhang mit Kommunikation, also Werbung, Pressearbeit, Öffentlichkeitsarbeit und Verkaufsförderung stehen. Dieselben Techniker und Finanzleute, die in ihrem eigenen jeweiligen Fachgebiet sehr wohl zwischen Fach- und Laienmeinung säuberlich unterscheiden, nehmen für sich normalerweise wie selbstverständlich in Anspruch, auch über den gesamten Kommunikations-Bereich sach- und fachgerecht urteilen und entscheiden zu können.

Während ein technischer Laie aus gutem Grund mit technischen Fachausdrücken, von denen er nur wenig versteht, sehr vorsichtig umgeht, werden umgekehrt die Fachbegriffe aus der Kommunikation ohne jede Zurückhaltung und ohne jeden Skrupel in die Debatte geworfen.

Keiner kommt dabei auf den Gedanken, seine Unkenntnis könne durch den falschen Gebrauch dieser Begriffe deutlich werden. Wie sollte er auch, gehört doch zu dem Gremium, das über ein Werbethema diskutiert und entscheidet, in den seltensten Fällen mehr als ein Fachmann. Alle anderen Gesprächsteilnehmer sind Laien wie der Sprecher selbst.

C. Northcote Parkinson beschreibt in seinem berühmten Buch

»Parkinsons Gesetz und andere Untersuchungen über die Verwaltung« in dem Kapitel »Hochfinanz oder der Punkt, an dem das Interesse erlischt« eine ähnliche Erscheinung auf ebenso amüsante wie treffende Weise.

So dauert es z. B. bei einem Budgetgespräch meist nicht lange, bis einer der Herren (Herren sind da forscher, Damen halten sich in diesem Fall interessanterweise eher etwas zurück) mit gewichtiger Miene folgende »beachtliche« Frage zur Diskussion stellt: »Sollten wir nicht in Zukunft auf die Werbung ganz verzichten und nur noch Verkaufsförderung machen? Denn das ist es letztlich doch, was wir erreichen wollen. Wir wollen unseren Verkauf fördern! Schließlich bin ich der Überzeugung, daß uns die Verkaufsförderung erheblich weniger Geld kostet als diese horrende teure Werbung, die uns hier vorgeschlagen wird.«

Peng! Das hat gesessen! Hier hat einer gesprochen, der sich echt noch Gedanken macht!

Natürlich hat keiner in der Runde etwas dagegen, wenn der Verkauf nachhaltig gefördert wird. Natürlich möchte jeder in der Runde eher Geld sparen als Geld ausgeben und nicht in den Verdacht geraten, er wolle mit dem Geld der Firma leichtsinnig umgehen. Aus all diesen Gründen läßt sich gegen diese Argumente kaum etwas vorbringen, und man nickt daher sachverständig, mit ernster Miene, zustimmend. Denn hier wurde ja wirklich ein Vorschlag vorgebracht, der mit einem Schlag die schwierige Frage beantwortet: Wie können wir den gleichen oder gar einen höheren Werbeerfolg erzielen – mit weniger Geld?

Ich habe diese Frage schon hundertmal gehört und war immer wieder erstaunt und betroffen darüber, wie gedankenlos manch kluge Leute solche Vorschläge vorbringen. Bei nur kurzem Nachdenken müßten sie doch von ganz allein auf die Idee kommen, daß an ihrem Vorschlag irgend etwas nicht in Ordnung sein muß. Da keiner davon ausgehen kann, daß alle Firmen, die Jahr für Jahr erhebliche Werbeaufwendungen machen, von »reinen Deppen« geleitet werden, müßte die klassische Werbung doch schon lange der Vergangenheit angehören, und alle Firmen dürften nur noch Verkaufsförderung machen, wenn dieser Vorschlag auch nur im Ansatz vernünftig und diskutabel wäre.

»Verkaufsförderung« ist eine ungeschickte Bezeichnung für eine gute und wichtige Sache. Bei der Lehrlingsausbildung erkläre ich den Unterschied zwischen Werbung und Verkaufsförderung immer so: Alle Werbebotschaften, die vom Absender über Film, Funk, Fernsehen, Zeitungen, Zeitschriften, Anschlagstellen und andere Werbemittel direkt dem prospektiven Kunden zugeleitet werden, nennt man Werbung. Werbebotschaften, die dagegen über den Handel den Verbraucher erreichen, gehören zum Gebiet der Verkaufsförderung.

Ich gebe zu, eine relativ simple Erklärung. Aber für den Laien ausreichend. Für Sie möchte ich das Thema aber doch ein bißchen ausführlicher und sachgerechter behandeln.

B. Die vier Verkaufsförderungs-Aktivitäten

Rein theoretisch könnte Verkaufsförderung in vier Aktivitäten eingeteilt werden:

1. *Werbung im Laden:* Schaufenster-Dekoration, Ladenwerbemittel wie Deckenhänger, Regalstopper, Aufsteller, Displays, Poster usw.
2. *Schulung des Verkaufspersonals:* Vorträge, Seminare, Filme, programmierte Unterweisung, Incentive-Programme, Beratungs-Tage usw.
3. *Außendienst-Training:* Vorträge, Seminare, programmierte Unterweisung, Sales Folder, Incentive-Programme usw.
4. *Promotion-Kampagnen:* Preisausschreiben, Modenschauen, Beratungs-Tage, Kinder-Tage, Hausfrauen-Nachmittage, Kundendienst-Aktionen usw.

Da ich hier kein Sachbuch über Verkaufsförderung verfassen will, möchte ich es mir schenken, auf jede der angeführten Einzel-Aktivitäten näher einzugehen. Lassen Sie mich lieber von einigen Erfahrungen, positiven wie negativen, berichten.

Wenn von Verkaufsförderung gesprochen wird, dreht es sich meist um Punkt 1 oder Punkt 4 meiner Aufzählung. Die Verkäufer-Schulung wird dagegen immer noch sehr stiefmütterlich behandelt. Denken Sie jetzt bitte nicht an die Großkonzerne, die ihre Verkaufs-Mannschaften mit selbstverständlicher Regelmäßigkeit schulen und trainieren, sondern an die vielen anderen Firmen, die offenbar meinen, bei ihren Mitarbeitern im Verkauf sei das nicht nötig.

C. Erstaunliche Erlebnisse mit Verkäufern

Meine Frau wollte vor einiger Zeit eine neue Nähmaschine kaufen. Wir besuchten einige Geschäfte, um uns die neuesten Modelle vorführen zu lassen. In einem Warenhaus hatten wir folgendes Erlebnis:

Der Verkäufer führte uns zu den ausgestellten Nähmaschinen, wies mit einer weit ausladenden Handbewegung im Raum herum und sagte »bitte«. Erstaunt fragte meine Frau, ob er ihr nicht die eine oder andere Maschine vorführen könne. Mit einem milden Lächeln antwortete der »Verkäufer«: »Gnädige Frau, ich bin doch ein Mann. Ich verstehe leider nicht viel vom Nähen. Das überlasse ich lieber den Frauen.« Und sein Lächeln ging in ein fröhliches Lachen über, denn er war überzeugt, sich hier wunderbar aus der Affäre gezogen zu haben.

Meine Frau blieb hartnäckig: »Können Sie mir zu diesen Modellen hier denn gar nichts Näheres sagen?« – »Die Maschinen kommen alle aus Italien«, war die erschöpfende Antwort. Für uns als Kunden im wahrsten Sinne des Wortes »erschöpfend«.

»Können Sie denn die Maschinen aus Italien wirklich empfehlen?« insistierte meine Frau unerbittlich weiter und bekam ein Argument zu hören, das uns dann endgültig bewog, dieses Warenhaus schleunigst zu verlassen: »Die Italiener bauen doch gute Autos, warum sollten sie nicht auch gute Nähmaschinen bauen?«

Ein weiteres Beispiel: Wir möchten einen warmen Schlafanzug kaufen. In einem Fachgeschäft legt man uns sechs verschiedene Cellophan-Klarsichtpackungen vor, in denen, das ließ sich nicht leugnen, offenbar Schlafanzüge in der Art, wie wir sie wünschten, enthalten waren. Zumindest prangten auf den Packungs-Etiketten entsprechende Bilder. Da es nun aber erfahrungsgemäß sehr unangenehm werden und den Schlaf stören kann, wenn z. B. die Bündchen am Arm oder Bein zu eng gearbeitet sind, wenn die Jacke zu kurz oder die Hose im Schritt zu knapp ist, baten wir darum, die Anzüge in voller Größe anschauen und vielleicht auch abmessen zu dürfen.

Die Verkäuferin öffnete etwas widerwillig eine Packung, zufällig gerade eine mit einem Anzug, dessen Farbe uns nicht zusagte, hielt ihn in die Höhe und schaute uns abwartend an. Wir murmelten etwas wie »Vielen Dank, wir müssen es uns noch einmal überlegen« und verließen das Geschäft.

Schräg gegenüber befand sich ein anderes Textilgeschäft. Wir gingen hinein und siehe da, schön übersichtlich hingen dort die gleichen Schlafanzüge auf Bügeln, aus den Cellophan-Packungen befreit, bereit zum Begutachten und Abmessen. Eine freundliche Verkäuferin half uns, und schnell hatten wir den richtigen gefunden, gekauft und gingen mit guter Erinnerung an dieses Geschäft nach Hause. Da werden wir beim nächsten Mal gern wieder kaufen.

D. Verkäuferschulung und Verkäufertraining

Verkäuferschulung ist sehr wichtig und Verkäufertraining ebenso. Das ist nicht »doppelt gemoppelt«. Ich unterscheide zwischen Schulung und Training wie folgt: Schulung ist die Vermittlung von neuem Wissen, neuen Inhalten; Training ist dagegen die Vertiefung und Festigung vorhandenen Wissens – wenn es, oh Schreck, manchmal auch gar nicht vorhanden ist. Aber das stellt sich immer erst während des Trainings heraus.

Im Kapitel über »Handel und Wandel, Produzieren und Verkaufen« gehe ich auf das Thema »Verkäufer-Schulung« noch näher ein.

Wenn ich über Werbung und Verkaufsförderung spreche, dann versuche ich immer, meinem Gesprächspartner klarzumachen, daß beides im Grunde die gleichen Aktivitäten, nur mit unterschiedlichen Mitteln, sind. Werbung wird erst erfolgreich, wenn sie durch entsprechende Verkaufsförderungs-Maßnahmen ergänzt und vervollständigt wird.

Sie können die teuerste Anzeigenkampagne, gestaltet von den besten Grafikern und Textern, in den auflagenstärksten Medien einsetzen; wenn Ihr Außendienst nicht richtig argumentiert, wenn die Verkäuferin im Fachhandel von Ihren Argumenten keine Ahnung hat und lustlos ist, wenn die Packung nicht stimmt, die Ladenwerbemittel nicht vorhanden oder ganz anders gestaltet sind, dann wird der erwünschte Erfolg ausbleiben.

Und umgekehrt ist es genau dasselbe. Verkaufsförderungs-Maßnahmen greifen nur, wenn sie durch eine gute Werbung vorbereitet werden. Kein Einzelhändler ist heute bereit, sich für Ihr Produkt einzusetzen, keine Verkäuferin wird sich für Ihr Produkt interessieren oder die Informationen, die Sie ihr dazu überreichen, überhaupt lesen, wenn nicht gleichzeitig durch die klassische Werbung eine genügende Produkt- oder Marken-Bekanntschaft erzielt wird.

Nur mit den beiden Beinen »Werbung« *und* »Verkaufsförderung« können Sie Ihren Markterfolg im kommunikativen Bereich erzielen. Es hat keinen Sinn, sich das eine Bein abzuhacken in der Hoffnung, dann mit dem anderen schneller oder billiger vorwärtszukommen.

E. Ein Paradebeispiel aus den USA

Ein hervorragendes Beispiel für das Zusammenspiel von Werbung und Verkaufsförderung habe ich schon vor über 30 Jahren von dem damaligen Marketing-Manager der amerikanischen Firma Procter & Gamble erfahren. Ich studierte damals, und dieser Mann hielt bei uns einen Vortrag, in dem er von dieser Kampagne berichtete.

Es ging um Ivory-Seife. Die Marktforscher von Procter & Gamble hatten ermittelt, daß es in den USA für eine Seife kein besseres Werbeargument gab, als wenn gesagt werden konnte, diese Seife sei von einem Arzt empfohlen.

So weit, so gut. – Nur war man sich bei Procter & Gamble natürlich darüber im klaren, daß jeder einigermaßen potente Seifenhersteller in den USA sicher mindestens einen Arzt nennen konnte, der die eigene Seife empfahl.

Es konnte also nur eine Steigerung geben, die den Vorzug hatte, von der Konkurrenz nicht übertroffen zu werden. Man müßte sagen können: Die meisten Ärzte der USA empfehlen Ivory-Seife.

Nun kann jeder über die Werbemethoden in den USA denken, wie er will. Aber eines ist sicher. Sie können dort nicht einfach etwas so Gravierendes behaupten, ohne auch den Nachweis führen zu können. Ihre Wettbewerber würden Sie mit allen Hunden hetzen, wenn sie dahinterkommen würden, daß Ihre Behauptung nicht den Tatsachen entspricht.

Und damit begann eine beispielhafte, aus der Kenntnis des nordamerikanischen Marktes geborene Werbe- und Verkaufsförderungs-Kampagne.

Wie Sie sicher wissen, sind die Patienten eines Arztes in den Vereinigten Staaten, auch wenn sie versichert sind, hauptsächlich Privatpatienten, weil es das Krankenkassensystem, wie es bei uns üblich ist, dort nicht gibt. Die Ärzte sind also darauf angewiesen, sich einerseits ihren Patienten besonders intensiv zu widmen, andererseits schauen sie natürlich auch auf die Uhr, damit sie so viele Patienten wie möglich behandeln können, was uns in Deutschland ja übrigens auch nicht ganz fremd ist.

Die Marketing-Fachleute von Procter & Gamble hatten nun herausgefunden, daß die Ärzte besonders viel Zeit mit Ratschlägen verlieren, die sie in gleicher Art und großer Zahl immer wieder geben müssen. Zum Beispiel über das Anlegen kalter Umschläge oder warmer Wickel, das korrekte Fiebermessen bei Kindern, das richtige Betten von bettlägerigen Patienten und was sonst ein Arzt so alles an Ratschlägen an den Patienten selbst oder an die ihn betreuende Person geben muß.

Hier konnte man ansetzen und dem Arzt helfen. Es wurden kleine Abreißblocks gedruckt, auf deren Blättern diese Ratschläge standen. Diese Blocks wurden nun durch den Außendienst und durch Anzeigen in medizinischen Fachzeitschriften den Ärzten kostenlos angeboten. Die Devise lautete: Wir, Procter & Gamble, helfen dem Arzt bei seiner Arbeit!

Die Ärzte waren von dieser Idee begeistert. Sie bestellten diese Blocks in großer Zahl.

Jede Bestellung wurde registriert, und eines Tages war es dann soweit: Nachweislich verwendeten die meisten Ärzte in den Vereinigten Staaten diese hilfreichen Ratgeber-Blocks von Procter & Gamble. Und damit konnte auch die große Anzeigenkampagne für Ivory-Seife mit dem Argument starten: »Die meisten Ärzte in den USA empfehlen Ivory-Seife!«

Warum? Ganz einfach, auf jedem Zettel, den der Arzt weitergab, stand unten die Zeile »... und außerdem empfehle ich Ihnen Ivory-Seife!«

Wo fängt hier die Werbung an, und wo hört die Verkaufsförderung auf oder umgekehrt? Da diese Frage nicht genau zu beantworten ist, wird das Beispiel für den einen oder anderen Definitions-Süchtigen ein wenig unbefriedigend bleiben.

Aber lassen Sie mich nur das eine sagen: Sicher wird sich jeder Arzt die Zettel, die ihm angeboten wurden, mindestens einmal gut angesehen und sorgfältig durchgelesen haben, denn er mußte doch kontrollieren, ob die Ratschläge in seinem Sinne waren. Dabei muß er auch den Hinweis auf Ivory-Seife auf jedem Zettel bemerkt haben. Wer nun der Überzeugung war, das nicht verantworten zu können, hat diese Zettel dann sicher auch nicht verwendet, also auch nicht bestellt. Andererseits hat diese Aktion der Firma Procter & Gamble und ihrem Produkt Ivory-Seife bestimmt viel Good-will bei den Ärzten eingebracht – und somit war es ohne weiteres eine Verkaufsförderungs-Aktion.

Nur, eines läßt sich eben nicht vom anderen trennen. Machen Sie beides, machen Sie beides richtig, und Sie werden Erfolg haben.

X. Öffentlichkeit und Presse – machen Sie das Beste daraus!

A. Die Voraussetzungen für eine erfolgreiche Öffentlichkeitsarbeit

Ob Sie es nun wahrhaben wollen oder nicht: Auch Ihr Unternehmen gehört zur Öffentlichkeit, ist von ihr umgeben, agiert in ihr und muß sich daher permanent mit ihr auseinandersetzen. Das Bemühen, in dieser Öffentlichkeit einen guten Eindruck zu machen, wird Öffentlichkeitsarbeit genannt, ein scheußliches Wort, das ein wenig erträglicher wird, wenn man den englischen Ausdruck »Public Relations« (kurz: PR) benutzt.

Ich habe die Aufgaben, die in diesem Zusammenhang gelöst werden müssen, schon oft ganz einfach mit dem Benehmen, der Kleidung und dem Auftreten von einzelnen Menschen verglichen. So unterschiedlich, wie sich Menschen entsprechend ihrer Mentalität unter ihren Mitmenschen bewegen und geben, so unterschiedlich treten auch Firmen auf.

Denken wir z. B. an Firmen wie »Daimler-Benz« und »Ikea«. Sicher unzweifelhaft zwei ehrenwerte und florierende Unternehmen mit einer unbestrittenen Marktbedeutung. Beide können sich der Wertschätzung eines großen Kundenkreises erfreuen. Aber die Anmerkung sei erlaubt: Ich kann mir nur schwer vorstellen, daß es viele Mercedes-Fahrer gibt, die gleichzeitig eine Vorliebe für Ikea-Möbel haben.

Ist ja auch eine ganz andere Zielgruppe, werden Sie sagen. Richtig, und darum benehmen sich beide Unternehmen so unterschiedlich. Das bedeutet selbstverständlich nicht und kann nicht heißen, das eine würde sich gut und das andere schlecht benehmen. Nein, sie benehmen sich unterschiedlich entsprechend ihrer genau definierten, und wie ich anfügen möchte, weil es eigentlich noch wichtiger ist, ihrer richtig definierten Zielgruppe.

Es gibt also keine Verhaltensregeln für die Öffentlichkeitsarbeit, die

Sie einfach nur »abzuhaken« brauchen. Es ist nicht möglich, Rezepte zu geben oder zu sagen, Sie müssen nur so und so agieren, und alles ist in Butter. Nur eines ist sicher und macht die Angelegenheit so schwierig: Die sogenannte Öffentlichkeit, also Presse, Fernsehen, Rundfunk, Institutionen, Verbände usw. bis hin zur nächsten Nachbarschaft, reagiert sehr sensibel auf falsches Benehmen und auf Inkonsequenz.

Man kann also nicht hergehen und an einem schönen Morgen einfach frisch und fromm beschließen: »Heute machen wir mal ein bißchen Öffentlichkeitsarbeit.« Leider gehört auch hierzu eine sorgfältige Vorbereitung.

Konzeption, Strategie und Konsequenz in der Durchführung sind die Voraussetzungen für eine erfolgversprechende Kontaktaufnahme mit den Medien und allen anderen Institutionen. Beantworten Sie erst einmal selbst die Frage: Wer sind wir? Wer wollen wir in der Meinung der Öffentlichkeit sein?

Aus der Beantwortung dieser Fragen ergibt sich logischerweise auch die Antwort auf die Fragen: Wie wollen wir uns darstellen? Wie wollen wir auftreten?

Hier ist es ähnlich, wie bei der Frage nach den Vorteilen der Produkte, die hergestellt und angeboten werden. Häufig muß erst ernsthaft nachgedacht werden, um herauszufinden, wie das Unternehmen denn nun nach außen hin auftreten soll.

Natürlich können Sie das nicht einfach mal beschließen und das dann so machen. Meist ist ja schon ein bestimmtes Image in der Öffentlichkeit vorhanden, das nicht so einfach geleugnet werden kann, falls man der Meinung ist, es würde dem Unternehmen nicht gerecht werden. Und versucht man es trotzdem, wirken die Aktionen unglaubwürdig. Eine Analyse des Ist-Zustandes ist also notwendig, genauso wie eine Definition des erstrebten Zustandes.

Glücklich kann derjenige sein, der feststellt, daß beide bereits weitgehend übereinstimmen. Nur ist das meistens leider nicht der Fall.

Aber gut, setzen wir einmal voraus, Konzeption und Strategie seien verabschiedet. Jeder weiß, wo wir hinmarschieren wollen. Spätestens jetzt werden häufig bereits die ersten Fehler begangen. Und genau so häufig gerade von denen, denen diese Fehler auf keinen Fall unterlaufen sollten, denn sie gefährden dadurch den angestrebten Erfolg der Arbeit schon von vornherein.

B. Wie sind die Presseleute?

Da Fehler hauptsächlich bei den Kontakten mit Journalisten gemacht werden, zunächst ein paar Worte zu dieser Spezies Mensch.

Ein bescheidener, zurückhaltender, ja, introvertierter junger Mann oder eine ähnlich geartete junge Frau werden normalerweise nicht den Wunsch entwickeln, Journalist zu werden. Sie können also voraussetzen, es bei dieser Berufsgruppe logischerweise mit Leuten zu tun zu haben, die gern reden, oft auch sich gern reden hören, die schnell mit einer Meinung zur Stelle sind, auch wenn sie noch nicht sehr sorgfältig untermauert ist, und die vielseitig, sehr vielseitig interessiert, wenn nicht sogar außerordentlich neugierig sind. Wenn zu dieser Neugierde sich noch eine bestimmte politische Grundeinstellung gesellt, müssen Sie schon ganz schön aufpassen. Ihre guten Absichten könnten sonst plötzlich nicht wiederzuerkennen sein, wenn sie gedruckt dastehen.

Berücksichtigen Sie auch noch eine andere Eigenart, die wir zwar bei nahezu allen Menschen beobachten können, die aber bei Journalisten besonders ausgeprägt ist. Sie bilden sich eine Meinung und sind von dieser Meinung nur sehr schwer wieder abzubringen. Sorgen Sie also dafür, daß die Meinung, die sich Ihr Gesprächspartner über Sie und Ihr Unternehmen bildet, von vornherein positiv ist, sonst werden sie es mit der Zeitung oder dem Medium, das dieser Journalist oder diese Journalistin vertritt, sehr schwer haben. Anders herum haben Sie es aber auch gut, wenn Sie einen Pressevertreter von den Vorzügen Ihrer Handlungen beizeiten überzeugen konnten. Sie haben dann, vorausgesetzt, Sie machen keine groben Fehler, einen verläßlichen Freund.

C. Vom richtigen Umgang mit Journalisten

Ich möchte hier eine Lanze für die Journalisten brechen, auch wenn es sich nicht so anhören mag: Denken Sie nur nicht, Sie könnten eine negative Nachricht durch eine Zuwendung oder durch ein reichhaltiges kaltes Buffet in eine positive Berichterstattung wandeln. Nein, Journalisten nehmen die schmackhaften Happen meist gern mit, manchmal hängen sie ihnen aber schon zum Halse raus. Auf alle Fälle, bestechen lassen sie sich dadurch nicht. Pressearbeit ist schon ein bißchen komplizierter als das Zusammenstellen einer dünnen Nachricht mit einem reichhaltigen Buffet.

Journalisten werden schließlich dafür bezahlt, daß sie Nachrichten liefern, und nicht dafür, kalte Platten zu vertilgen. Denken Sie immer daran, dann haben Sie die erste Lektion einer erfolgreichen Öffentlichkeitsarbeit begriffen.

Wir haben Pressefreiheit! Dem Journalisten ist es überlassen, wie er über Ihr Unternehmen berichtet und was er über Ihr Unternehmen berichtet – und was nicht!

Ein sogenannter »Waschzettel«, den Sie den anwesenden Berichterstattern übergeben, erleichtert denen zwar die Arbeit, weil das, was Sie in einem hoffentlich nicht all zu ausführlichen und langatmigen Vortrag darlegen wollen, auf diesem Zettel in kurzen, knappen Sätzen niedergelegt worden ist. Aber der Waschzettel ist nicht notwendigerweise bereits der Text, der am nächsten Tag in der Zeitung zu lesen sein wird. »Waschzettel« kommt nun mal nicht von »waschen« (etwa »reinwaschen«?), sondern ist eine Verballhornung des englischen Ausdrucks »to watch« = beobachten, achtgeben auf...

Darüber hinaus haben Journalisten die »unangenehme« Eigenart, Fragen zu stellen. Bereiten Sie sich also vor einem Gespräch mit der Presse darauf vor, mit Fragen konfrontiert zu werden, die mit dem Thema, über das Sie gern sprechen möchten, nichts oder nur sehr wenig zu tun haben. Und es macht dann keinen guten Eindruck, wenn Sie auf eine Ihnen unangenehme Frage antworten (oder antworten müssen!): »Darauf möchte ich keine Antwort geben.«

Ein mir bekannter Vorstandsvorsitzender hat sich zeitlebens gewundert, warum er mit der Presse nicht so recht klarkam und diese immer gerade seinem Unternehmen sehr zurückhaltend und kritisch gegenüberstand. Ganz einfach. Er hat es nicht einsehen wollen, daß die Pressevertreter nicht nur an dem interessiert waren, was er mitteilen wollte, sondern auch an anderen Fragen, die er dann aber häufig nicht beantworten konnte.

Merke: Journalisten sind keineswegs der verlängerte Arm Ihrer Presseabteilung!

D. Was ist eine Nachricht?

Wie oft habe ich schon Briefe von Firmenchefs oder Vorstands-Mitgliedern gelesen, die etwa so lauteten:

»Zur baldigen Veröffentlichung in Ihrer Zeitschrift übersenden wir Ihnen nachstehende Pressenotiz …«

Na, fein, ich kann mir direkt vorstellen, wie sehr sich der zuständige Wirtschaftsredakteur freut, wenn er diesen Brief liest. Bisher hatte er zwar immer angenommen, er sei für die Entscheidung zuständig, was sein Blatt veröffentlicht und was nicht, aber dieser Firmenchef hat ihm diese Arbeit abgenommen.

Spaß beiseite, was Sie mit so einem Schreiben erreichen, ist nur Frust. Ist Ihr Unternehmen unbedeutend, fällt die Meldung unter den Tisch, oder sie wird bis zur Unkenntlichkeit gekürzt. Wenn Sie jedoch ein bedeutendes Unternehmen vertreten und der Redakteur wegen dieser Bedeutung nicht umhinkann, Ihre Notiz zu veröffentlichen, werden Sie sich andererseits nicht wundern dürfen, wenn das »Good-will-Potential«, das Sie bei diesem Redakteur genießen, nicht gerade sehr groß ist. Vielleicht wird er sogar bei nächster Gelegenheit, wenn es Ihnen zu diesem Zeitpunkt gerade nicht sehr angenehm ist, eine Meldung über Ihr Werk veröffentlichen, die Sie ihm nicht zugeschickt haben und die Sie lieber nicht veröffentlicht sehen würden.

Gehen Sie einfach von dem Grundsatz aus: Journalisten und Redakteure sind auch nur Menschen. Mit allen Stärken und Schwächen, die uns Menschen eigen sind! Ist das denn so schwer?

Im Grunde sind es doch nur zwei wichtige Aspekte, die berücksichtigt werden müssen, und dann läuft eigentlich alles schon ganz gut.

Erstens sollten Sie der Presse nur richtige Nachrichten geben. Sie kennen sicher die alte journalistische Antwort auf die Frage, was eine Nachricht sei: »Hund beißt Kind« ist keine Nachricht; aber »Kind beißt Hund«, das ist eine Nachricht.

Die allgemein bekannten, auflagenstarken Boulevardzeitungen pflegen diese journalistische Weisheit manchmal bis zum Exzeß mit allen damit zusammenhängenden, oft unerfreulichen Übertreibungen.

Aber, Sie dürfen nicht übertreiben!

Von der sehr seltenen Ausnahme abgesehen, Sie hätten eine echt sensationelle Meldung. In der Regel ist Ihre Nachricht aber nicht besonders wichtig. Ich sage das, ohne die Nachricht zu kennen, weil 98 Prozent aller Firmennachrichten so wichtig nicht sind.

Interessant findet sie der Unternehmer selbst und vielleicht noch sein Wettbewerber. Aber der durchschnittliche Zeitungsleser kann meist nichts besonders Interessantes daran finden, daß in Ihrem Werk eine neue moderne Maschine in Betrieb genommen, eine neue Halle eingeweiht wurde oder ein paar unbekannte Leute ihr 25jähriges Firmenjubiläum gefeiert haben. Also gehen Sie bitte nicht davon aus, alles was Sie aus Ihrer Sicht interessant finden, würde auch das Interesse anderer wecken. Versuchen Sie, der Presse nur wirkliche Nachrichten zuzusenden. Hier ein kurzer Hinweis, was eine Pressemitteilung Ihres Hauses zu einer veröffentlichenswerten Nachricht macht:

Interessant sind alle Informationen, die über den speziellen Bezug zu Ihrem Haus hinaus auch für die Allgemeinheit Bedeutung haben. Am leichtesten läßt sich das an einem Beispiel aus der Modeindustrie erläutern. Wenn hier eine Meldung über die neuesten Kreationen der DOB-Firma mit einer allgemeinen Information über die aktuellen Trends bei der Damenmode verbunden wird, ist jeder Moderedakteur sicher gern bereit, im Rahmen seiner Berichterstattung auch die Pressemitteilung über die firmenbezogenen Neuheiten zu verarbeiten. Ob Sie nun Mode, Technik, Nahrungsmittel oder andere Waren herstellen oder Leistungen anbieten und über diese etwas publizieren wollen, geben Sie nicht nur Firmenverlautbarungen heraus, sondern versuchen Sie, echte Nachrichten zu verfassen.

E. Seien Sie ein sachverständiger Partner

Geben Sie jedem Redakteur, mit dem Sie Kontakt halten, das Gefühl, in Ihnen einen sachverständigen Partner zu kennen, den er auch mal anrufen und zu irgendeinem Thema aus Ihrem Arbeitsgebiet befragen kann, ohne befürchten zu müssen, daß Sie nur dann Auskunft geben, wenn auch der Name Ihrer Firma oder Ihres Produktes genannt wird.

So ein guter Kontakt ist auch dann sehr wertvoll, wenn sie unsicher sind, ob und, wenn ja, wie eine bestimmte Nachricht abgefaßt werden sollte. Sprechen Sie mit der Journalistin oder dem Journalisten, mit denen Sie sich gut verstehen. Wenn es wirklich eine gute Partnerschaft ist, dann wird man Ihnen offen sagen, ob an Ihrer Meldung »was dran« ist oder nicht und was aus der Sicht der Presse der wesentliche Aspekt dieser Meldung ist.

Zu der Frage, ob eine Mitteilung eine Nachricht ist, gehört natürlich auch die Überlegung, welchen Medien Sie diese Nachricht zukommen lassen wollen. Handelt es sich um die Stadtausgabe Ihrer Regionalzeitung, können Sie davon ausgehen, daß auch die Bekanntgabe der Namen Ihrer Jubilare gern akzeptiert wird. Und wenn Sie eine betriebliche Kegelmeisterschaft oder ein Skatturnier veranstaltet haben, wird die Lokalredaktion höchstwahrscheinlich auch bereit sein, die Namen der Sieger vielleicht sogar zusammen mit einem Foto zu veröffentlichen.

Bei den großen überregionalen Zeitungen ist das natürlich anders. Und wappnen Sie sich! Sie müssen damit rechnen, daß man mit den Firmendaten, die Sie zuschicken, nicht zufrieden ist und mehr wissen will; besonders aus den Bereichen, bei denen man glaubt, Sie hätten etwas weggelassen oder geschönt, d. h. bei denen eine Schwachstelle vermutet wird.

Also, die erste Voraussetzung für eine gute Pressearbeit lautet: Geben sie nur wirkliche Nachrichten an die Presse, und versuchen Sie, für den Mann am Redaktions-Schreibtisch ein sach- und fachkundiger Partner und Berater zu sein.

Die zweite Voraussetzung: Beachten Sie die Grenze, an der Ihre Aufgaben enden und seine speziellen Aufgaben beginnen. Mit anderen Worten, versuchen Sie nicht, ihm vorzuschreiben, was er bringen soll und was nicht, möglichst auch nicht, wann er etwas veröffentlichen soll. Sperrvermerke meine ich damit nicht. Die sind allgemein üblich und werden von seriös arbeitenden Journalisten auch genau beachtet.

Eigentlich sind das alles Selbstverständlichkeiten. Aber ich würde nicht darüber schreiben, wenn ich nicht immer wieder erleben würde, wie oft dagegen verstoßen wird. Erst kürzlich war ich wieder Zeuge eines Pressegesprächs, bei dem der Firmenchef mit Worten wie »Darüber müssen Sie unbedingt berichten«, »Ich will Ihnen mal sagen, was hier wichtig ist« oder »Ach, das können Sie doch gar nicht beurteilen« versuchte, den anwesenden Journalisten von seiner Meinung bzw. der Wichtigkeit seiner Pressemeldung zu überzeugen. Übrigens: der Chef eines recht bedeutenden Unternehmens.

Andererseits verkenne ich natürlich nicht, daß manche Journalisten es einem sehr schwer machen, gut mit ihnen auszukommen. Vielleicht haben wir daran aber auch selber eine Mitschuld. »Die Damen und Herren von der Presse sind da«, heißt es, und dann springen alle hohen Herren auf, bieten den hochgeschätzten Gästen die besten Plätze an und dienern auch vor dem jüngsten Redaktions-Assistenten, der als Aushilfs-Reporter gekommen ist. Und dann gibt es anschließend an die Pressekonferenz einen kleinen Imbiß, der weder klein noch ein Imbiß, sondern eher schon ein ausgewachsenes kaltes Buffet ist.

Presseleute sind entgegen der Meinung mancher und wohl auch entgegen der Meinung einiger »Journalisten« keine Götter, nicht mal Halbgötter, und wollen auch gar keine sein. Es sind Menschen mit einem verantwortungsvollen, wichtigen Beruf, den sie, so gut es ihnen möglich ist, ausüben wollen. Sie wollen, daß man mit ihnen vernünftig redet, ihnen nichts vorzumachen versucht, sie nicht hinters Licht führt und ihnen auch mal Hintergrundinformationen zum besseren Verständnis einer Nachricht gibt, auch wenn diese Hintergrundinformationen nicht für die Veröffentlichung bestimmt oder geeignet sind. Wenn Sie diesen Wunsch überzeugend darlegen, wird ein seriöser Berichterstatter sich auch daran halten.

F. Ein Wettlauf zwischen Kennedy und Chruschtschow

Nun zur Praxis der Berichterstattung selbst. Eine Meldung kann in ihrer Bedeutung schon durch wenige Worte grundlegend verändert werden.

Es gibt da aus der Zeit, als Kennedy Präsident der Vereinigten Staaten und Chruschtschow Generalsekretär der KPdSU waren, ein nettes kleines Beispiel, mit dem der Begriff der »Dialektik« überzeugend erklärt werden kann, ein Begriff, den der Duden mit »Spitzfindigkeiten« schon ganz gut übersetzt, was aber der Praxis doch nicht ganz nahekommt.

Nun zu der kleinen Geschichte: Kennedy und Chruschtschow machen einen Wettlauf. Kennedy gewinnt! – Ein großes Problem für die Redakteure der Prawda (zu deutsch »Wahrheit«), der offiziellen Zeitung des Zentralkomitees der Kommunistischen Partei der Sowjetunion. Sie können doch nicht zugeben, daß Chruschtschow den Wettlauf verloren hat, weil doch nach ihrer Weltanschauung das kommunistische System bzw. seine Vertreter immer gewinnen müssen. Also, was tun? Guter Rat ist teuer, denn man will ja auch nicht lügen.–

Können Sie sich vorstellen, was die Redakteure geschrieben haben? Sie meldeten die reine Wahrheit, aber so formuliert, daß jeder einen Sieg der Sowjetunion herauslesen mußte. Die Meldung lautete wie folgt:

»Bei dem gestrigen Wettlauf zwischen unserem heißgeliebten Nikita Sergejewitsch Chruschtschow, dem Generalsekretär der Kommunistischen Partei der Sowjetunion, der Partei aller Werktätigen, und Vorsitzenden des Ministerrates der Union der Sozialistischen Sowjet-Republiken (UdSSR) und dem US-Präsidenten Kennedy konnte unser heißgeliebter Nikita Sergejewitsch Chruschtschow einen in aller Welt und besonders von den vom Monopolkapitalismus und den Schergen des westlichen Imperialismus unterdrückten Völkern mit Begeisterung und freudiger Zustimmung aufgenommenen ehrenvollen und hoch verdienstvollen zweiten Platz erringen, während der US-Präsident nur Vorletzter wurde.«

Ein netter dialektischer Scherz. Aber typisch! Gerade bei politischen Meldungen werden die meisten Kommentare bereits in Form von Formulierungen, wortreichen »Verpackungen« oder einzelnen Worten gegeben.

G. Schlagzeilen können Kommentare sein

Ein Beispiel: Nehmen wir an, bei einer Wahl sah das Ergebnis wie folgt aus: Die CDU hat 48 Prozent aller Stimmen erhalten (bei der Wahl davor aber 49 %) und die SPD hat 38 Prozent erringen können (bei der Wahl davor nur 37 %). Wie sehen die Schlagzeilen der CDU-Presse aus und wie diejenigen der SPD-Presse?

Die Zeitungen, die der CDU nahestehen, wählen höchstwahrscheinlich diesen Titel:

»CDU absoluter Wahlsieger! SPD weit abgeschlagen!«

Die mehr der SPD zuneigende Presse wird dagegen schreiben: »Stimmengewinne für die SPD! Verluste für die CDU! CDU hat ihr Wahlziel verfehlt!« Mit letzterem meint man den Wunsch der Union, die absolute Mehrheit zu erlangen, was ihr aber nicht gelungen ist.

Solche oder ähnliche Schlagzeilen sind, wie Sie sehen, bereits Kommentare. Sie geben der Berichterstattung eine bestimmte Tendenz, ohne die Unwahrheit auszusagen.

Genau so, wenn vielleicht auch nicht so ausgeprägt und für jeden offensichtlich, machen es die Redakteure auch mit Ihren Pressemeldungen. Wenn Sie z. B. durch die Installation modernerer Maschinen Arbeitsplätze einsparen können und das der Presse melden, dann wird die Ihnen freundlich gesonnene Zeitung eher die Überschrift »Rationalisierungs-Erfolge bei den ...-Werken« wählen, während die anderen und sicher auch die Gewerkschaftspresse verständlicherweise die Schlagzeile »Entlassungen bei den ...-Werken« richtiger finden werden.

In unserem Beispiel sollten Sie also nicht nur die Tatsache des Rationalisierungs-Erfolges und die damit verbundenen Einsparungen von Arbeitsplätzen bekanntgeben, was ausgesprochen ungeschickt wäre, sondern in Ihrer Meldung in den Vordergrund stellen, warum sie diese Maßnahmen ergriffen haben und was Sie sich für die Zukunft an Vorteilen für die Firma und damit für die verbleibenden Mitarbeiter erhoffen. So ist es also empfehlenswerter, Sie würden in erster Linie betonen, in welch hohem Maße die große Mehrzahl der Arbeitsplätze durch die Rationalisierungs-Erfolge gesichert werden konnte, daß die ausscheidenden Mitarbeiter hohe Abfindungen erhalten haben und zum Teil aus Altersgründen freiwillig vorzeitig in den Ruhestand getreten sind.

Eine Meldung mit dem Titel »...-Werke sichern Arbeitsplätze durch Rationalisierungs-Erfolge« würde Ihnen doch bestimmt gut gefallen.

H. Der »Anzeigen-Knüppel«

Lassen Sie mich abschließend noch auf einen weiteren Fehler eingehen, der immer wieder vorkommt und dann die gute Zusammenarbeit mit Redakteuren gefährden kann: der Hinweis auf Anzeigen.

Natürlich weiß jeder Redakteur, daß er in dem Moment seine Stellung verlieren würde, in dem in seiner Zeitung keine Anzeige mehr erscheint, weil damit auch ihr Erscheinen dann sofort eingestellt werden müßte. Selbstverständlich ist er sich daher über den Wert von Anzeigenkunden für den Bestand der Zeitung im klaren. Aber versuchen Sie bitte nicht, diese Tatsache ihm gegenüber auszuspielen. Sie treffen damit einen sehr empfindlichen Nerv, seine Berufsehre. Ich möchte hinzufügen, ich kann ihn sehr gut verstehen.

Was nützt es Ihnen schon, wenn sich ein Redakteur sozusagen gezwungenermaßen bereitfinden muß, Ihre Meldung zu bringen. Glauben Sie mir, letztlich schadet es Ihnen. Versuchen Sie lieber, ohne Hinweis auf die Anzeigen, die Sie schalten, in ihm einen guten Partner zu finden. Dann kommen Sie weiter.

Und ein Gedanke sollte Sie in diesem Zusammenhang sowieso nachdenklich stimmen: die Redakteure müssen doch ganz gute Fachleute sein, denn Sie wollen schließlich in dieser Zeitung inserieren. Würden Sie in einer schlechten Zeitung inserieren? Sicher nicht. – Helfen Sie durch eine echte Partnerschaft den Journalisten, aus einer guten Zeitung eine noch bessere zu machen. Viele gute, echte Nachrichten gehören dazu.

XI. Handel und Wandel, Produzieren und Verkaufen

A. So könnte alles angefangen haben (eine phantastische Geschichte aus grauer Vorzeit)

Wie hat eigentlich alles angefangen? Natürlich weiß ich das genauso wenig wie Sie. Aber ich habe mir eine kleine Geschichte ausgedacht, die keinesfalls den Anspruch erhebt, historischer Wahrheit nahezukommen, die andererseits aber auf eine, wie ich hoffe, amüsante Weise zeigt, wie es gewesen sein könnte, und die ich Ihnen gern einmal erzählen möchte.

Vielleicht denken Sie nun, ich sei unter die Märchenerzähler gegangen. Wundern Sie sich nicht. Ich wäre, zumindest im Zusammenhang mit dieser Geschichte, sogar erfreut darüber. Schreibt doch das Duden-Lexikon u. a.: »Kennzeichnend für das Volksmärchen ist seine Formelhaftigkeit.« Vielleicht habe ich die Formel entdeckt, nach der Handel, Produzieren, Verkaufen und Wettbewerb entstanden sind? Nun ja, fabulieren wir einfach mal ein bißchen:

In grauer Vorzeit war einem unserer in einer Höhle ganz allein lebenden Vorfahren ein Unglück passiert. Während er einem Wild durch hohes Gras nachschlich, trat er in eine Bodensenke, fiel und brach sich ein Bein. Unter großen Schmerzen konnte sich der Unglückliche gerade noch bis zu seiner Höhle schleppen. Dort angekommen, blieb er erschöpft liegen.

Nachdem er sich von dem Schreck und den Strapazen ein wenig erholt hatte und über seine Lage nachdachte, zeichnete plötzlich Entsetzen sein Gesicht. Es war ihm gerade mit grausamer Deutlichkeit bewußt geworden: ›Jetzt bin ich dem Tode ausgeliefert, dem Tode durch Verhungern!‹

Zwar würde sein Bein, das er kunstgerecht mit einem geeigneten Ast geschient hatte, so nach und nach wieder zusammenwachsen und heilen, so daß er eines Tages wieder auf die Jagd gehen könnte; aber er wußte von anderen Verunglückten, die auch allein gelebt hatten, daß diese Zeit zu lang war. Er mußte unweigerlich verhungern, wenn er in der Zwischenzeit nicht etwas zu essen bekam. Doch woher sollte er etwas bekommen? Wie gesagt, auch er war ein Einzelgänger, ohne Familie, ohne Sippe, ohne Stamm. Wer sollte für ihn sorgen?

Die Menschen lebten damals in paradiesischer Naivität und jagten nur soviel, wie sie für sich selbst und ihre Familie zum Essen und Bekleiden benötigten. Keiner kam auf die Idee, einem anderen etwas abzugeben, denn dann hätte er ja mehr jagen oder selbst hungern müssen.

Der Verzweiflung nahe lag der Verunglückte da und wußte nicht, wie er sein Leben retten könnte. Er schaute noch einmal aus seiner Höhle hinaus über das Land und entdeckte einen anderen Jäger, der ein paar Höhlen weiter wohnte und offenbar im Begriff war, auf die Jagd zu gehen. Sein großer, starker Körper war mit einer Art Sack aus Bärenfell bekleidet, der aber ungeschickt zusammengenäht war und dem man ansehen konnte, daß seine Nähte wohl nicht mehr lange halten würden.

Und wie er diesem Jäger so nachschaute, kam dem unglücklichen Mann ein außerordentlich ungewöhnlicher Gedanke. Er fand ihn selber verwirrend, ja schockierend, doch sein Leben hing von ihm ab. Darum nahm er seinen ganzen Mut zusammen, rief den Jäger an und bat ihn zu sich in die Höhle.

Er hatte nämlich eine Idee, die zu den großen historischen Ideen der Menschheits-Geschichte gezählt werden muß.

Zögernd näherte sich der andere Jäger der Höhle. Er wußte nicht, ob ihm vielleicht eine Falle gestellt werden sollte. Aber als er merkte, daß der Rufer offenbar verletzt war und sich nicht bewegen konnte, ging er auf ihn zu und setzte sich zu ihm ans Feuer.

Nachdem der Unglückliche von seinem Mißgeschick berichtet hatte, entspann sich ein Dialog, den ich wegen seiner historischen Bedeutung Wort für Wort wiedergeben möchte:

»Nun«, sagte der Jäger, »was hältst du mich mit deiner Geschichte auf? So ein Unglück passiert vielen von uns, und jeder weiß, daß er dann sterben muß, weil er sich nichts mehr jagen kann.«

»Ja, das weiß ich auch«, antwortete der Invalide bedrückt. Doch dann kam Glanz in seine Augen und Eifer in seine Stimme. »Aber ich habe eine Idee, wie ich vielleicht so lange am Leben bleiben kann, bis mein Bein wieder geheilt ist und ich wieder selbst mein Fleisch für mich jagen kann.«

»Willst du ein Wunder vollbringen?«

»Nein, du sollst mir helfen.«

»Ha, so ein Unsinn! Jeder kann nur so viel jagen, wie er selber braucht. Schluß mit dem dummen Gerede. Ich muß zusehen, daß ich heute noch etwas zwischen die Zähne bekomme.« Der Jäger sprang auf und wandte sich dem Höhlenausgang zu. Bei der schnellen Körperdrehung platzte die schlechte Naht von seinem Wams noch ein bißchen weiter auf, und er hatte Mühe, den Sack, der ein Wams sein sollte, an seinem Körper festzuhalten.

»Bleib' noch ein wenig und höre dir doch wenigstens an, was ich dir vorschlagen möchte. Ich weiß, du bist ein guter Jäger. Dagegen bist du nicht sehr geschickt, wenn du dir ein neues Wams aus Bärenfell nähen mußt. Nun, ich kann zwar vorübergehend nicht jagen, aber nähen kann ich immer noch sehr gut. Ich werde dir ein neues Wams nähen, wenn du mir dafür Fleisch bringst. Was hältst du von dieser Idee?«

Konsterniert starrte der Angesprochene den Verletzten an. »Ich soll für dich jagen, damit du mir mein Wams nähst? – So etwas hat noch kein Jäger gemacht. Kein Jäger mit Ehre im Leib näht für einen anderen ein Wams. Ein ehrenhafter Jäger jagt auch niemals mehr, als er selber braucht. Ich müßte doppelt so viel jagen wie jetzt und dir die Hälfte meiner Beute abgeben. Wo kämen wir hin, wenn jeder plötzlich doppelt so viel jagen würde? Es würde nicht lange dauern, und die Wälder wären leer. Es gäbe kein Wild mehr, und wir alle müßten verhungern. Nein, dein Vorschlag ist schlecht! Es wäre der Anfang vom Ende. Darauf lasse ich mich nicht ein.«

»Aber bedenke doch bitte«, wandte der andere ein, »daß ich nicht jagen kann, während du die doppelte Menge jagst. Es wird also nicht mehr Wild erlegt als vorher, als ich noch gesund war. Andererseits hast du in Zukunft keine Sorgen mehr mit deinem Bärenfell-Wams. Es wird dich gut kleiden. Du wirst endlich ein Weib finden und eine Familie gründen können. Und du brauchst im Winter nicht mehr zu frieren.«

Eine ganze Weile blickte der gesunde Jäger verwirrt und unentschlossen zu Boden und dann auf sein Wams. Er hatte ein komisches Gefühl in der Magengrube. Auch ihm wurde so langsam die geschichtliche Bedeutung und Größe dieses Augenblicks klar. Sagte er »ja«, dann würde er etwas tun, was es bis zu diesem Tag auf der ganzen Welt, bei Mensch und Tier, noch nicht gegeben hatte.

Noch zögerte er – aber dann gab er sich einen Ruck, murmelte ein »Warum eigentlich nicht?« in seinen Bart, schaute den Verunglückten an und sagte: »In Ordnung, ich mach's. Morgen bringe ich dir ein paar schöne Felle, damit du mir ein Wams nähen kannst. Und ich werde dir dafür Fleisch bringen, damit du nicht verhungerst.«

Er stand noch einen Moment am Höhleneingang, schüttelte noch einmal nachdenklich den Kopf, als könne er selbst immer noch nicht glauben, was er eben gesagt hatte, und ging dann langsam hinaus, der Wildnis, seinen Jagdgründen entgegen.

Handel und Wandel, Produzieren und Verkaufen waren geboren!

Der Fang war an diesem Tag schlecht, die Beute gering. Dauernd mußte der Jäger an das ungewöhnliche Abkommen denken, das er mit dem Invaliden geschlossen hatte. Aber, je mehr er darüber nachdachte, desto mehr gefiel es ihm. Der Gedanke, von nun an nicht mehr so viel Zeit mit dem Nähen eines Wamses zu vergeuden, wobei das Ergebnis dann doch viel zu wünschen übrigließ, ja der Gedanke daran, wie gut er in einem trefflich genähten Wams aussehen würde und daß er sich dann wohl auch bald ein Weib suchen könnte, das nicht immer wieder aus der Höhle ausrücken, sondern bei ihm bleiben würde, dieser Gedanke stimmte ihn heiter und sogar ein bißchen verwegen, denn er sagte sich, wenn er in Zukunft doppelt so viel Fleisch jagen würde, dann müßte der Anteil an gutem Fleisch ja auch doppelt so groß sein. Und er beschloß, zufrieden und pfiffig vor sich hin grinsend, seinem Partner immer das zähe Fleisch zu bringen. Der mußte schließlich froh sein, überhaupt Fleisch zu bekommen.

Er lachte in der Vorfreude auf das zarte, saftige Fleisch, das er bald nur noch essen würde, laut auf. So langsam begann der Handel, ihm Spaß zu machen!

Der arme Verunglückte merkte natürlich, wie zäh das Fleisch war, das er von dem Jäger bekam. Er war selbst seit langer Zeit ein erfolgreicher Jäger und kannte sich aus.

Aber andererseits war er froh, weil alles so gut lief; konnte er doch jetzt guten Mutes sein, die Zeit der Invalidität zu überleben. Er nähte dem Jäger eifrig ein neues Wams, und eines schönen Tages hatte er es fertig.

Nachdem »sein Kunde« es anprobiert und gemerkt hatte, wie gut es paßte und verarbeitet war, war dieser nun vollends überzeugt, und mit fröhlichem Herzen, ein lustiges Lied trällernd ging er zurück zu seiner Höhle.

Unterwegs begegnete er einem anderen Jäger, der ihn erstaunt und ungläubig anstarrte: »Wie siehst du denn aus? Hast du plötzlich das Nähen gelernt? Bisher konnte man über das, was du an deinem Leibe trugst, nur lachen, und jetzt hast du ein Wams aus Bärenfell, was mit meinem gut zu vergleichen ist. Ja, wenn ich ehrlich sein soll, dein Wams gefällt mir sogar besser als meins.«

Der Angesprochene hörte die Worte mit großer Genugtuung. Bestätigten sie doch seinen insgeheim gehegten Wunsch, seine neue Kleidung möge ihm zu mehr Beachtung und Anerkennung verhelfen. So lachte er also laut auf und verriet dem Neugierigen stolz, woher er sein schönes, neues Wams hatte und auf welche Weise er dazu gekommen war.

Nachdem sie sich getrennt hatten, ging der zweite Jäger nachdenklich weiter. Diesen tollen Burschen, der verwundet war und doch nicht sterben mußte, weil er etwas ganz Ungewöhnliches ausgeheckt hatte, den wollte er doch gern auch mal kennenlernen.

Er näherte sich langsam der Höhle und spähte hinüber. Richtig, da lag ein Mann, der sich offenbar nur schlecht bewegen konnte. Als er der Höhle noch ein bißchen näher kam, rief ihn der Mann an: »Hallo, Fremder, komm her und setz' dich ein Weile zu mir ans Feuer. Ich treffe selten auf einen Menschen, seit ich mir ein Bein gebrochen habe. Laß uns ein wenig miteinander plaudern.«

Der zweite Jäger tat, wie ihm geheißen, und erkundigte sich nach dem Befinden des anderen.

»Oh«, sagte dieser, »ich bin sehr froh, eine für mich lebensrettende Idee gehabt zu haben.« Und er erzählte noch einmal das, was der Jäger von dem anderen auch schon erfahren hatte.

Doch auch beim zweiten Mal konnte er die Geschichte kaum glauben. Das hatte es noch nie gegeben, die Sitten und Gebräuche unter den Jägern waren, seit er denken konnte, immer die gleichen gewesen. Jeder hatte für sich zu sorgen und – falls vorhanden – für seine Frau und Kinder.

Aber für einen anderen Jäger sorgen? Nein, das war doch zu ungewöhnlich!

»Du darfst dir von meinem Fleisch gern ein Stück nehmen«, bot ihm der Verunglückte an, »seit ich nicht zur Jagd gehen muß, sondern hier nur sitze und nähe, brauche ich nicht mehr so viel zu essen wie früher, und darum habe ich mehr Fleisch, als ich benötige. Du kannst dir also etwas nehmen.« Auch dieses Angebot war ungewöhnlich und neu. Kopfschüttelnd und zögernd nahm der Besucher ein Stück Fleisch und biß hinein.

Aua, das war zäh! Er mußte lange darauf herumkauen, bis er es hinunterschlucken konnte. Und nach dem zweiten Happen konnte er sich nicht mehr zurückhalten: »Hast du mir dein Fleisch angeboten, weil es so zäh ist, daß man es kaum beißen kann? Hast du das zarte Fleisch vorher selbst gegessen? Dein Fleisch kannst du den Hunden vorwerfen. Ich werde mir lieber selber etwas jagen.«

»Ich habe leider kein zarteres Fleisch«, beklagte sich der Invalide, »aber ich muß zufrieden sein, dieses zu bekommen, denn sonst würde ich verhungern.«

Einen Moment schwiegen beide.

Vielleicht ahnten sie etwas, denn ein zweiter historischer Augenblick der Menschheitsgeschichte begann sich anzubahnen, als der Jäger bedächtig sagte: »Was würdest du davon halten, wenn ich dir in Zukunft das Fleisch bringe? Ich würde nicht von dir verlangen, nur zähes Fleisch zu essen. Mein Fleisch wäre zart, weich und wohlschmeckend. Ich weiß jetzt, wie gut du nähen kannst, und es könnte mir schon gefallen, wenn du mir in Zukunft meine Kleidung nähen würdest, während ich dir das Fleisch besorge und ab und zu auch ein paar Früchte mitbringe.«

Das Angebot kam für den Verunglückten überraschend. Aber die Aussicht, bald wieder zartes Fleisch und dazu sogar ein paar Früchte essen zu können, war natürlich sehr verlockend. Und so überlegte er nicht lange: »Einverstanden, machen von jetzt ab wir beide den Handel. Ich nähe dir dein Wams, und du verschaffst mir wohlschmeckendes, zartes Fleisch und noch einige saftige Früchte dazu.«

Die Konkurrenz, der Wettbewerb waren geboren.

Die Zeit verging. Das Bein war wieder geheilt. Der Jäger konnte wieder auf die Jagd gehen. Aber, wie sehr er sich auch mühte, es wollte ihm nicht gelingen, ein Wild zu erlegen. Er hatte diese Fertigkeit verlernt. Dafür konnte er jetzt ausgezeichnet und schnell nähen. Warum, überlegte er sich, sollte er den Handel nicht weiterführen. Seine »Kunden« würden sicher damit einverstanden sein. Er nahm ein gut gelungenes Wams, das er gerade fertiggenäht hatte, und hängte es draußen vor seiner Höhle gut sichtbar auf als Zeichen für jeden, daß man hier sein Wams nähen lassen konnte.

Nun ja, die Werbung war geboren.

Zurück in die Gegenwart: Meine Geschichte hat Ihnen hoffentlich gefallen. Sie soll nicht etwa beweisen, daß Jäger und Schneider die ältesten Berufe sind, was historisch wohl auch kaum haltbar wäre, sondern daß zu Produzieren, Handel und Verkaufen Ideen gehören. Gute Ideen, versteht sich. Und jeder sollte zu jeder Zeit damit rechnen, daß nicht nur er selbst, sondern auch andere gute Ideen haben.

Meine Geschichte soll noch auf einen anderen Umstand hinweisen: Die Produktions-Gläubigen hatten und haben immer unrecht, wenn sie die Priorität der Produktion (sprich: Technik) hervorheben.

B. Was ist eigentlich »der Markt«?

Von Anfang an war der Markt der Initiator. Immer mußte ein Bedarf, und wenn auch ein schlummernder Bedarf, vorhanden sein, um eine bestimmte Produktion zu rechtfertigen und dadurch in Gang zu setzen.

Und was heißt hier »Markt«?

Man hört so oft »Wir müssen uns auf den Markt einstellen« oder ähnlich. Sagen wir es doch einfach und gerade heraus: Der Markt, das sind die Wünsche der Menschen.

Nur wenn wir Produkte oder Dienstleistungen anbieten, die den Wünschen vieler Menschen entsprechen, dann können wir verkaufen. Wenn es nicht so ist, nützen alle Bemühungen nichts. Die berühmte Manipulation der Menschen durch die Werbung, also durch die Industrie, mit dem Ergebnis, daß Menschen hilf- und zügellos Dinge kaufen, die sie gar nicht brauchen, ist dummes Zeug. Natürlich sind die Wünsche der Verbraucher nicht immer oder sogar nur sehr selten rational zu erklären – aber das ist ein anderes Kapitel.

Bitte denken Sie noch einmal an meine Geschichte. Wenn der erste Jäger nicht verunglückt wäre, sondern als gesunder Mann hätte weiter jagen können, dann hätte der andere sein Fleisch anbieten können ohne große Aussicht, dafür ein schönes Wams genäht zu bekommen. Erst nach seinem Beinbruch entstand bei dem Verunglückten der Wunsch, Fleisch gegen eine andere Leistung einzutauschen. Erst durch diesen Vorfall wurde der schlummernde Bedarf offenbar, der Bedarf nach gutem Fleisch und der Bedarf nach einwandfreien Wämsen.

C. Jeder hat eine Begründung für einen Kauf

Wir tauschen heute nicht mehr, sondern geben Geld. Aber damit tauschen wir nach wie vor Leistung gegen Leistung, nur indirekt. Da der Bäcker oder der Fleischer die Leistung, die wir bieten können, vielleicht nicht gebrauchen kann, verkaufen wir unsere Leistung an jemand anderen, bekommen Geld dafür, das wir beim Bäcker oder Fleischer als Leistungsersatz »eintauschen«.

Entschuldigung! Selbstverständlich ist das ein »alter Hut«. Ich habe dies nur erwähnt, weil ich auf einen wichtigen Folgegedanken hinweisen möchte. Jeder dieser neuzeitlichen Tauschakte basiert – wie damals bei den Jägern – auf dem simplen Grundprinzip:

Nur, wenn ich etwas haben möchte, bin ich bereit, dafür auch eine Leistung zu erbringen (d. h. mein Geld zu zahlen)!

Daraus folgert, kein Mensch ist grundsätzlich bereit, für etwas, was er nicht haben möchte, etwas zu leisten oder zu bezahlen. Oder mit anderen Worten: Nach einem Kauf wird Ihnen jeder eine Begründung dafür geben können, warum er dieses und nicht etwas anderes gekauft habe. Und dabei ist es eigentlich ganz egal, worum es sich handelt, ob um Margarine, ein Auto, eine Zeitschrift oder einen Fotoapparat.

Die Hausfrau, gefragt, warum sie Margarine A gekauft habe und nicht die Sorte B oder C, wird antworten, weil in der Margarine A besonders viele mehrfach ungesättigte Fettsäuren enthalten seien. Sie weiß zwar nicht, was das eigentlich ist, hat aber durch Werbung und andere Informationen gelernt, daß diese Fettsäuren gut für die Gesundheit sind. Und da sie natürlich ein Interesse daran hat, ihre Familie möglichst gesund zu ernähren, kauft sie diese Margarine.

Anders antwortet eine Hausfrau, die Margarinesorte B in ihren Einkaufskorb legt. »Ich brauche eine Margarine zum Braten«, sagte sie, »und habe festgestellt, daß die Sorte B kaum spritzt. Höchstwahrscheinlich enthält sie weniger Wasser.« Hierbei ist es völlig unerheblich, ob diese Erklärung auch vor Margarine-Fachleuten bestehen kann. Hauptsache ist, daß diese Hausfrau für sich eine verständliche und vernünftige Erklärung findet.

Schließlich fragen wir noch eine Hausfrau, die Sorte C eingekauft hat. Sie weist auf ihre große Familie hin. Viele Kinder bedeutet viele hungrige Mäuler, wie man so schön sagt, die sie oft mit Broten stopfen muß, und da bietet sich eine Margarine, die besonders gut schmeckt, an. Ihre Familie habe festgestellt, Sorte C schmecke ihnen am besten.

Jede Hausfrau hat ihren Grund angegeben, warum sie diese und nicht die andere Margarinesorte gekauft hat. Nun könnte ein besonders Schlauer natürlich fragen, warum produziert man nicht einfach eine Margarine, die viele dieser mehrfach ungesättigten Fettsäuren enthält, dafür aber wenig Wasser, und die darüber hinaus auch noch gut schmeckt? Ich bin zu wenig Fachmann, um beurteilen zu können, ob die beiden ersten Forderungen überhaupt zu realisieren sind. Eines weiß ich aber genau: Die Geschmäcker sind verschieden. Einen guten Geschmack für alle Gaumen? Das wird wohl niemals erreicht werden können. Wie gut, möchte ich hinzufügen. ›De gustibus non est disputandum‹, sagten schon die Römer, wie wahr – und wie gut.

Von der Margarine zum Auto. Da ist es ganz genau dasselbe. Ja, mehr noch, je teurer die Artikel werden, die man kaufen möchte oder gekauft hat, desto irrationaler sind oft die Entscheidungsvorgänge, die zum Kauf führen, aber desto rationaler wird dieser Kauf begründet. Und da gibt es beim Auto eine ganze Menge ausschlaggebender Fakten, die für den Kauf eines Autos in Frage kommen. Der eine hat sein Auto gekauft, weil es so wenig Kraftstoff verbraucht (sehr aktuelles Kriterium!), der andere, weil es groß und bequem ist und die vielköpfige Familie leicht unterzubringen ist, oder weil der Wagen so unwahrscheinlich gute sportliche Werte zu bieten hat oder oder oder.

Es fällt auf, wie wenige Autokäufer zugeben, sie hätten den Wagen nur deswegen gekauft, weil die Form ihnen am besten von allen gefallen hat. Dabei ist dieses Motiv mehr verbreitet als man gemeinhin glaubt.

Während Frauen mehr von der Gesamterscheinung des Autos zu beeindrucken sind, beurteilen die Männer angeblich die technischen Daten und entscheiden sich nach ihnen. Interessant und ganz im Widerspruch dazu ist aber die Tatsache, daß eben nicht die objektiv besten Autos am meisten gekauft werden, sondern die Marken mit dem entsprechenden Image.

Auch hier spielt das Bemühen um Anpassung, der Herdengeist der meisten Menschen eine wesentliche Rolle, ausgelöst durch eine Unsicherheit den Angeboten gegenüber. Eine Unsicherheit, die nur durch mehr Information und nicht durch weniger Information behoben werden kann. Der VW-Käfer hatte noch seine guten Absatzzahlen aufzuweisen, als er schon längst nicht mehr das technisch modernste und beste Automobil auf dem Markt war. Haben da einige Wettbewerber etwa geschlafen?

Verwirrend ist es auch bei Presse-Erzeugnissen wie Zeitungen und Zeitschriften. Da wird einerseits gegen bestimmte Blätter demonstriert und gewettert, viele Kritiker und Kommentatoren werden nicht müde darzustellen, wie schlimm doch der journalistische Stil dieser Zeitungen sei. Das hört sich dann beinahe so an, als ob die Verleger und Herausgeber dieser Zeitungen zusammen mit ein paar Redakteuren permanent und hinterhältig das arme, wehrlose Volk verdummen würden.

Und wie sieht die Wahrheit aus? An jedem Tag findet bei uns eine Art ›Volksabstimmung‹ statt. Eine Abstimmung unter erschwerten Bedingungen sogar, denn die ›Wahlzettel‹ kosten Geld. Der Kauf einer Zeitung ist schließlich nicht umsonst. Diese Volksabstimmung hat jeden Tag ein erstaunliches Ergebnis: Die so angefeindeten Zeitungen werden millionenfach mit großer Mehrheit gekauft.

Ich will hier nicht polemisieren und erst recht nicht politisieren. Interessant für uns sollte es sein zu ergründen, warum diese Zeitungen in so großer Zahl gekauft werden und andere erheblich weniger. Wir brauchen gar keine großen Untersuchungen anzustellen, denn auch bei Zeitungen und Zeitschriften gilt das Gesetz von Angebot und Nachfrage. Ja, und Nachfrage! Was habe ich zu dem Begriff »Markt« geschrieben? Der Markt, das sind die Wünsche der Menschen!

Offenbar entsprechen diese millionenfach jeden Tag gekauften Zeitungen den Wünschen der Menschen. Nun kann man sich darüber freuen oder diesen Zustand beklagen, wie es so oft geschieht. Das ist aber kein Thema von Unternehmensführung und Marketing. Es ist sicher nicht die primäre Aufgabe der Unternehmen – und damit auch nicht die primäre Aufgabe der Werbung –, das kulturelle Niveau der Bevölkerung zu heben. Aber man darf auch nicht an die niederen Instinkte appellieren, wird mir sofort entgegengehalten werden. Einverstanden! Na, dann definieren Sie doch bitte mal den Begriff »niedere Instinkte«. Was verstehen Sie darunter? Manche meinen damit schon die sexy Girls, die ihren Busen freigiebig herzeigen, was heute aber doch mehr und mehr toleriert wird, während sie gegen die detaillierte Darstellung von Verbrechen übelster Art in Wort und Bild nichts einzuwenden haben.

Nun, das ist ein Thema, das ein eigenes Kapitel verdient.

Wir waren bei den Wünschen der Menschen und bei den Begründungen, die sie anführen, wenn sie ein Produkt gekauft oder eine Dienstleistung bestellt bzw. in Anspruch genommen haben. Ich möchte mit Absicht als viertes Beispiel den Fotoapparat erwähnen, weil er – von Berufs-Fotografen abgesehen – zu den Hobbyartikeln zu zählen ist. Und darum können Sie ganze Vorträge hören, wenn Sie einen Fotoamateur fragen, warum er diese und nicht jene Kamera gekauft habe.

Worauf will ich hinaus?

Wenn wir Artikel herstellen und anbieten wollen, die den Wünschen der Menschen entsprechen, dann versuchen wir oft durch ausgeklügelte Befragungen diese Wünsche in Erfahrung zu bringen. Das ist sicher nicht falsch, aber es ist damit auch nicht getan. Wir sollten mit gleicher Akribie versuchen, die Begründungen zu analysieren, die als Rechtfertigungen für vollbrachte Kaufhandlungen vorgebracht werden.

Alles in allem können wir feststellen: Jeder von uns kann in der Regel begründen, warum er dieses oder jenes Produkt gekauft hat. Mögen für andere diese Gründe auch nicht immer überzeugend sein. Das spielt in diesem Zusammenhang keine Rolle. Wichtig ist nur die Überzeugung des Kaufenden, ein erklärbares, verstehbares und aus seiner Sicht überzeugendes Motiv für den Kauf gehabt zu haben.

D. Von einem Unternehmer, der nicht sagen konnte, warum man sein Produkt kaufen soll

Wie anders ist es oft auf der Unternehmerseite. Ich habe häufig die Erfahrung machen müssen, wie schwer es manchem Firmeninhaber oder Manager fällt zu erklären, warum ein Verbraucher die von seiner Firma hergestellten Produkte kaufen soll und nicht die der Konkurrenz.

Vor einigen Jahren rief mich der Inhaber eines Fertighaus-Unternehmens mittlerer Größenordnung an und fragte, ob ich für seine Firma einen Prospekt gestalten könnte. Auf meine zustimmende Antwort hin kündigte er seinen Besuch an, indem er fragte: »Das ist gut. Kann ich gleich mal zu Ihnen kommen?« Ich hatte Zeit und sagte zu. So etwas war mir in meiner Laufbahn bis dahin noch nicht passiert. Ein Interessent, ja offenbar ein neuer Kunde, fragt an, ob er mal vorbeikommen dürfe, um mir einen Auftrag zu bringen. Ich war auf den Mann sehr gespannt.

Als er dann vor mir saß, schilderte er mir zunächst seine Firma. Hervorgegangen aus einer vom Vater geerbten Großtischlerei, beauftragt mit der Herstellung von Einzelteilen aus Holz für Fertighäuser, hatte er sich vor einiger Zeit entschlossen, getreu der Devise »Das kann ich auch« selbst eine Fertighaus-Firma zu gründen.

Stolz zeigte er mir Fotos von den ersten Bungalows, die seine junge Firma errichtet hatte. Sogar der Bungalow eines Arztes mit Wohnung und Praxisräumen war dabei. Nachdem sein Unternehmen damit sozusagen die Generalprobe bestanden hatte, wollte er nun »ein bißchen Reklame« machen und war auf die großartige Idee gekommen, einen Prospekt zu verschicken. Und den Prospekt sollte ich ihm gestalten?

Nein, weit gefehlt!

Nur produzieren, denn er hatte schon sehr genaue Vorstellungen darüber, wie sein Prospekt aussehen sollte. Und so hob er an: »Ich dachte an 4 Seiten, natürlich in Bunt. Auf der 1. Seite zeigen wir das Arzthaus, auf der 2. das Haus eines Siedlers, für die 3. Seite kann ich Ihnen noch ein Foto von einem sehr schönen Haus besorgen, das wir gerade bauen, und auf der Rückseite habe ich mir gedacht, daß wir da so ein paar zünftige Werbesprüche hindrucken. Na, und die«, lachte er mich augenzwinkernd an, »werden Ihnen schon einfallen.«

Etwas ähnliches hatte ich schon befürchtet. Und sicher gibt es sogenannte Werbeberater, die schmunzelnd so einen simplen Auftrag akzeptieren, und zwar genau so, wie der Kunde es wünscht (Motto: ›Wie hätten Sie's denn gern?‹), und sich schon auf den guten Reibach freuen, den sie mit diesem Auftrag machen werden.

Ich fragte meinen neuen Kunden, warum er den Ehrgeiz entwickele, den vielen schon vorhandenen Fertighaus-Prospekten, die alle so aussehen würden wie der von ihm gewünschte, einen weiteren hinzuzufügen?

Zunächst verstand er offenbar meine Frage nicht ganz. »Schauen Sie«, gab ich zu bedenken, »es gibt in Deutschland eine ganze Reihe von Firmen, die Fertighäuser anbieten; bekannte und weniger bekannte. Soweit ich das übersehen kann, werben alle diese Firmen mit Prospekten, die genau so aussehen wie der von Ihnen gewünschte. Meinen Sie wirklich, daß Sie mit Ihrem Prospekt viel erreichen werden?«

Jetzt hatte mein Gesprächspartner das Problem erkannt. »In Ordnung, wenn Sie einen besseren Weg wissen, dann machen Sie mir einen Vorschlag.« Und mit den Worten »Hier sind Sie der Fachmann« stellte er auf eine sympathische und konsequente Art die Kompetenzen klar.

Es entspann sich nun der folgende Dialog:

»Wir müssen gemeinsam versuchen herauszufinden, was Ihre Häuser im Vergleich zu den anderen Ihrer Wettbewerber auszeichnet. Darum möchte ich Ihnen gleich als erstes eine Frage stellen: Warum sollen die Bauherren Ihrer Meinung nach ausgerechnet von Ihrer Firma ihr Haus bauen lassen und nicht einer der anderen z.T. doch sehr bekannten Firmen den Auftrag erteilen?«

Mein Kunde zögerte. Mit dieser Frage hatte er offensichtlich nicht gerechnet. Doch dann kam die Antwort: »Unsere Häuser sind qualitativ sehr gut.«

»Sind die Häuser, die Ihre Hauptwettbewerber anbieten, nicht so gut?«

»Doch, natürlich, die Häuser von denen sind auch nicht schlecht.«

»Warum also sollen die Kunden bei Ihnen kaufen?« bohrte ich weiter.

»Wir beschäftigen ausgezeichnete Fachleute und liefern pünktlich zum vereinbarten Termin.«

Und wieder die unangenehme Gegenfrage: »Tun das Ihre Wettbewerber nicht, beschäftigen die in der Regel keine Fachleute?«

»Nein, nein, das kann man so nicht sagen. Die Firmen halten die vereinbarten Termine alle normalerweise ein.«

Und dann kam der Seitenhieb: »Was soll denn diese Fragerei? Sie sind der Werbefachmann. Wenn ich alles selber wüßte, hätte ich nicht zu kommen brauchen. Finden Sie unsere besten Argumente doch selbst heraus.«

E. Die schwierige Suche nach dem entscheidenden Argument

Ich war einverstanden. Die Suche nach dem USP mußte beginnen. Wieder einmal hatte ich die Erfahrung gemacht, daß ein Unternehmer passen mußte, weil von ihm ganz konkret die Antwort auf die Frage verlangt worden war, warum die Verbraucher ausgerechnet seine Produkte kaufen oder seine Leistungen in Anspruch nehmen sollten.

Zwei Tage später besichtigte ich die junge Firma.

Der Betriebsleiter führte mich durch die Werkshalle. Alles war neu, und ich spürte aus den Gesprächen mit den Mitarbeitern, wie begeistert sie alle waren, am Aufbau dieses jungen Unternehmens mitwirken zu können. Der Chef hatte seine Mannschaft hervorragend motiviert, das mußte ich ihm bescheinigen. Alles war in freundlichen Farben gehalten und sogar der Kaffee, der mir serviert wurde, schmeckte ausgezeichnet.

Nur, das alles war nichts, was in einem Werbeprospekt geschrieben werden konnte, denn es würde kaum jemanden veranlassen, viele Tausende von meist mühsam ersparten Mark für den Bau eines Hauses dieser Firma anzuvertrauen. Dazu gehörte einfach mehr. Dazu gehört, was wir neuerdings gern mit dem Begriff USP (unique sales promise = einzigartiges Verkaufs-Versprechen oder frei übersetzt: das entscheidende Verkaufs-Argument) bezeichnen.

Ich suchte weiter.

So selten wie Firmen versuchen, ihr USP herauszufinden und zu definieren, so häufig habe ich doch auch erfahren, daß praktisch jede Firma etwas hat, was wirklich nur sie bieten kann, was also ihr USP ist. Ob es ausreicht, Kunden zu bewegen, diese Firma mit ihren Aufträgen zu bedenken, das steht auf einem anderen Blatt. Meistens könnte man aber mit diesem definierten USP etwas Erfolgreiches anstellen.

Ich suchte also weiter, denn in dieser jungen, mit viel Elan und Können, Begeisterung und Ideen gestarteten Firma mußte es ein deutliches, hervorhebenswertes USP geben.

Nach vielen Gesprächen ging ich mit einem Werkmeister noch einmal durch die Lagerhalle. Beiläufig fragte ich: »Woran erkennen Sie denn nun, welches Teil zu welchem Haus-Typ gehört? Haben Sie bestimmte Kennziffern?« »Na ja«, antwortete der Werkmeister zögernd, »Haus-Typen haben wir eigentlich gar nicht.« Ich war erstaunt: »Ich denke, Sie bauen Fertighäuser?«

»Ja, schon richtig, aber wissen Sie, das sind eigentlich nicht so richtige Fertighäuser wie bei anderen Herstellern, mit bestimmten Haus-Typen und so. Wir bieten Häuser aus Fertigteilen an, das heißt mit gewissen Einschränkungen können wir genau das Haus bauen, das der Kunde sich wünscht.«

»Was, nach seinen Bauplänen?«

»Ja, wenn er einige Vorgaben, die wir aus technischen Gründen verlangen müssen, einhält, bauen wir ihm das Haus, das er sich wünscht oder das sein Architekt für ihn entworfen hat.« »Oder das er sich selbst entworfen hat!« rief ich, bedankte mich und eilte zu meinem Auftraggeber, um ihm zu sagen, daß ich das entscheidende Argument gefunden hatte.

Und damit war auch die Idee für den Prospekt geboren!

Wir verschickten ein vierseitiges Faltblatt, nicht vierfarbig, sondern schwarzweiß mit roter Schmuckfarbe, das auf einer Seite die Architektur-Symbole für Wand, Tür, Fenster, Treppe, Waschbecken, Badewanne usw. enthielt, auf einer weiteren nur aus Millimeterpapier bestand, auf der Rückseite zwei Musterhäuser im Bild und im Grundriß zeigte und kurz die Firma vorstellte. Im Begleittext forderten wir den Bauinteressenten auf, doch einmal völlig unverbindlich sein »Traumhaus« aufzuzeichnen und an uns einzusenden. Unser Vertreter würde ihm dann ebenfalls völlig unverbindlich für ihn, aber konkret und verbindlich für uns, sagen können, was sein Hausbau voraussichtlich kosten würde, wenn er sein Haus durch diese Firma bauen ließe.

Unsere Erwartungen erfüllten sich.

Viele Bauinteressenten waren natürlich neugierig zu erfahren, was ihr Haus wohl kosten würde, und gingen auf das Angebot ein. Ein Vertreter besuchte sie mit der Zeichnung, die sie an meinen Kunden eingeschickt hatten, sprach die Zeichnung in allen Einzelheiten durch, korrigierte hier und da einen zu kostspieligen Bau- oder Ausstattungswunsch oder einen, den die Firma nicht realisieren konnte, und nannte dann einen sehr günstigen Preis. Nicht selten waren der Besuch und weitere Gespräche von dem erhofften Erfolg gekrönt, der Auftrag wurde erteilt. Dieser Prospekt half entscheidend mit, die erste Jahresproduktion dieser jungen Firma zu verkaufen.

Auch ein anderes Beispiel ist interessant. Ich möchte es auch deswegen schildern, weil manch ein Leser jetzt einwenden könnte, bei einem Fertighaus als einem sehr komplexen Angebot, könne man relativ leicht ein USP finden. Was jedoch bei den vielen, weitgehend gleichen Konsumgütern, besonders denen aus dem Nahrungs- und Genußmittel-Bereich, nicht mehr möglich ist. Darum jetzt ein Beispiel, bei dem ein Produkt eine Rolle spielt, das außerordentlich schwer forciert werden kann: Bier.

Allgemein wird wohl angenommen, das entscheidende Kaufmotiv beim Bier sei der Geschmack. Natürlich gibt es unter den Biertrinkern welche, die Pils bevorzugen, während andere Altbier oder Export oder

Kölsch lieber mögen. Aber schon bei den bayrischen oder den Bieren aus Dortmund ist es nicht mehr eine Frage des Geschmacks, welche Sorten bevorzugt werden, sondern des Wohnorts. Ein Liebhaber bayrischen Bieres hat es schon in Düsseldorf oder Hamburg relativ schwer, Bier aus Bayern zu bekommen; besonders wenn man auch die Preise vergleicht. Nahezu unmöglich ist es ihm, spezielle bayerische Biermarken zu erhalten. Und sobald er nicht mehr in einer Großstadt wohnt, sondern auf dem Lande, kann er sich seinen Wunsch nach Bier aus Bayern in den nördlichen Teilen Deutschlands überhaupt nicht mehr erfüllen. Umgekehrt ist es natürlich in Bayern genauso, wo es ein meist vergebliches Unterfangen ist, ein Bier aus Norddeutschland genießen zu wollen.

Andererseits liegt der Grund für die ungenügende Distribution von Bier nicht so sehr bei schwierigen Transportproblemen, sondern einfach in der Tatsache, daß Biertrinker meist das Bier der Region, in der sie wohnen, bevorzugen. Und innerhalb der Region sind es wieder die ›berühmten‹ Image-Maßstäbe, die für das eine und gegen das andere Bier sprechen. Wie soll man nun für ein solches Produkt ein USP herausfinden oder entwickeln?

Die Qualität der deutschen Biere ist durch das Reinheits-Gebot vorgeschrieben und abgesichert. Ein gewisser geschmacklicher Unterschied ergibt sich eventuell aus der Qualität des verwendeten Wassers. Zumindest wird das immer wieder behauptet. Das beste Wasser soll reines Felsquellwasser sein.

Schön und gut, selbst wenn dem so wäre: Haben Sie schon mal beobachtet, wieviel Brauereien ihr Bier angeblich mit reinem Quell- oder gar Felsquellwasser brauen?

Also auch hier läßt sich kein USP hervorzaubern, obwohl es eine Reihe von Brauereien gibt, die offenbar glauben, damit ein entscheidendes Argument für ihr Bier in der Hand zu haben.

Wicküler warb mal mit dem echten Saazer Hopfen, einem angeblich besonders edlen Hopfen, der für dieses Bier verwendet wird. Aber wer kennt schon Saazer Hopfen? Um aus diesem Argument ein USP zu machen, müßte zunächst einmal für Saazer Hopfen geworben werden, damit der Bierkunde lernt, wie wertvoll diese Zutat bei Wicküler Bier ist.

Andererseits kann diese Werbung dann zum Erfolg führen, wenn es gelingt, das Vertrauen in die werbende Firma so zu festigen, daß positive Zusatzaussagen vom Verbraucher ohne jegliche Einschränkung als positives Argument erlebt werden. In so einem Fall ist es sogar möglich, selbstverständliche Arbeits- oder Produktions-Vorgänge, die für die Qualität des Produktes unerläßlich sind, als USP herauszustellen, indem man sie besonders betont. Vorausgesetzt, die Wettbewerber haben bisher nicht daran gedacht, diesen Vorgang in ihrer Werbung zu erwähnen.

Vor einigen Jahren warb Sprengel für seine Schokolade mit dem Argument, Sprengel-Schokolade sei »vollkonchiert«. Ich weiß nicht, ob nicht vielleicht »garantiert vollkonchiert« gesagt wurde. Das hat damals großen Eindruck bei den Schokoladekäufern gemacht und der Sprengel-Schokolade zu einem Image-Vorsprung verholfen. Keiner wußte so recht, was vollkonchiert bedeutet*, aber jeder war überzeugt, hier würde es sich um einen wesentlichen Vorzug handeln. Nur, ich habe mir sagen lassen: Jede gute Qualitäts-Schokolade ist vollkonchiert. Das ist angeblich ein Begriff aus dem Produktionsprozeß. Und dieses Vollkonchieren gehört nun einmal dazu. Sie sehen: Jeder hat's gemacht, aber nur einer hat es in seiner Werbung betont. Und schon hatte er ein USP und damit einen Wettbewerbsvorsprung.

Ähnlich verhält es sich mit angeblichen geheimnisvollen Zusätzen, welche die besondere Qualität eines Produktes begründen und beweisen sollen und die oft nichts anderes sind als mehr oder weniger selbstverständliche Zusätze, die jeder Hersteller bei der Produktion dieser Artikel verwendet, die aber in einer Firma einen besonderen Namen bekommen. Und schon sind sie auch was Besonderes.

Wiederum weiß zwar kein Kunde, um was es sich dabei eigentlich handelt, aber er glaubt oder ist sogar davon überzeugt, daß es sich dabei um etwas handelt, was dieses Produkt in seiner Qualität über die Produkte seiner Wettbewerber hinaushebt. Ich denke da in diesem Zusammenhang an die Aussage »Pepsodent mit Irium«, an die sich die Älteren unter Ihnen vielleicht noch erinnern können. Soweit ich weiß, ist niemals wirklich erläutert worden, um was es sich bei diesem Irium eigentlich gehandelt hat.

Aber auch die sogenannten Weißmacher bei Waschmitteln, die ominösen Zusätze bei den Kraftstoffen, die den Motor vor allem Möglichen schützen und bewahren sollen, und viele andere ähnliche Beispiele sind doch nichts anderes als der Versuch, das eigene Produkt aus der Masse

* = konchieren: bei gleichbleibender Temperatur gut vermengen

der anderen, gleichartigen Produkte der Wettbewerber herauszuheben. Der Versuch der Alleinstellung also, in der Hoffnung, der Verbraucher komme zu der Erkenntnis, nur dieses und kein anderes Produkt entspreche am ehesten seinen Wünschen und sollte in Zukunft daher von ihm nur noch gekauft und verwendet werden.

Und solange es sich hierbei wirklich um das Ergebnis ehrlicher Bemühungen handelt, die eigenen Produkte immer besser zu machen und dieses Bemühen in geeigneter und überzeugender Weise zu artikulieren und bekanntzugeben, ist meiner Meinung nach dagegen auch nichts einzuwenden. Ist es doch nicht zuletzt dieser Leistungswettbewerb, der unser Wirtschaftssystem dem sozialistischen System so haushoch überlegen macht, daß in diesen Ländern zwar der sogenannte »Weltstandard« immerwährend als Planziel angestrebt, aber bisher doch nie erreicht wurde. Ja, die Situation ist doch so, daß in diesen »fortschrittlichen« Ländern einiges zusammenbrechen würde, wären sie eine Weile vom Zugang zu den westlichen Technologien völlig abgeschnitten.

Zurück zu dem Beispiel vom »Bier«.

Ich habe vor einigen Jahren eine Brauerei beraten, die mit einem gravierenden Handikap zu kämpfen hatte. Ihr war es nach dem Krieg eine Zeitlang aus Gründen, die hier in diesem Zusammenhang nicht erläutert zu werden brauchen, nur möglich gewesen, einfaches Lagerbier zu brauen. Auch als andere Brauereien in dieser Region schon dazu übergegangen waren, die besseren Export- und Pilsner-Biere anzubieten, gab es von dieser Brauerei noch das simple Lagerbier.

Durch diese Tatsache hatte die Brauerei bei vielen Bierfreunden das Image bekommen, ihr Bier sei nicht so gut oder noch drastischer in der Auswirkung, es würde nicht so gut schmecken. Natürlich braute man dort längst wieder qualitativ beste Export- und Pilsner-Biere, als ich die Beratung dieser Firma übernahm. Biere, die keinen Vergleich zu scheuen brauchten. Trotzdem konnte man aus den Ergebnissen von Verbraucher-Befragungen eindeutig entnehmen, daß dieses Image nach wie vor bei einem großen Teil der Bier-Kunden vorhanden war; bei einem viel zu großen Teil, versteht sich. Nichts ist so hartnäckig wie ein Image!

Nun ist es beim Bier bekanntlich nicht möglich, durch irgendwelche Zusätze zumindest den Anschein zu erwecken, es sei jetzt sehr viel besser als vorher. Während eines Gespräches, das ich mit den leitenden Herren der Brauerei, darunter dem Braumeister, führte, wurde gesagt: »Ich weiß nicht, was die Leute wollen; unser Bier gehört doch heute zu den besten deutschen Bieren. Es könnte direkt ausgezeichnet werden.«

Ich antwortete: »Also gut, zeichnen wir es aus!«

Wir entwickelten ein Braumeister-Siegel, das auf jedem Flaschen-Etikett abgebildet wurde und mit dem der Braumeister sich sozusagen persönlich für die hohe Qualität dieses Bieres verbürgte.

Gesagt, getan. Nach einigen Wochen waren die neuen Flaschen-Etiketten angeliefert, und die ersten Flaschen wurden mit ihm versehen.

Natürlich konnten schon aus Kostengründen die Flaschen, die noch das alte Etikett ohne Braumeister-Siegel trugen, nicht umetikettiert werden. Es wurden also während einiger weniger Tage sowohl Flaschen mit dem alten als auch Flaschen mit dem neuen Etikett ausgeliefert.

Mit einem erstaunlichen Ergebnis: Eine ganze Reihe von Lebensmittelhändlern und Gastwirten verweigerten die Annahme der Flaschen mit dem alten Etikett, weil sie – und das war das erstaunliche Argument! – das bessere Bier haben wollten.

Ich habe schon erwähnt, wie wichtig das Vertrauen der Kunden zu einem Hersteller und zu seinen Produkten ist. Hier, bei dieser Brauerei, konnten wir wieder einmal ein klassisches Beispiel für die Wahrheit dieser Erkenntnis erleben. Vorher war bei vielen Kunden ein unbewußtes, aus früherer Zeit resultierendes Mißtrauen diesem Bier gegenüber vorhanden. Ein Mißtrauen, das zwar überhaupt keine Berechtigung mehr hatte, aber eben immer noch vorhanden war.

Entscheidend bei der Abschätzung der Abverkaufs-Chancen eines Produktes ist nicht seine reale, ja ich möchte sagen, seine technische oder wissenschaftliche Qualität, sondern die Einschätzung seiner Qualität durch den Verbraucher, sein Image. Nicht zuletzt spricht man deswegen manchmal auch von dem Image-Potential eines Produktes oder einer Firma.

Da aber eine grundsätzliche Vertrauensbereitschaft bei den Menschen vorhanden ist, genügt es oft, dem guten Produkt (das ist die Voraussetzung!) das ehrliche Qualitäts-Versprechen mitzugeben, und das Image wandelt sich schnell zum Besseren. Nur wenn das Produkt offensichtlich nicht hält, was das Qualitäts-Versprechen verheißt, ist der Kampf endgültig verloren. Keine Firma sollte glauben, sie könne mit billigen Produkten und falschen, unehrlichen Versprechungen Erfolge erzielen, und es würde genügen, nur in der Werbung von Qualität zu reden.

Auch hier ist es mit Firmen und Produkten genauso wie in unserem privaten Bereich. Ein Mensch, der nichts gelernt hat, kann mit einem bestimmten Auftreten vielleicht den einen oder anderen einmal bluffen und auch in eine Stellung kommen, die ihm eigentlich nicht zusteht. Aber sein Unvermögen wird meist sehr schnell bemerkt werden, es sei denn, seine Vorgesetzten wüßten es auch nicht besser, was ja hier und da vorkommen soll.

Letztenendes wird nur der etwas im Leben, der zu einer guten Ausbildung ein gesundes Maß an Begeisterung für seinen Beruf sowie Verantwortungs- und Pflichtgefühl mitbringt. Vokabeln, die eine Zeitlang unmodern geworden waren. Aber mehr und mehr beginnen diejenigen, die jetzt unter den negativen Auswirkungen dieser »Unmodernität« zu leiden haben, die alten und eigentlich doch ewig jungen Tugenden wieder zu schätzen.

Man muß eben häufig erst mal auf etwas verzichten müssen, um seinen Wert schätzenzulernen.

F. Verkäufer, einer der schwersten Berufe

Einige Seiten zuvor habe ich geschrieben: Wichtig ist die Überzeugung des Kaufenden, ein erklärbares, verstehbares und aus seiner Sicht überzeugendes Motiv für den Kauf gehabt zu haben. In der Regel ist diese Überzeugung das Ergebnis eines Abwägens der Vor- und der eventuellen Nachteile des jeweiligen Angebotes, dessen Kauf überlegt wird.

In vielen Fällen ist das Ergebnis jedoch nicht eine Überzeugung und eine daraus resultierende Entscheidung, sondern Unsicherheit. Keiner von uns ist in der Lage, bei allen Waren und Leistungen, die wir benötigen, so viel Sachverstand mitzubringen, daß ihm in jedem Fall eine wirklich sachgerechte Entscheidung möglich ist.

Hier beginnt darum die wichtige Aufgabe der Information des prospektiven Kunden. Oder anders und präziser ausgedrückt: die wichtige Aufgabe des Verkäufers und der Werbung. Über die Werbung wird an anderer Stelle dieses Buches ausführlich gesprochen. Sprechen wir darum jetzt über den Verkäufer.

Ich habe während eines Vortrages mal gesagt: Wer gefragt wird, welcher Beruf wohl der schwerste sei, der denkt höchstwahrscheinlich zuerst an Testpiloten, Bergleute unter Tage, Rennfahrer, Taucher, Bergführer oder ähnliche. Zugegeben, diese Berufe sind sicher alle mehr oder weniger gefährlich. Aber sind sie auch schwer im Sinne von »schwer zu ertragen«?

Ich glaube, der schwerste Beruf oder zumindest einer der schwersten ist der des Verkäufers im Außendienst. Es ist ein Beruf, in dem tagtäglich gegen die Abwehrhaltung, gegen das »Nein« des Kunden angekämpft werden muß; oft genug mit einem Mißerfolg. Darüber hinaus ist der Verkäufer meistens ein Einzelkämpfer. Er muß sich nach jedem Mißerfolg immer wieder selbst motivieren und anspornen. Er steht permanent unter dem Druck, eigentlich mehr verkaufen zu sollen als er wirklich schafft, und oft genug kommt dann auch noch das Problem hinzu, sich die Argumentation, die Strategie, das Rüstzeug für das Verkaufsgespräch erst selbst erarbeiten zu müssen, weil die Unterlagen und Informationen seiner Firma nur mangelhaft ausgearbeitet sind.

Wenn ein Verkäufer in den USA nach seinem Beruf gefragt wird, so wird er normalerweise mit berechtigtem Stolz antworten: »I am a salesman!« (Ich bin ein Verkäufer!) Erstaunlich und nur aus unserer Geschichte zu erklären ist die Tatsache, daß es in Deutschland ganz anders ist. Der Verkäufer und erst recht die Verkäuferin stehen hier bei uns im sozialen Ansehen leider auf keiner hohen Stufe.

Vielleicht erklärt sich das einerseits aus Erfahrungen mit Marktschreiern oder den früher »berühmten« Bohnerwachs-Vertretern und politischen historischen Entwicklungen andererseits. Wieviele Witze wurden über Staubsauger-Vertreter gerissen? Und das Wort vom »Klinkenputzer« ist auch nicht dazu angetan, den Ruf dieses Berufsstandes zu heben.

Aber auch die politisch-wirtschaftliche Situation in früheren Jahren ist sicher schuld an dieser negativen Einschätzung des Verkäufers. Es galt eben lange als fein, Waren zu produzieren, aber nicht, Waren zu verkaufen. Die verehrte Kundschaft hatte gefälligst zu kommen und zu fragen, ob sie diese Waren kaufen dürfe. Wer seine Waren verkaufen, also jedem anbieten mußte, galt dagegen schon ein wenig als suspekt.

Schließlich spielt es noch eine Rolle, daß unser Land früher eigentlich nie im Überfluß gelebt hat, was sich erst Ende der 50er oder Anfang der 60er Jahre dieses Jahrhunderts glücklicherweise änderte. Und solange Menschen in einer Mangelsituation leben, werden sie immer den höherschätzen, der Waren produziert. Das Verkaufen ist in dieser Lage sowieso nicht so wichtig – und auch nicht besonders schwer.

Seit einigen Jahren hat sich da bekanntlich einiges geändert. Für eine Anzahl Firmeninhaber und Unternehmer kam dieser Wandel offenbar so überraschend und war er so unglaublich, daß sie ihn einfach nicht wahrhaben wollten. Diese Firmen haben weiterhin qualitativ gute Ware hergestellt. Das sei unbestritten. Nur haben sie diese Waren nicht wirklich gekonnt verkauft. Sie haben dem Verkauf nicht die Rolle zugemessen, die er in einer modernen Friedenswirtschaft spielen muß. Und sie sind gescheitert. Ich brauche hier keine Namen zu nennen. Die Beispiele dafür sind allgemein bekannt.

G. Verkaufen muß immer wieder neu gelernt werden

Verkaufen will nicht nur einmal gelernt sein. Es muß immer wieder neu gelernt und immer wieder trainiert werden. Gerade weil der Verkäufer täglich den Frustrationen von Mißerfolgen ausgesetzt ist, muß er häufiger und intensiver als jeder andere Arbeitnehmer psychologisch aufgebaut, ermutigt, motiviert und angespornt werden.

Die erste und wesentliche Voraussetzung für die erfolgreiche Arbeit eines Verkäufers ist natürlich eine gute Ware, ein gutes Produkt, ein einwandfreies Leistungsangebot, also ein ausgewogenes Verhältnis von Leistung und Preis. Aber gehen Sie bitte nicht davon aus, ein Verkäufer könne sich nun alle Argumente, die er braucht, aus den Fingern saugen und die Überzeugung, ja, die Begeisterung für das Produkt, das er verkaufen soll, würde er sich sozusagen in Autosuggestion selber beibringen.

H. Erfolg und Mißerfolg bei Verkäufer-Schulung und Verkäufer-Training

Sie müssen Ihr Produkt zuerst Ihrem Verkäufer »verkaufen«, damit er es erfolgreich Ihren Kunden verkaufen kann!

Ein großes Thema ist in diesem Zusammenhang darum natürlich die »Verkäuferschulung« und das »Verkäufertraining«. Jeder Verkäufer muß in regelmäßigen Abständen geschult und trainiert werden. Beides ist wichtig! »Schulung« heißt, neue Lernstoffe zu vermitteln; »Training« heißt, Bekanntes aufzufrischen und zu vertiefen.

Es gibt erfahrene Verkaufsleiter, die ihren Außendienst alle zwei Monate zusammenrufen und wieder »auffrischen«. Die Entscheidung, wie oft eine solche Veranstaltung stattfinden sollte, hängt einerseits von der Branche und andererseits von dem Touren-Rhythmus ab.

So wichtig also Verkäuferschulung und -training sind, so erstaunlich ist es für mich zu erleben, wie unüberlegt und laienhaft viele Verkaufsleiter an diese Aufgabe herangehen. Eine Aufgabe immerhin, die meiner Meinung nach zu den wichtigsten Aufgaben eines Verkaufsleiters gehört.

Ich möchte aus meiner Erfahrung einige Anregungen und Hinweise für die Durchführung eines erfolgreichen Schulungs- oder Trainings-Seminars für Ihren Außendienst geben.

Sie wissen, wie groß das Heer derer ist, die sich als Verkaufs-Trainer anbieten, und Sie wissen sicher auch, welche Honorare z.T. von diesen Leuten verlangt werden. Honorare in der Höhe eines Jahresgehaltes einer Stenotypistin für zwei oder drei Tage Schulung sind nichts Ungewöhnliches.

Nun, warum sollte man nicht gerne bereit sein, ein solches Honorar zu zahlen, wenn sich der Erfolg in merkbar erhöhten Auftragszahlen zeigt. Dann ist schließlich auch ein hohes Honorar schnell wieder in der Kasse, und der Vergleich mit dem Jahresgehalt einer Stenotypistin kann zu Recht als abwegig und kleinkariert abgetan werden.

Leider habe ich aber schon öfter erlebt, wie enttäuscht und verbittert Verkaufsleiter waren, wenn sie feststellen mußten, daß eine so teure Verkäufer-Veranstaltung sich im Verkaufsergebnis überhaupt nicht bemerkbar machte.

Woran mochte es liegen?

Sie hatten ihrer Meinung nach alles getan: ein Hotel mit bestem Tagungsservice ausgewählt und einen Verkaufs-Trainer engagiert, der die Referenzen renommierter Firmen vorweisen konnte. Hatten sie wirklich alles getan?

Lassen Sie mich diese Frage mit einem Beispiel beantworten.

Kinder müssen zur Schule gehen, um Lesen, Schreiben und Rechnen zu erlernen. Zuerst in die Grundschule und dann in die höheren Schulstufen – und zwar in dieser Reihenfolge. Das ist für jeden von uns selbstverständlich, und keiner käme auf die Idee, diese schulischen Entwicklungsstufen abkürzen zu wollen, indem er einen allseits anerkannten, hochqualifizierten Universitäts-Professor in eine Grundschule schickt, damit der dort seine Vorlesungen hält. Selbst wenn die Schüler intelligent und besten Willens wären, könnten sie dem Lehrstoff sicher nicht folgen, und das Ergebnis dieser Vorlesungen wäre genauso schlecht wie das mancher Verkäufer-Schulungsseminare. Wie gesagt, das Ergebnis wäre schlecht trotz gutwilliger Schüler und trotz eines hervorragenden Lehrers. Die Schuld am Mißerfolg läge einzig und allein beim Initiator dieser Veranstaltung.

Sie werden mir mit voller Entrüstung sagen, so dumm wird keiner vorgehen. Nun ja, einige Verkaufsleiter tun das aber.

Sie erinnern mich an Mütter, die in ihrem Kind ein Wunderkind sehen und ein Genie aus ihm machen wollen. Sie engagieren hochkarätige Lehrer für den Unterricht, stellen das Kind bei jeder passenden und unpassenden Gelegenheit heraus und ... verkorksen das ursprünglich normale, gesunde Kind völlig; ein Kind, das bei sinnvoller Ausbildung alle Chancen für eine aussichtsreiche Berufskarriere gehabt hätte.

Auch hier gibt es wieder interessante Parallelen zwischen dem privaten Bereich und dem Geschäftsleben: Folgt einem guten Verkaufsleiter ein weniger qualifizierter, so ist der Außendienst zunächst besser als sein neuer Verkaufsleiter. Langsam aber sicher wird die Leistung dieser Mannschaft nachlassen, denn im Endeffekt ist ein Verkaufs-Team immer nur so gut oder so schlecht wie sein Verkaufsleiter. Eine hohe Qualifikation des Verkaufsleiters ist also die Voraussetzung für eine hohe Leistung der Verkaufs-Mannschaft.

Und ein guter Verkaufsleiter weiß, wie sorgfältig ein Verkäufer-Training vorbereitet werden muß, wenn es etwas bewirken soll, – was normalerweise immer »höhere Verkaufszahlen« bedeutet.

Als erstes gehört zu dieser Vorbereitung die nüchterne und illusionslose Analyse des Wissensstandes der Außendienst-Mitarbeiter. Ist dieser sehr unterschiedlich, müssen verschiedene Lehrstoffe erarbeitet und in kleinen separaten Gruppen vermittelt werden. Jeder Lehrer weiß, wie wichtig es ist, in einer Schulklasse die gleichen Wissensgrundlagen vorzufinden oder das gleiche Wissensniveau zu schaffen.

Für später eingestellte Verkäufer muß es also eine Art »Nachhilfe-

Unterricht« geben. Am besten ist es natürlich, durch eine intensive Ausbildung und Einarbeitung bereits bei der Einstellung eines neuen Mitarbeiters dafür zu sorgen, damit der junge Verkäufer von Anfang an den Wissensstand seiner anderen Kollegen erhält. Werden neu eingestellte Verkäufer zu früh auf die Kunden »losgelassen«, verderben sie oftmals mehr, als sie nutzen.

Ist die Analyse erfolgt, muß der vorgesehene Verkaufs-Trainer detailliert über das Ergebnis informiert werden. Gemeinsam mit ihm wird das Lernziel der Schulungstagung festgelegt, wobei es darauf ankommt, Prioritäten zu setzen, d. h. dem Schulungsleiter muß klar sein, auf welche Lernschritte es in erster und auf welche es nur in zweiter Linie ankommt. Weiß er das nicht, wird sein Programm aus Standard und Routine zusammengesetzt sein.

Parallel dazu ist zu überprüfen, ob das vorgesehene Lernziel in eine neue Verkaufsstrategie oder eine neue Werbekonzeption eingebettet werden muß. Es ist meiner Meinung nach ein Unding, einen firmenfremden Verkaufs-Trainer über die zentrale Firmenphilosophie und die aktuelle Werbelinie des Hauses im unklaren zu lassen.

Natürlich müßte ein guter Trainer von selbst den Wunsch äußern, dies alles kennenzulernen. Tut er das nicht, ist er entweder nicht geeignet oder es muß geprüft werden, ob er vielleicht nur ein ganz allgemeines psychologisches Motivations-Seminar durchführen will, mit allgemeinen Verhaltensregeln und Standardmodellen für den Aufbau eines Verkaufsgespräches. Das muß nicht falsch oder schlecht sein. Es muß dann nur weiter geprüft werden, ob diese Art Seminar für den eigenen Außendienst zum gegenwärtigen Zeitpunkt passend und förderlich ist oder nicht.

Gerade ein solches Formel-Training verlangt ein hohes Maß von Adaptionsvermögen bei den Teilnehmern, das ebenfalls nicht automatisch vorhanden ist, sondern gelernt, verstanden und akzeptiert werden muß.

Beachten Sie bitte auch die Einstellung des durchschnittlichen Verkäufers, besonders des Verkäufers im Außendienst, zum Thema »Schulung«. Im stillen wird er die Berechtigung eines solchen Seminars grundsätzlich anerkennen. Aber die Schulung findet nun mal nicht »im stillen« statt, sondern im Kreis seiner Kollegen, die, bei aller Kameraderie, die man unter Außendienst-Mitarbeitern immer wieder antrifft, doch auch seine Konkurrenten sind. Er fühlt sich veranlaßt zu zeigen, daß »für ihn« diese Veranstaltung eigentlich nicht stattzufinden brauchte.

Das geht so lange gut, solange er während des Seminars eine gute Figur macht. Kommt er jedoch in Schwierigkeiten, weil er beim simulierten Verkaufsgespräch vielleicht die Argumente nicht mehr wußte oder eine Frage unter dem Gelächter seiner lieben Kollegen völlig falsch beantwortet hat, weil er sie nicht richtig verstanden hatte und sich nicht traute, dies einzugestehen und nochmals nachzufragen, ... kommt er also in Schwierigkeiten, dann wird er nach dem alten Grundsatz »im Angriff liegt die beste Verteidigung« die Befähigung des Verkaufs-Trainers in Zweifel ziehen und dem Verkaufsleiter verärgert die Frage vorlegen, wie man denn auf die Idee gekommen sei, ausgerechnet einen solchen unmöglichen Mann zu engagieren. Und da diese kritische Einstellung natürlich nicht nur bei einem einzigen Reisenden innerhalb der gesamten Verkaufsmannschaft auftritt (das könnte schließlich unbeachtet bleiben), ist es leicht möglich, daß ein ansonsten ausgezeichneter Trainer bei Ihrem Außendienst völlig »unten durchfällt«. Daher muß der Verkaufsleiter von Anfang an seine uneingeschränkte Übereinstimmung mit dem Programm und den Methoden des Trainers deutlich machen. Um das ohne Herzklopfen und Risiko tun zu können, muß er Programm und Methoden vorher kennengelernt haben.

Abschließend zu diesem Thema noch einen Rat: Glauben Sie nicht den Menschen, die meinen, alle firmenfremden Verkaufs-Trainer seien für Ihren Außendienst ungeeignet. Glauben Sie aber auch jenen nicht, die das gleiche von firmeneigenen Mitarbeitern sagen. Ein gutes Verkaufs-Training sollte von firmenfremden und firmeneigenen Leuten durchgeführt werden. Manches wird nun mal einem Fremden besser abgenommen und geglaubt und anderes wiederum mehr einem Mann oder einer Frau aus der eigenen Führungsriege.

Vergessen Sie nie, eine Veranstaltung mit Ihren Verkäufern, die der Schulung, dem Training und der Motivation dienen soll, mit einem Programmpunkt zu beenden, der Optimismus ausstrahlt und Zuversicht vermittelt. Hier ist nicht der erste Eindruck der wichtigste, sondern der letzte. Der Eindruck, den Ihre Mitarbeiter vom Abschluß der Tagung mit nach Hause nehmen, ist mitentscheidend für den Nachhall, den die Tagung bei den Verkäufern hat.

Und schließlich noch eines: Achten Sie, wenn es wieder auf die Reise geht, auf jeden Einzelnen. Beachten Sie seine Ergebnisse. Loben Sie ihn, wenn er erfolgreich ist, und sprechen Sie mit ihm, wenn der erhoffte Erfolg ausbleibt. Knüpfen Sie bei diesem Gespräch an die Inhalte und Thesen der Verkaufs-Schulung oder des Verkaufs-Trainings an. Es ist wichtig, daß Sie sich mit diesen Inhalten identifizieren, und es ist selbstverständlich, daß Sie diese selbst perfekt beherrschen müssen.

Ein Verkaufsleiter muß nicht nur selbst ein guter Verkäufer, ein kreativer Stratege, ein väterlicher Freund sein, sondern eigentlich auch der beste Trainer seiner Mannschaft.

XII. Haben oder Nicht-Haben – Sein oder Nicht-Sein

A. Die Suche nach dem USP

Im Zusammenhang mit der Suche nach dem USP haben wir uns bereits mit den Wünschen der Menschen auseinandergesetzt. Es erscheint mir aber dennoch wichtig, auf dieses zentrale Thema noch etwas ausführlicher einzugehen, denn von ihm, von der Beantwortung der hier entstehenden Fragen hängt das Wohl und Wehe der meisten Produkte und Dienstleistungen ab. Wenn wir ein wenig besser wissen, was die Menschen veranlaßt, bestimmte Waren zu kaufen, können wir uns bei der Planung von Verkaufsförderungs-Maßnahmen, bei der Ausarbeitung der Argumentation mehr von realistischen Überlegungen leiten lassen. Obwohl gerade die Kaufmotive meistens alles andere als realistisch sind.

Da sprechen einige Leute von »Konsumterror« oder, ein wenig milder, von den überwältigenden Kaufanreizen, denen der Verbraucher mehr oder weniger hilflos ausgeliefert ist. Dazu kommt dann der Vorwurf, die Menschen würden dadurch verleitet werden, Dinge zu kaufen, die sie gar nicht brauchen.

Das sind schon sehr schlimme Vorwürfe. Das ist »starker Tobak«! Ist es denn um uns wirklich so schlecht bestellt, wie neben anderen auch die Verbraucherschutz-Verbände nicht müde werden zu behaupten?

B. Manipuliert die Werbung den Verbraucher?

Ich habe vor einiger Zeit an einer Diskussionsrunde im Westdeutschen Fernsehen teilgenommen, bei der es auch um diese Frage ging. Neben dem Moderator und einem Wirtschaftswissenschaftler war eine Vertreterin einer solchen Verbraucher-Organisation dabei.

Zunächst wurde an mich die Frage gerichtet, ob die Werbung denn nun den Verbraucher manipulieren würde oder nicht. Ich antwortete – sicher zum Erstaunen der Anwesenden – : »Selbstverständlich manipuliert Werbung den Verbraucher. Wenn sie das nicht tun würde, dann brauchten wir nicht zu werben. Es kommt jedoch nicht so sehr auf die Frage an, ob die Werbung den Verbraucher manipuliert, sondern mehr darauf, ob das etwas Nachteiliges ist. Und da ist meine Meinung eindeutig: Manipulieren heißt so viel wie handhaben, steuern; in unserem Fall ›durch Information auf etwas hinlenken‹. Meine Überzeugung ist, daß sehr viel mehr Menschen falsche Dinge kaufen würden oder Sachen, die sie wirklich nicht brauchen, wenn es nicht die Informations-Möglichkeiten geben würde, die die Werbung bietet.«

Interessant an dem Vorwurf, die Menschen würden verleitet werden, viele Dinge zu kaufen, die sie eigentlich gar nicht brauchen, ist doch zweierlei. Zunächst muß festgestellt werden, daß dieser Vorwurf meist gerade von denen erhoben wird, die sich als Verfechter von Menschenwürde und Menschenachtung hervortun, den mündigen Verbraucher in den Vordergrund stellen, die Mitbestimmung verlangen und überhaupt die Entscheidungsfreiheit der Menschen nirgendwo eingeschränkt sehen möchten – zumindest nicht bei uns hier im Westen. Nur trauen diese Leute im gleichen Atemzuge ihren Mitmenschen nicht zu, selbst zu entscheiden, welche Dinge sie brauchen und welche nicht.

Andererseits empfinde ich diesen Vorwurf sowieso als unverschämt, denn wer ihn erhebt, maßt sich doch an, beurteilen zu können, was ein anderer braucht oder nicht braucht. Ich würde es niemals wagen, einem Mitmenschen, der sich, sagen wir, ein neues Radio gekauft hat, vorzuwerfen, er hätte falsch gehandelt, weil er doch das neue Radio gar nicht brauchen würde, denn er hätte ja noch ein altes Gerät zu Hause stehen, das noch funktioniert.

C. Warum kauft die Dame eine Armbanduhr?

Es ist sehr schwer festzustellen, was einer braucht oder nicht. Nehmen wir als Beispiel eine Armbanduhr. Warum kauft man eine Armbanduhr? Etwa, damit man immer weiß, wie spät es ist? Vielleicht. Wenn es nur das wäre, würde in den meisten Fällen eine preiswerte, robuste Uhr genügen, wenn überhaupt eine sein muß. Überall trifft man heute auf Uhren. Zuhause stehen oder hängen welche, im Straßenbild sieht man allerorten Uhren, in vielen Bürogebäuden gibt es sogar in den Zimmern, mindestens aber in Fluren und Gängen Uhren. Das Argument, man wolle eben immer wissen, wie spät es ist, zieht bei den meisten kaum, da sie keine Schwierigkeiten haben würden, auch ohne eigene Uhr die Uhrzeit zu erfahren.

Warum wollen sie dann eine Uhr?

Ganz einfach, um sich zu schmücken. Ja, und das ist natürlich eine Überlegung, die von vielen Verbraucherschützern und denen, die sich eigenmächtig dazu ernannt haben, völlig übersehen wird, einschließlich meiner Diskussions-Partnerin bei der vorhin erwähnten Gesprächsrunde im Westdeutschen Fernsehen.

Wenn alle Produkte nur dazu da wären, ihrem ureigensten Zweck zu dienen, dann würde es bei uns aussehen wie in Rotchina zur Zeit der Kultur-Revolution. Jeder hätte die gleiche graue Kleidung an, die gleichen Schuhe, zu Hause vielleicht sogar die gleichen Möbel usw. Eine schreckliche Vorstellung. Die ganze Welt wäre »graue Marmelade«, wie der bekannte Designer Luigi Colani es einmal sehr treffend formulierte.

Fragen wir uns also noch einmal: Warum kaufen wir bestimmte Dinge?

Die Beantwortung dieser Frage hat nichts mit Philosophie, sondern eher etwas mit Psychologie zu tun. Auf alle Fälle hat sie aber etwas mit Produktplanung, Produktentwicklung, Marketing und Kommunikation zu tun. Wenn wir wissen, warum die Menschen kaufen, wissen wir auch, warum einige Artikel so erstaunlich gut gehen und andere weniger gut oder überhaupt nicht.

D. Zwei Beweggründe, die den Menschen bei seinen Kaufentscheidungen anregen und steuern

Schon an anderer Stelle dieses Buches habe ich darauf hingewiesen, daß sein ICH das wichtigste für einen Menschen ist. Ich möchte sogar soweit gehen und behaupten, Menschen, die für ihre Hilfsbereitschaft und

Opferbereitschaft berühmt sind, tun auch das nur, weil sie ihre eigene Person in einen Rahmen stellen wollen, den sie als hervorragend und erstrebenswert ansehen. Wie überhaupt die ICH-Darstellung auch nur durch subjektive Vorstellungen gesteuert wird und nicht durch Ansichten anderer. Obwohl die subjektiven Vorstellungen natürlich durch die Ansichten und Meinungen anderer Bezugspersonen geprägt werden.

Auch das Zweitwichtigste für einen Menschen, die aus dem Trieb der Arterhaltung entspringende Fürsorge für seine Familie, die Hilfsbereitschaft für seine Nachbarn und Freunde, entspringen nach meiner Meinung im Grunde der egonzentrischen Denkweise, daß man eben einem anderen hilft, wenn er hilfsbedürftig ist, in der Hoffnung, daß einem selbst auch geholfen werden wird, wenn man in eine schwierige Lage kommt. Die Beispiele von selbstloser Hilfe und Aufopferung und wahrer Nächstenliebe sind die alle beglückenden Ausnahmen. Wir wissen inzwischen alle, daß z. B. die kinderreichen Familien in früheren Zeiten nicht einer besonderen Kinderliebe entsprangen, sondern einerseits der Unkenntnis von Methoden, die eine Schwangerschaft verhüten, andererseits aber auch der Tatsache, daß man zumindest auf dem Lande beizeiten für billige Arbeitskräfte sorgen mußte.

Ich will damit nicht sagen, die Menschen hätten früher ihre Kinder nicht gerngehabt. Ich streite nur ab, wenn heute behauptet wird, wir würden gegenwärtig in einer kinderfeindlichen Welt leben, während früher, siehe kinderreiche Familien, die Eltern so sehr kinderfreundlich gewesen wären. Wenn ich an die Kinderarbeit denke, die früher selbstverständlich war, und an die Kindersterblichkeit, weil Kinder verhungert oder erkrankt sind, weil sie im Schmutz leben mußten, dann kann ich da nicht viel Kinderfreundlichkeit entdecken. Wir brauchen ja nur in unterentwickelte Gebiete der Erde zu schauen. Es wird mir schwer anzunehmen, die kinderreichen Familien z. B. in Indien würden einer dort besonders ausgeprägten Kinderliebe entspringen.

Nein, Tatsache ist doch: In einer Gesellschaft ohne regelmäßige Einkommensmöglichkeiten und speziell ohne Altersversorgung müssen Kinder in die Welt gesetzt werden, damit die Eltern im Alter versorgt werden können. Und da dort die Kindersterblichkeit immer noch hoch ist, müssen möglichst viele Kinder gezeugt werden, damit wenigstens einige übrig bleiben. Das hört sich furchtbar brutal an und ist es sicher auch. Aber es hat doch keinen Zweck, sich immer wieder hinter irgendwelchen Illusionen zu verstecken.

Schließlich haben auch die Nationen, die den Kinderreichtum unterstützt haben, dies nicht aus reiner Menschlichkeit getan, sondern weil sie Soldaten brauchten. Aufrüstung und Mutterkreuz waren meistens sehr verwandte Aktionen.

Also, erstens denkt der Mensch an sich, und zweitens denkt er an andere, seine Familie, Nachbarn, Freunde usw., weil er dadurch ebenfalls für sich einen materiellen oder auch einen seelischen Vorteil sieht.

Und diese beiden Haupttriebfedern des Menschen steuern und diktieren auch sein gesamtes Verhalten und damit auch sein Kaufverhalten, – aber nur indirekt als Mittel zum Zweck.

E. Wonach strebt der Mensch?

Jeder von uns ist bestrebt, in der Gemeinschaft der Menschen den Platz zu erringen, den er als erstrebenswert ansieht. Das heißt mit anderen Worten ganz klar: Andere müssen diesen Platz keineswegs ebenfalls für erstrebenswert halten. Wichtig ist die Einschätzung einer bestimmten sozialen Position bei jedem einzelnen von uns.

Das fängt schon in ganz jungen Jahren an. Bei der kleinen Tochter, die eines Tages den Papa heiraten möchte, bei dem Sohn, der Lokomotivführer oder Rennfahrer werden will. Die angestrebten und meist auch idealisierten Lebensziele ändern sich im Leben mehrere Male mit zunehmender Reife, aber auch durch die Erfahrungen, die man macht, und die Erkenntnisse, die man sammelt.

Zunächst werden Positionen, von denen der junge Mensch durch Film, Fernsehen oder ein Buch erfährt, sublimiert, da sie in den Reportagen und Berichten häufig idealisiert dargestellt werden. Sobald nähere Erkenntnisse dazu vorliegen, läßt man schnell wieder davon ab, um sich einem anderen, neuen, verheißungsvoller erscheinenden Ziel zuzuwenden.

Wohlgemerkt, diese Ziele werden immer aus ganz klar egozentrischen Motiven heraus anvisiert. Entweder bieten sie dem einzelnen anscheinend besondere materielle Vorteile oder sie stellen einen gewünschten immateriellen Wert dar, weil sie Ansehen und Bewunderung auslösen. Beim Abwägen beider Beweggründe zeigt sich die eindeutige

Bevorzugung der immateriellen Werte. Obwohl das große Geldverdienen in Gesprächen immer an erster Stelle steht, geht das Streben mehr zu Positionen, die Anerkennung, Bewunderung und Beifall implizieren. Wenn dann noch das Geld dazukommt, um so besser.

Sie kennen sicher auch einen von den jungen Männern, die ihr mühsam erspartes Geld ausgeben, um sich bei einem Gebrauchtwagen-Händler ein altes Auto zu kaufen. In tage-, ja, wochenlanger Feierabendarbeit schaffen sie es, diesen Wagen wieder flottzumachen und zu einem ganz ansehnlichen Vehikel hinzutrimmen. Und dann malen sie noch Rallye-Streifen auf den Wagen. Auch Rallye-Scheinwerfer werden montiert, aber vielleicht gar nicht angeschlossen, weil sie nicht funktionieren und über jeden Scheinwerfer sowieso eine Kunststoffkappe mit einem interessanten Rallye-Muster gestülpt wird. Schließlich bekommt der Wagen außen noch zwei schicke Chromleisten, und dann fährt der junge Mann los. Stolz!

Wer wollte da behaupten, er hätte sich Dinge gekauft, die er gar nicht braucht? Und wenn man ihm das Auto gerade noch zugesteht: die Scheinwerfer, Chromleisten, die Rallye-Streifen? Sie machen den Wagen nicht schneller, nicht bequemer, sie sorgen nicht für einen geringeren Benzinverbrauch, ja, sie sind nicht einmal zu sehen, wenn man im Wagen sitzt.

War das also alles Unsinn, was dieser junge Mann getan hat? Hat er sein Geld zum Fenster hinausgeworfen? Hat er Sachen gekauft, die er eigentlich gar nicht braucht? Ist er ein armes Opfer des Konsumterrors?

Nein und nochmals nein!

Hier hat jemand nur das getan, was wir alle täglich tun. Er hat versucht, seinem Ideal einen Schritt näherzukommen. Und sein Ideal ist es vielleicht, ein toller Autofahrer mit einem schicken Wagen zu sein. Er hofft, auf diese Weise die Beachtung und Achtung zu erhalten, die er höchstwahrscheinlich sonst in seinem Leben nicht erhält. Wenn es nicht die Beachtung der Eltern ist und nicht die der Nachbarn, nun gut, die ist ihm vielleicht gar nicht so wichtig. Es genügt, wenn es die Beachtung seiner Freunde, seiner Clique, der jungen Mädchen ist, die er sich wünscht. Oder nur die Beachtung durch ein einziges, bestimmtes junges Mädchen!

F. Nicht nur Kleider machen Leute

»Kleider machen Leute« sagt man. Häufig wird dabei übersehen, daß es eben nicht nur die Kleider sind. Die Formen des Ausdrucks, um Eindruck zu machen, sind sehr unterschiedlich.

Der eine baut ein großes Haus und zeigt damit, wie weit er es finanziell gebracht hat, oder er kauft sich einen teuren Wagen, oder er macht weite Reisen; der andere zeigt sich stolz im Kreise seiner umfangreichen, wohlgeratenen Familie, der dritte tut sich in seinem Verein besonders hervor, und es ist als Mitglied eines Karneval-Vereins sein größter Wunsch, sein Traum, irgendwann einmal Prinz zu sein.

Wer einmal beobachtet hat, mit welchem Ernst erwachsene Männer als Mitglieder von Schützenvereinen mit ihren Uniformen, Schärpen, Orden, Ehrenzeichen, Fahnen und Säbeln durch ihre Ortsgemeinde marschieren, erkennt, daß sich auch hierbei viele geheime Wünsche nach Anerkennung und Bewunderung erfüllen, als Kompensation für andere, ähnliche, aber weit darüber hinausgehende Wünsche, deren Erfüllung sich aber offenbar als unerreichbar herausgestellt hat. Man kann sich eben nicht gut vorstellen, daß es ein Herzenswunsch von Berthold Beitz, Otto Wolff von Amerongen oder einem Bundeskanzler gewesen sein könnte, einmal Faschingsprinz zu werden oder als Fahnenträger eines Schützenvereins durch den Ort zu marschieren.

G. Die verschiedenen Wunschschichten

Es ist unmöglich darzustellen, welche Wünsche die Menschen antreiben, da es zu viele sind, Menschen und Wünsche. Und in jedem Menschen sind sicher mehrere »Wunschschichten« vorhanden.

Aber das ist Ihre Chance!

Es gab einmal ein berühmtes Buch mit dem reißerischen Titel »Die geheimen Verführer«. Abgesehen davon, daß inzwischen die Unrichtigkeit der dort vertretenen Ansichten bewiesen worden ist, sollte man lieber von den geheimen Wünschen der Menschen sprechen. Durch den Kauf von bestimmten Produkten versuchen sie, sich diese geheimen

Wünsche zu erfüllen. Und wenn auch nur in einer Form, die ein anderer höchstwahrscheinlich als unvollkommen ansehen wird.

Die Zigarette »Peter Stuyvesant« wurde mit dem allgemein auch heute noch bekannten Slogan »Der Duft der großen weiten Welt« eingeführt. Die in diese große weite Welt startende Düsenmaschine war fester Bestandteil eines jeden Fernsehspots, jeder Anzeige. Mit großem Erfolg!

Interessant ist dabei nur, daß diese Zigarettenmarke damals hauptsächlich von Rauchern gekauft wurde, die mehr zu den einfacheren Leuten gerechnet werden mußten, also von Leuten, die zumindest damals, als diese Zigarette eingeführt wurde, damit rechnen mußten, nie in ihrem Leben die Möglichkeit zu erhalten, mit einem großen Düsenjet in die ferne weite Welt fliegen zu können. Ein typischer Fall von Kompensation nicht erfüllbarer oder nicht erfüllbar erscheinender Sehnsüchte und Wünsche.

Vor einiger Zeit traf ich einen Herrn, der mir stolz seine Taucher-Armbanduhr zeigte und begeistert vorführte, wie gut diese Uhr für Taucher geeignet sei. Auf meine Frage, wo er denn tauchen würde, antwortete er zu meinem Erstaunen, er dürfe leider wegen einer Ohrenoperation nicht tauchen, er fände aber den Tauchsport ungeheuer faszinierend. Auch dieser Mann hat sich in eine Welt begeben, in der er sich zumindest in seinen Träumen und anhand realer Gegenstände seine Wünsche erfüllen kann.

Ebenfalls interessant ist in diesem Zusammenhang das Ergebnis einer Untersuchung, die vor einigen Jahren von einer Brauerei durchgeführt worden ist. Sie ergab u. a., daß gerade die Biermarke, die mit dem Slogan »löscht Männerdurst« warb, den größten Anteil an weiblichen Verwendern hatte.

Daraus ließ sich eine wichtige Erkenntnis ableiten: Ganz grob eingeteilt, gibt es zwei Frauentypen. Die einen, mehr schüchtern und zurückhaltend, eher zart und ›zerbrechlich‹, bevorzugen einen süßen Wein, Sherry oder Likör. Bei Bier müssen diese Frauen sich schütteln. Das ist ihnen viel zu bitter. Die anderen dagegen stehen ihren »Mann« im Leben, sind gern mit Männern zusammen, fühlen sich privat und geschäftlich unter Männern wohl, flirten gern. Sie sind das, was man landläufig unter einer Vollblutfrau versteht. Und die trinken auch gerne Bier! Warum? Ganz einfach, Bier schmeckt ihnen eben nicht nur gut, es hat auch einen betont männlichen Touch.

Auch in der Gefahr, mir jetzt den Vorwurf einzuhandeln, ich würde tradiertes Rollenverhalten und Rollenverständnis pflegen, möchte ich noch die einkaufende Hausfrau und Mutter erwähnen. Sie geht an den Regalen vorbei und ist im Unterschied zu früher mit ihrer Entscheidung weitgehend allein. Wir sollten uns ruhig einmal klarmachen, wie groß der Unterschied zwischen dem alten »Tante-Emma-Laden« und dem modernen Supermarkt ist. Früher konnte markenlose Ware verkauft werden, weil die einkaufende Hausfrau den Kaufmann um Rat fragen konnte, wenn sie in der Wahl eines Artikels unsicher war. Oft genug hat der Kaufmann, wenn er sein Geschäft verstand und richtig führte, aus der Kenntnis der Situation, des Geschmacks, des Verhaltens seiner Kundin vom Kauf der einen oder anderen Ware abgeraten und etwas anderes empfohlen. Meistens ist die Hausfrau diesem Rat dankbar gefolgt, denn sie vertraute dem Rat »ihres« Kaufmanns.

Heute im Supermarkt ist das ganz anders. Die Ratgeberfunktion des Kaufmanns ist durch die Werbung ersetzt worden. Wenn heute wieder versucht wird, sogenannte markenlose Artikel anzubieten und zu verkaufen, dann vergißt man dabei völlig, daß die Voraussetzungen für markenlose Artikel sich grundlegend gewandelt haben.

Wenn heute markenlose Artikel angeboten werden, dann ist das bestenfalls eine Selbsttäuschung, denn diese Artikel sind in Wirklichkeit natürlich nicht markenlos, sondern eine Hausmarke des jeweiligen Supermarkts. Hier findet – ganz nebenbei gesagt – schon ein bißchen Betrug am Verbraucher statt, weil man ihm etwas einzureden versucht, was der Realität nicht entspricht. Sonderangebote des Supermarkts werden weiß verpackt, das ist alles. Sonderangebote, die es immer schon gegeben hat. Hausmarken von Handelsunternehmen werden weiß verpackt, Hausmarken, die es immer schon gegeben hat.

Verfolgen wir also die Hausfrau bei ihrem Einkauf und beobachten wir ihre Entscheidungen.

Sie kauft nacheinander Sonnenblumen-Margarine, weil sie so gesund für ihre Familie ist, Butter, weil nun mal nichts über gute Butter geht, Bratfett, weil es in der Pfanne nicht so spritzt, Joghurt, weil er gut schmeckt und außerdem gesund ist usw. – Sie kauft nicht planlos, sondern alles nach einem eindeutigen Grundmuster: Ihr Wunsch ist es, eine vorbildliche Hausfrau und Mutter zu sein. Darum kauft sie, was ihrer Meinung nach eine vorbildliche Hausfrau und Mutter kaufen sollte. Ihre Kaufentscheidungen sind eine Art Beweisführung für sie, daß sie den

Anforderungen, welche ihre Position an sie stellt, gerecht wird. Denn, und das ist wichtig, sie ist gerne Hausfrau und Mutter. Sie findet ihre Erfüllung in dieser Aufgabe. Sie liebt ihren Mann und ihre Kinder, sie sollen mit ihr zufrieden sein; ihr Heim ist ihr Reich.

Anders verhält sich ein Junggeselle, der wie ein Einsiedler lebt, und anders wieder der, der abends seine neue Freundin erwartet und ihr imponieren will.

Es gibt Biersorten, die sehr zum Leidwesen der jeweiligen Brauerei von manchen nur dann gekauft werden, wenn sie Besuch erwarten, während sie sonst ein billigeres Bier trinken, das aber deswegen nicht schlechter zu sein braucht. Manchmal erklärt sich der höhere Preis nur durch die aufwendigere Flaschenausstattung.

Was kann man aus all dem erkennen und lernen?

Es ist falsch anzunehmen, die Menschen würden ab und zu Dinge kaufen, die sie eigentlich gar nicht brauchen. Jeder denkt sich bei jedem Kauf etwas, jeder hat eine Vorstellung davon, warum er diesen Artikel und nicht jenen kauft. Und es kommt für uns darauf an, Produkte anzubieten, die Wünsche erfüllen, Sehnsüchte kompensieren, Prestige vermitteln.

Stop!

Da sind wir schon wieder auf einem anderen Gleis. Prestige zu besitzen ist doch schon ein Wunsch der Menschen. Mit »Wünsche erfüllen« haben wir also schon das gesamte Spektrum abgedeckt.

H. Von Sonnen- und Schattenseiten-Produkten

Natürlich werden Sie mir jetzt sofort vorwerfen, ich würde es mir nun doch zu einfach machen. Schließlich kann nicht jeder schnittige Sportcabriolets, attraktive Modellkleider, faszinierende Stereoanlagen, raffinierte Videokameras produzieren oder die anderen Waren, die zu den »Sonnenseiten-Produkten« gezählt werden können. Schließlich gibt es auch Hersteller von Toilettenpapier und ... ja, da muß ich schon eine ganze Weile nachdenken. Offenbar gibt es gar nicht so viele langweilige Produkte, wie man auf Anhieb meinen möchte. Produkte, die keinen interessieren, verschwinden sehr schnell vom Markt. Was übrigbleibt, sind Produkte, die bei irgendeiner Zielgruppe auf Interesse stoßen. Und daß man auch Toilettenpapier vorteilhaft anbieten kann, wurde spätestens mit der Werbung »Zartes braucht Zartes« überzeugend und erfolgreich bewiesen.

Wer gerne in die Alpen nach Österreich fährt, hat sicher schon mal einen der kleinen Orte kennengelernt, die in zwei Ortsteile aufgeteilt sind. Einer heißt »Sonnleiten« oder »Sonnseite« oder ähnlich und der andere »Schattleiten« usw. Oftmals wohnen die wohlhabenderen Bauern im Sonnleiten, während die weniger begüterten mit dem Ortsteil Schattleiten zufrieden sein müssen.

Interessant ist nur, daß jeder auf seine Kosten kommt und im Sommer Touristen als Stammkunden hat. Vielleicht ist man in Schattleiten ein wenig preiswerter, ein bißchen freundlicher gar? Den Vogel hat ein Bauer abgeschossen, der in einem Fremdenverkehrs-Prospekt seinen Hof mit den Worten anpries: garantiert schattig gelegen auch an heißen Sommertagen.

Es gibt kein Produkt, keine Dienstleistung ohne positive Seiten! Die Tatsache, daß ein Produkt in unserer Welt voller Wettbewerb und Leistungszwang existiert, ist Beweis genug, daß an ihm etwas dran ist, etwas dran sein muß.

Wer mit diesem Produkt Erfolg haben will, muß sich die Mühe machen, das USP dieses Produktes herauszufinden, die Menschen zu suchen, die genau daran interessiert sind, und muß es dann diesen Menschen in der richtigen, überzeugenden, positiven Weise präsentieren und anbieten.

So schwer und so einfach ist Erfolg.

XIII. Von Preis und Wert ... oder Probleme produktadäquater Preisbildung

A. Was macht den realen Wert einer Sache aus?

Es ist kaum zu glauben, und doch ist es wahr: Viele, sehr viele Menschen beurteilen den Wert einer Sache ausschließlich nach ihrem Preis – und verfallen damit einem großen Irrtum. Dabei spreche ich nicht etwa von wirtschaftlichen Laien, sondern gerade von Fachleuten, die es eigentlich besser wissen müßten, weil sie voll im Wirtschaftsleben stehen, wie z. B. Handelskaufleute, Vertreter, Reisende oder auch Wirtschafts-Journalisten. Sie sprechen von »teuer« und »billig«, aber auch von »preiswert«, meinen, alle Leute wollten nur möglichst billig einkaufen, und finden, das meiste sei sowieso viel zu teuer. Aber woran orientieren sie sich, wenn sie ein Produkt oder eine Leistung beurteilen?

Ein hochpreisiges Produkt wird entweder als wertvoll oder als zu teuer eingestuft; eines, das wenig kostet, als billig, wobei »billig« mal »richtig im Preis« und mal »schlecht« oder »mangelhaft« im Sinne von Tand bedeutet. Andere sprechen dann auch von »preiswert«, lassen aber offen, was sie wirklich unter »es ist seinen Preis wert« verstehen.

Was macht eigentlich den realen Wert einer Sache aus?

Es ist immer der Wert, den ein anderer dafür zu zahlen bereit wäre! Oder mit anderen Worten: Der Preis, den jemand zahlt, wenn er kauft, repräsentiert den Wert für den Verkäufer. Für den Käufer entspricht der Wert ebenfalls wiederum dem Erlös, den er bei einem eventuellen Verkauf erzielen würde.

Vielleicht läßt sich das am Beispiel einer Briefmarkensammlung ganz gut erläutern: Ein Mann hat seit seiner Jugendzeit alle Briefmarken gesammelt, deren er habhaft werden konnte. Er hat nicht nur gesammelt, was er bei Gelegenheit auf Briefen zu Hause oder bei Verwandten und Bekannten vorfand, er hat zur Vervollständigung seiner Sammlung hier und da auch Marken gekauft.

Oft genug schwärmte er seiner Familie von seiner wertvollen Sammlung vor. Und alle glaubten es ihm, denn viele dicke Alben und große Kartons wurden nach und nach mit Marken gefüllt.

Eines Tages stirbt der Mann. Seine Erben, allesamt Briefmarken-Laien, hoffen auf einen hohen Veräußerungsgewinn und träumen schon davon, was sie mit den Zehntausenden von Mark wohl anfangen werden.

Möglichst bald legen sie die Sammlung einem Briefmarken-Händler vor. Der blättert die Alben durch, schüttelt den Kopf und sagt dann bedauernd: »Leider habe ich an diesen Marken momentan keinen Bedarf. Ich kann Ihnen für diese Sammlung nichts bieten.«

Große Enttäuschung!

Die Erben mußten gerade zur Kenntnis nehmen, daß die Sammlung ohne einen realisierbaren Wert ist, – zumindest zu diesem Zeitpunkt.

Aber die Meinung eines einzigen Briefmarken-Händlers ist schließlich nicht unbedingt für alle anderen ausschlaggebend. Es werden also mehrere befragt, z.T. mit dem gleichen niederschmetternden Ergebnis oder mit Angeboten von wenigen hundert Mark. Auf den Rat von Freunden hin entschließen sich die Erben, die Sammlung zu einer Auktion zu geben. Und richtig, sie wird für tausend Mark ersteigert.

Nun, wie hoch war also der Wert der Sammlung für die Erben? Etwa so hoch wie der Zeit- und Geldaufwand des Sammlers? Oder wie er nach dem neuesten Briefmarken-Katalog sein müßte? Nein, 1.000 DM und keinen Pfennig mehr.

Das hört sich sehr logisch und kaum erwähnenswert an. Mag sein. Aber in bekannten und renommierten Wirtschafts-Zeitschriften können Sie z. B. immer wieder mal lesen, daß ein bestimmter Briefmarkensatz enorm im Wert (!) gestiegen sei, was dann anhand der neuesten Katalognotierungen nachgewiesen wird. Nur, es kümmert sich keiner darum, was denn von den Händlern oder auf Auktionen für diese Marken wirklich gezahlt wird.

Um dieses Beispiel abzurunden: Ein Bekannter von mir hat sogenannte Maximumkarten gesammelt, eine spezielle Variante des Briefmarkensammelns. »Gesammelt« heißt in diesem Fall »gekauft« bei einschlägigen Briefmarken-Händlern.

Drei Jahre lang ordnete er Karten aus den beliebtesten Ländern sorgfältig in schöne Kataloge ein. Aus Anzeigen und Preislisten von Briefmarkenhändlern ging eindeutig hervor, daß er offenbar auch im Sinne einer guten Geldanlage richtig handelte, denn die Preise für Maximumkarten stiegen unablässig.

Aus Gründen, die hier keine Rolle spielen, entschloß er sich nach drei Jahren, dieses Sammelgebiet doch wieder aufzugeben, und bot seine kleine, aber feine Sammlung natürlich den Händlern zum Rückkauf an, die dieses Sammelgebiet monatelang und bis zu diesem Zeitpunkt vehement forciert hatten. Auch wäre er realistischerweise mit dem halben Katalogwert einverstanden gewesen.

Aber auch hier war die Enttäuschung groß! Weder wollten die Händler die Sammlung kaufen noch konnte er die Karten auf einer Auktion loswerden. Keiner hatte Interesse.

Ernüchternde Erkenntnis also: Diese Sammlung hatte im Moment keinen Wert. Sie war wertlos! Er konnte nur hoffen, daß sich die Situation noch ändern würde.

Sie mögen nun sagen, das könne bei Liebhaberobjekten, wie sie eine Briefmarkensammlung darstellt, schon so sein. Aber bei normalen Wirtschaftsgütern repräsentiert der Preis doch in etwa den Wert. Ist es wirklich so?

Kaufen Sie sich einen 25.000-Mark-Wagen, dann verlieren Sie in dem Augenblick, in dem Sie bezahlt haben und das Grundstück des Autohändlers mit dem nagelneuen Gefährt verlassen, rund 4.000 Mark, wenn nicht mehr. Selbst wenn Sie sofort umkehren und den Wagen dem Händler wieder zum Rückkauf anbieten würden, bekämen Sie im besten Fall vielleicht 21.000 DM vom Händler zurück. Der Wert des Autos, das Sie gerade gekauft haben, beträgt also für Sie nicht 25.000 DM, wie der Kaufpreis war, sondern nur höchstens 21.000 DM.

Aber es kann auch anders sein. Ich kenne einen Herrn, der sich vor einigen Jahren einen gut erhaltenen, gebrauchten Porsche Turbo für 70.000,– DM gekauft hat, den Wagen zwei Jahre lang fuhr, gut pflegte und dann genau für die gleiche Summe wieder verkaufte. Abgesehen davon, daß es ihm gelungen war, einen so exklusiven Wagen zwei Jahre lang praktisch ohne Anschaffungskosten zu fahren, war in diesem Fall der Wert des Wagens nach dem Kauf nicht gesunken, sondern konstant bei 70.000 Mark geblieben.

Ganz anders sieht es beim Vergleich zwischen Kaufpreis und realem Wert bei einer schweizerischen Aktiengesellschaft aus. Sie bietet ihre Aktien, die an keiner Börse gehandelt werden, seit Jahren zu stetig steigenden Kursen zum Kauf an. Und »Kurs« bedeutet hier ja nichts anderes als »Preis«. Da es sich um eine Immobilien-Gesellschaft handelt, operiert sie mit verlockenden Argumenten:

1) Geldanlage in der Schweiz. Hier wird bewußt das Vertrauen ausgespielt, das die Schweiz als sicheres Geldanlageland mit fester Währung besitzt.

2) Geldanlage in Immobilien. Auch Immobilien gelten bekanntlich als besonders sicher und vertrauenswürdig.

3) Seit Jahren steigende Aktienkurse. Es ist beinahe wie im Märchen, diese Traumkombination aus sicherer Schweiz, sicheren Immobilien und ständig wachsenden Kursen, was der normale Geldanleger schließlich mit wachsendem Vermögen gleichsetzt.

Aber wie sieht die Realität aus? Wie ist hier die Relation von Preis und Wert?

Zunächst ist eines richtig. Es handelt sich um eine Aktiengesellschaft, deren Sitz sich in der Schweiz befindet. Ob eine solche Gesellschaft allein schon dadurch seriöser ist als andere, möchte ich hier nicht beurteilen. Aber wie sieht es mit der Geldanlage in Immobilien aus? Zum Zeitpunkt, an dem ich diese Zeilen schreibe, beträgt der Kurs der Aktie 4.100,– Schweizer Franken. Die grundbuchliche Absicherung, die jedem Aktienbesitzer zugesagt und auch eingehalten wird, geschieht aber nur in der Höhe des Nennwerts der Aktie von 100,– SFr. Was in einem Liquidationsfall mit der Differenz von 4.000,– SFr werden würde, bleibt völlig offen; und man kann sich seinen Teil denken.

Nun zu den steigenden Aktienkursen. Zu spät erfahren die Aktienerwerber meist, daß dieser Kurs von der Firma selbst festgelegt wird und in keiner Weise einem sich durch Angebot und Nachfrage gebildeten Börsenkurs entspricht. Ein Börsenkurs gibt schließlich Auskunft darüber, wieviel ein Erwerber für die Aktien bezahlen muß und wieviel der Eigentümer der Aktien erhalten würde, wenn er sie verkaufen wollte, wieviel sie also wert sind, – wobei wir die Gebühren der Bank hier einmal unberücksichtigt lassen können.

Nicht so bei dieser Aktiengesellschaft in der Schweiz, die gern so viel Seriosität ausstrahlen möchte.

Die erste Enttäuschung erlebt der Aktionär, wenn er seine Papiere der Gesellschaft zum Rückkauf anbietet. Er muß das tun, weil es keinen Börsenhandel mit diesen Effekten gibt. Er erhält als Antwort nicht etwa sein investiertes Geld zurück, sondern einen freundlichen Brief, in dem ihm mitgeteilt wird, daß ein Rückkauf nach ganz bestimmten Regeln erfolgt, was für ihn bedeutet, mehrere Jahre warten zu müssen, bis es mit dem Rückkauf durch die Gesellschaft klappt. Gleichzeitig gibt man ihm den Rat, die Aktien doch auf dem freien Markt, d. h. durch Aufgabe einer Kleinanzeige, zu verkaufen.

Braucht er sein Geld dringend, bleibt ihm gar nichts anderes übrig, und es folgt der zweite Schock. Wenn es ihm nach vielen Mühen und Kosten für Anzeigen und Telefonate endlich überhaupt gelingt, seine Aktien zu verkaufen, dann nur zum halben Kurs. Neben dem Ärger muß er also auch einen herben Verlust in Kauf nehmen.

Was sind die Aktien also wert? Stimmen hier Preis und Wert überein? Ich überlasse Ihnen die Antwort auf diese Frage.

B. Materieller und ideeller Wert

Eine Sache, für die wir vielleicht viel Geld bezahlt haben, ist wertlos, wenn es keinen Menschen gibt, der uns dafür etwas zu zahlen bereit ist, falls wir sie verkaufen wollten. Andererseits kann etwas einen materiellen Wert für uns haben, auch wenn wir dafür überhaupt nichts bezahlt haben. Denken Sie z. B. an ein seltenes Mineral, das wir im Urlaub gefunden haben und das ein Mineraliensammler gern abkauft.

Der materielle Wert einer Sache wird also nicht durch ihren Preis, den wir bezahlt haben, sondern durch den wahrscheinlichen Verkaufserlös bestimmt.

Eine wichtige Erkenntnis für unsere Marketingarbeit!

Eine Erkenntnis, die wir bei der Preisbildung für unsere Produkte berücksichtigen müssen. Wenn Preis und Wert nicht unbedingt übereinstimmen müssen, wenn für Sachen viel bezahlt wird, die eigentlich keinen Wert haben, dann muß bei der Beurteilung des Wertes neben der materiellen noch eine andere Bewertung eine Rolle spielen. Eine emotionale Bewertung, die in ihrer Bedeutung und Höhe von jedem prospektiven Kunden subjektiv vorgenommen wird.

Was folgert daraus für unsere Arbeit, für Kalkulation, Preis und Angebot? Die Bewertung von Produktqualität und Angebotsnutzen wird durch eine subjektive Beurteilung beeinflußt und diese wiederum vom Image des Angebots oder Anbieters.

Derjenige, der bereit ist, uns etwas abzukaufen, der also den realisierbaren materiellen Wert unserer Ware bestimmt, erfüllt sich mit diesem Kauf einen Wunsch, und mag dieser auch noch so klein sein.

Ich schreibe an anderer Stelle dieses Buches: Der Markt, das sind die Wünsche der Menschen. Aber zwischen Wunsch und Wunscherfüllung gibt es eine Barriere, die überwunden werden muß, den Preis. Ist der Wunsch, eine bestimmte Sache zu besitzen oder z. B. während des Urlaubs eine fremde Landschaft kennenzulernen, sehr groß, wird man auch bereit sein, viel Geld für die Erfüllung dieses Wunsches auszugeben. Hat es der Anbieter jedoch nicht geschafft, den Wunsch nach seinem Angebot so intensiv zu wecken, daß der Kunde den geforderten Preis als seinem Wunsch adäquat empfindet, dann werden das Produkt oder die angebotene Leistung nicht gekauft werden, obwohl sie grundsätzlich vielleicht ohne weiteres dem Wunsch vieler Menschen entsprechen. Er muß dann den Preis so lange senken, bis das Preis-Leistungs-Verhältnis nach Meinung seiner Kunden wieder stimmt. Ob er dabei anderer Meinung ist und sein Angebot anders einschätzt, spielt überhaupt keine Rolle.

Also entweder den Preis senken oder die Angebots-Qualität erhöhen. Häufig ist es aber aus kalkulatorischen Gründen einfach nicht möglich, mit dem Preis herunterzugehen. Und was heißt schon, die Angebots-Qualität erhöhen? Bessere Materialien, sorgfältigere Verarbeitung, größere Auswahl usw. kosten auch Geld und sind schließlich nur die andere Seite der gleichen kalkulatorischen Medaille. Also was tun?

Erinnern wir uns an die Beweggründe, die beim Kauf einer Ware oder Leistung die entscheidende Rolle spielen. Es geht nicht nur um den materiellen Wert, sondern wesentlich auch um den emotionellen. Die Wunscherfüllung mittels Kauf einer Ware oder Leistung hat immer auch etwas mit dem Wunsch nach befriedigender Selbstdarstellung zu tun.

Wir kennen alle die Firmen aus den verschiedensten Branchen, die es geschafft haben, einen großen Kundenkreis zu finden, der bereit ist, für ihre Artikel erheblich mehr Geld auszugeben, als man sonst für vergleichbare Dinge ausgibt. Diese Waren vermitteln dem Eigentümer einen immateriellen Mehrwert für seine Person, eine höheres Gefühl von Zufriedenheit, Lebensqualität und Selbstbestätigung. Und darum sind diese Menschen gern bereit, einen höheren Preis zu zahlen.

Wir müssen also zwischen dem kalkulatorisch errechneten Preis und dem Wert unterscheiden, den unser Angebot vermitteln kann. Wir müssen versuchen herauszufinden, welchen subjektiven Wert unser Angebot für unsere prospektiven Kunden hat, und den endgültigen Verkaufspreis, soweit es geht, an diesem Wert orientieren. Das hat mit der nüchternen Kalkulation aus Material- und Arbeitskosten, Dekkungsbeitrag, Gewinnaufschlag usw. nur mittelbar etwas zu tun. Diese Kalkulation gibt uns nur den Hinweis, wo wir stehen und wie weit wir von unserem Ziel eventuell noch entfernt sind. Aber den genauen Angebotspreis ergibt sie nicht unbedingt.

C. Vom Image-Potential einer Ware oder Leistung und wie man es nutzen kann

Damit nun unser Angebot für die Kunden einen subjektiven emotionellen Mehrwert bekommt, müssen wir etwas tun.

Wir müssen ihm eine besondere Ausstrahlung verleihen, ihm ein Image-Potential aufbauen. Sorgen Sie also dafür, daß Ihr Angebot nicht nur mit den Wünschen Ihrer Kunden nach einem bestimmten praktischen Nutzen übereinstimmt, sondern auch mit seinen Wünschen nach Selbstdarstellung, ja, wenn ich es mal ganz salopp sagen darf, auch mit den Wünschen nach ein bißchen Angeberei. Sie werden auf diese Weise erreichen, daß der Wert, den Ihre Kunden Ihrem Angebot beimessen, mit Ihrem Wunsch-Verkaufspreis übereinstimmt oder sich ihm doch sehr weit annähert.

Haben Sie hochwertige Produkte, sollten diese mit entsprechenden optischen Signalen ausgestattet werden, die sie für jeden Betrachter sofort als hochwertig erkennbar machen. Und zwar nicht nur für den Käufer selbst, sondern auch für die Menschen, von denen er umgeben ist, seine Freunde, Nachbarn, Arbeitskollegen. Letzteres halte ich sogar für besonders wichtig. Es genügt nicht, ein Zeichen zu setzen, das nur der Käufer kennt und wiedererkennt. Nein, gerade seine Mitmenschen müssen diese Zeichen richtig deuten und einordnen können, denn das ist für den Käufer das wesentliche Merkmal Ihres Produkts, das für ihn einen Mehrwert gegenüber gleichartigen Konkurrenzprodukten darstellt, die diese Ausstrahlung nicht haben. Machen Sie also den hohen

Wert Ihrer Produkte für alle, Kunden und Nichtkunden, transparent und deutlich sichtbar.

Bieten Sie dagegen Niedrigpreisprodukte an, so müssen Sie diese als vernünftige Produkte präsentieren. Der Käufer möchte ja nicht in den Verdacht geraten, kleinlich oder gar geizig zu sein, obwohl er sich über den niedrigen Preis freut.

Aber Vernunft ist schließlich eine gute Sache. Dagegen kann keiner was sagen.

Zeigen Sie also Ihren Kunden, wie vernünftig es ist, Ihre Ware zu diesem günstigen Preis zu kaufen, und daß sie sich deswegen keineswegs etwa zu schämen brauchen, weil es sich um einen klugen, besonnenen Kauf handelt, der Anerkennung verdient.

Nicht nur der praktische Nutzen einer Ware, sondern auch ihr Image müssen mit der Anschauung des Käufers über seine von ihm erstrebte Lebensweise übereinstimmen. Betrachten Sie die Kunden eines Juwelier- oder eines Delikatessen-Geschäfts und die eines Ladens für alternative Lebensmittel. Die Kunden wollen eine stimmige Beziehung zu einer Ware spüren. Wo diese Beziehung nicht vorhanden ist und sich nicht bilden kann, gibt es Preisdiskussionen und Ablehnung, übertriebene Kritikbereitschaft und Reklamationshäufungen.

Das Image-Potential einer Ware oder Leistung bestimmt den realen Wert für den Kunden und damit den Preis, den er dafür zu zahlen bereit ist. Je mehr Sie also in der Lage sind, die Wertvorstellung Ihrer Kunden mit dem Preis, den Sie fordern, in Übereinstimmung zu bringen, desto mehr werden Sie verkaufen und desto höhere Preise werden Sie erzielen.

XIV. Ein bißchen Psychologie ist immer dabei

A. Sympathie und Kaufbereitschaft

Da ich in diesem Buch mit Ihnen darüber spreche, wie sich ein Unternehmen nach außen und nach innen verhalten sollte, um seine Produkte oder Leistungen auf möglichst erfolgreiche Weise an den Kunden zu bringen, geht es hier also nicht so sehr um das Problem, wie die Voraussetzungen für eine optimale Produktion technisch geschaffen werden müssen, sondern mehr darum, was zu tun ist, um bei Ihren prospektiven Kunden Sympathie zu wecken. Es ist nun mal eine alte Weisheit, daß die Menschen in der Regel nur bei dem etwas kaufen möchten, der ihnen auch sympathisch ist.

Diese Tatsache kann vorübergehend durch bestimmte Akivitäten und Erscheinungsformen im Vertriebsbereich überdeckt oder verfälscht werden. Aber die ersten Discounter, die ihre Waren wirklich nur in Pappkartons feilboten, auf denen mit Filzschreiber die Preise geschrieben waren, sind im großen und ganzen doch wieder von der Bildfläche verschwunden. Auch der Supermarkt an der nächsten Ecke muß sich heute ein persönliches Flair geben. Wer die Verkaufsanzeigen donnerstags oder freitags in den Zeitungen sieht, erkennt, wie wenig es auch für diese Vertriebsform genügt, nur mit günstigen Preisen zu werben. Die freundliche, zumindest vorgetäuschte persönliche Atmosphäre gehört seit einiger Zeit wieder dazu. Ich sage das trotz der unbestreitbaren Erfolge von Firmen, wie z. B. Aldi, die das System des Discounters perfekt beherrschen. Dieses System hat langfristig gesehen seinen Höhepunkt erreicht oder vielleicht sogar schon überschritten. Die meisten Käufer wollen sich auch bei preislich günstigen Angeboten nicht wie eine Nummer behandelt fühlen. Und in so manchem Verbrauermarkt mit riesiger Verkaufsfläche zeigen sich schon nach kurzer Zeit Ansätze persönlicher Bindungen zu der einen oder anderen der wenigen verbliebenen Verkaufskräfte. Und wenn es auch nur ein kurzer freundlicher Wortwechsel mit der Kassiererin ist.

Andererseits ist zwar nicht gerade ein Come-back des »Tante-Emma-Ladens« zu beobachten. Die Vertriebsform, die zwischen Supermarkt und altem Kaufmannsladen liegt, hat wieder festen Boden in unserem Wirtschaftsleben. Immer mehr Menschen kaufen gerne in Geschäften ein, in denen zumindest ein kurzes Beratungsgespräch möglich ist. Auch die Warenhauskonzerne gehen bekanntlich wieder dazu über, in einigen Bereichen sogenannte Fachabteilungen mit Beratung einzurichten, wenn sie überhaupt jemals ganz darauf verzichtet hatten.

B. Der falsche Weg der Technokraten

Wir haben nach dem II. Weltkrieg eine Phase erlebt, in der die Technokraten in Wirtschaft und Politik uns weismachen wollten, die Menschen würden nur rational entscheiden und man brauche ihnen nur ganz nüchtern und ohne »drum-herum« günstige Angebote zu machen, und schon würden die Geschäfte nur so flutschen. Heute wissen wir, wie falsch diese Einschätzung der Menschen ist, und mehr und mehr zeigt sich eine entsprechende Rückorientierung, nur gebremst von den erwähnten Technokraten, die dies meist bis heute noch nicht begriffen haben.

C. Wählerverhalten in der Politik und im Markt

Wenn wir einen Blick auf die Politiker und hier besonders auf die Parteien werfen, dann zeigt sich doch immer wieder, daß Menschen Menschen wählen. Die Parteien reden so viel von Sachprogrammen, Wahlaussagen, Wahlplattformen (übrigens ein schrecklich dummes Wort!) und politischen Aussagen. Doch wer wird gewählt? Oder besser: Wer gibt bei Wahlen denn nun wirklich den Ausschlag? Der beliebte, sympathische Politiker!

Zunächst einmal hat jede Partei ihre Stammwähler. Das sind aber nur relativ wenige Prozente. Die Sozialdemokraten können z. B. wirtschaftspolitischen Unsinn machen, soviel sie wollen, eine bestimmte Mindestzahl von Wählern, meist von den Arbeitern, wird sie trotzdem wählen, weil diese Arbeiter über die praktische SPD-Politik gar nicht nachdenken, geschweige denn sie beurteilen und bei Nichtgefallen Konsequenzen ziehen. Sie wählen die SPD, weil diese Partei – wie sie meinen – ihre politische Heimat ist und weil sie niemals auf den Gedanken kommen würden (vielleicht, weil sie nicht darüber nachdenken?), eine andere Partei zu wählen.

Mit der CDU/CSU ist es natürlich ganz genauso. Auch hier gibt es vornehmlich bei der Unternehmerschaft und bei den Angestellten in großer Zahl keine Frage in der politischen Wahl, egal wie widersprüchlich die Aussagen der Vertreter dieser »Schwester«-Parteien oftmals sind.

Die Stammwähler zeigen ihre Mißbilligung nie in der Form, daß sie eine andere Partei wählen, sondern höchstens durch Wahlenthaltung, d. h. sie »strafen« ihre Partei, indem sie nicht zur Wahl gehen. Bei vielen Wahlen hat sich gezeigt, auf welch verhängnisvolle Weise sich eine solche Stimmenthaltung auswirken kann. Sie führte schon so manches Mal zu erheblichen Prozentverschiebungen und sogar zu Regierungswechseln.

Nun gut, es gibt also die Stammwähler. Und das ist der eine Prozentsatz aller Wähler. Die entscheidenden Prozentpunkte bringen aber die sogenannten Wechselwähler, und die wählen nicht nach Programmen, Satzungen, Parolen oder gedruckten Wahlplattformen. Die wählen Menschen, denen sie Sympathie und Vertrauen entgegenbringen.

Da kann ein Politiker so gut sein wie er will. Wenn er den Wählern nicht gefällt, weil er nicht fotogen aussieht, immer mufflig ist oder nur so erscheint, dann wird er nicht gewählt.

Die Parteien müssen also zusehen, wie sie eine Atmosphäre von Sympathie, von Freundlichkeit, ja von menschlicher Wärme und Zuneigung schaffen, wenn sie gewählt werden wollen. Die Parolen der Radikalen, der Nazis, der Kommunisten, die durch Begriffe wie Volksgemeinschaft, Genossenschaft, »Einer für alle« und das große Miteinander geprägt sind, haben leider immer wieder eine starke Anziehungskraft auf viele Menschen ausgeübt, die ihr Glück eben nicht in individueller Profilierung, sondern im Aufgehen in einer großen Gemeinschaft sehen, weil sie sich nur in ihr beschützt und geborgen fühlen.

Die Cliquenbildung bei Jugendlichen bis hin zu Rockerbanden beweist doch immer wieder, wie groß die Sehnsucht der meisten Menschen ist, Teil einer Gemeinschaft zu sein, die immer für sie da ist. Ich habe in diesem Buch schon an anderer Stelle einige Beispiele für dieses Verhalten von Menschen gegeben.

D. Auch emotionale Wünsche wollen erfüllt werden

Auch wenn wir Leistungen oder Produkte verkaufen wollen, müssen wir uns an diese Sehnsucht der Menschen erinnern. Glauben Sie mir, niemand will sich nur kleiden, will nur essen oder trinken, abgesehen von Notleidenden, die kurz vor dem Erfrieren, Verhungern oder Verdursten sind. Aber die Betreuung dieser bedauernswerten Menschen, so wichtig sie ist, kann nicht Gegenstand dieses Buches sein.

Hier geht es um die Bewohner unseres Landes, um die Menschen in den entwickelten Ländern, um die Menschen, für die eine Befriedigung der Grundbedürfnisse kein Problem mehr ist.

Warum gehört es zum guten Ton, »bitte« und »danke« zu sagen? Warum grüßt man sich und wünscht einen guten Tag?

Weil es für uns unerträglich wäre, in einer Welt zu leben, in der nur und ausschließlich der nüchterne und rationale Verstand herrscht, in der jede noch so kleine Ausschmückung unseres Lebens verpönt ist, in der es nichts gäbe, was eigentlich überflüssig und doch für uns so lieb und wertvoll ist.

Und weil die Menschen, Ihre Kunden, mehr wollen, als nur ein Produkt zu besitzen, welches eine bestimmte Funktion ausführen kann oder nur einem ganz bestimmten Zweck dient. Darum müssen wir uns Gedanken machen, wie wir unsere Produkte mit einer sympathischen Atmosphäre anreichern oder wie wir sie so herausputzen, daß man stolz sein kann, sie zu besitzen, weil sie nur dann auf Dauer verkäuflich sind.

Vergessen Sie solche Ausdrücke wie »teuer« oder »billig«. Es gibt auf dieser Welt keine schlechthin teuren oder billigen Produkte! Kein Mensch will nur billig kaufen, wie viele Händler und damit auch viele Vertreter und Reisende ihr Leben lang glauben.

Jeder will das kaufen und besitzen, was seinen Wünschen am nächsten kommt, und das ist kaum jemals das Billigste. Versuchen Sie, Waren zu produzieren, die Wünsche nach sozialer Anerkennung oder nach Geborgenheit, nach Sicherheit, nach Gesundheit, nach Selbstbestätigung, nach Sympathie, nach Fürsorge, ja, nach Liebe erfüllen.

Und sagen Sie allen, daß sie diese Produkte haben. Und sagen Sie es in einer angepaßten, glaubwürdigen, atmosphärisch richtigen Weise.

Ich wiederhole: Es will keiner nur einfach eine Ware kaufen! Der Kauf einer Ware ist vielmehr im einfachsten Fall die Erfüllung eines Wunsches, meist aber die Bereicherung des eigenen Lebens; – und wenn auch nur mosaiksteinchenweise durch Kauf der Karies verhütenden Zahnpasta, der gesunden Margarine, des Freude spendenden Spielzeugs oder Geschenks. Wie sehr Bekleidungsstücke, Reisen, Schmuck, Hobbyartikel, Autos, Bücher, Schallplatten usw. zu dieser Bereicherung beitragen können, braucht nicht extra erwähnt zu werden.

Denken Sie nur an den jungen Mann mit seinem rallyegestreiften, scheinwerferbestückten, chromleistenverzierten Wagen; denken Sie an die fürsorgliche Mutter, die Margarine mit essentiellen Fettsäuren kauft, obwohl sie gar nicht weiß, was das eigentlich ist, und nur das Gefühl hat, ihrer Familie damit etwas Gutes zu tun; denken Sie an den Mann mit der Taucheruhr, der nicht tauchen darf, und denken Sie an die Frau, die sich mit ihrer Armbanduhr schmückt, einer Armbanduhr, bei der das Ablesen der Zeit nur mit Schwierigkeiten möglich ist, weil das »Ziffer«-Blatt keine Ziffern enthält. Sie alle kennen solche Uhren, solche Frauen, solche Menschen. Es sind Ihre Kunden!

E. Das Phänomen E. T.

Denken Sie bitte aber auch einmal an das Phänomen »E. T.«! Ein schrecklich häßliches Monstrum erobert die Herzen der Menschen, gewinnt deren Sympathie und Zuneigung. Warum?

Weil sein Schicksal den Menschen zu Herzen geht, weil sie Anteil nehmen, weil sie eigene oder miterlebte Schicksale hier irgendwie wiederzuerkennen glauben. Denn dieses Wesen ist allein und einsam auf der Erde, sehr weit weg von zu Hause, ohne Freunde zunächst, ohne Gemeinschaft, die Gemeinschaft, in der es sich geborgen fühlen kann.

Und ein Kind hilft ihm!

Jeder Filmzuschauer fühlt und leidet mit E. T., denn auch er fühlt sich ein bißchen einsam und allein.

Aber: Würde E. T. in einer einzigen Szene des Films auch nur einmal einen »Ausrutscher« begehen und beispielsweise ein niedliches Kätzchen fressen, würde das Verdammungsurteil ihm sicher sein. Alle Menschen, die E. T. jetzt so heiß und innig lieben und Tränen wegen seines Schicksals vergießen, würden ihm das Verzehren eines süßen Kätzchens nie verzeihen, auch wenn es – einmal angenommen – für sein Überleben absolut notwendig und nur ein einziges Mal nötig wäre.

Was ich damit sagen will? Eine Warnung!

Vertrauen Sie nicht zu sehr auf das Wohlwollen Ihrer Kunden! Kunden sind schließlich auch nur Menschen, und Menschen verzeihen nun mal keinen solchen »Ausrutscher«. Es muß sich dabei nicht gleich um das Verspeisen von allgemein als niedlich und behütenswert eingestuften Tierchen handeln. Auch wesentlich geringere Verstöße gegen die Normen des Wohlverhaltens, die bei einer Firma schnell mal vorkommen können, zerstören schnell ein in jahrelanger, mühseliger Arbeit aufgebautes positives Image. Der häufigste Fall: Nicht halten, was man in der Werbung verspricht.

Es kommt nun mal nicht nur darauf an, bekannt zu sein. Positiv bekannt sein, das ist wichtig!

Die Eisenbahnen leiden heute noch darunter und tun leider auch sehr wenig dagegen, daß Bahnhöfe, Bahnanlagen und angrenzende Gebäude, aber auch die Wagen innen und außen schmuddelig wirkten. Diejenigen, die vor vielen Jahren auf die Idee gekommen waren, Eisenbahnwagen schmutziggrün anstreichen zu lassen, haben, davon bin ich überzeugt, heute noch eine Mitschuld daran, daß so viele Menschen so ungern mit der Eisenbahn fahren.

Allein durch das Anstreichen der Wagen in hellen freundlichen Farben wurde vor einigen Jahren eine Zunahme des Personenverkehrs erreicht.

Es ist hier eben – wie so oft – bei den Menschen das gleiche wie bei den Firmen. Ein Mensch, der immer nur grau in grau herumläuft, wird es schwerhaben, bei seinen Mitmenschen Sympathien für sich zu wecken, es sei denn, er hat das, was man ein »sonniges Gemüt« nennt. Aber natürlich wissen Sie so gut wie ich, daß Menschen mit einem sonnigen Gemüt niemals grau in grau herumlaufen. Die Kleidung ist meist schon ein äußeres, aber gutes Zeichen für das innere Wesen der Person, der wir begegnen.

Genau so ist es auch bei Firmen. Ein Unternehmen, das auf seine Äußerlichkeiten, wie z. B. Gebäude, Briefbogen, Briefstil, Pförtner, Telefonistinnen, Lastwagen usw. keinen Wert legt, wird auch bei seinen Produkten und seinen Leistungen keine Spitzenwerte erreichen.

Zeigen Sie sich, zeigen Sie Ihr Unternehmen der Öffentlichkeit so, wie Sie möchten, daß sympathische, vertrauenerweckende Firmen sich Ihnen zeigen. Und denken Sie immer an das notwendige bißchen Psychologie. Sie gehört nun mal dazu.

XV. Die Lage war noch nie so ernst

Die freie Entfaltung und Verwirklichung unternehmerischer Ideen wird durch viele Einschränkungen und Hemmnisse erschwert.

Die Steuern sind zu hoch.

Löhne und Gehälter steigen dank gewerkschaftlicher Bemühungen noch ins Unermeßliche. Die Qualität der Arbeit läßt nach.

Die Jugend wird immer fauler.

Wie soll man da noch ein Unternehmen zu Blüte und Expansion führen?

Es ist eine alte Erfahrung: Es gibt kaum einen Unternehmer, der ohne Einschränkungen voller Optimismus in die Zukunft blickt.

In diesem Zusammenhang möchte ich drei prominente Persönlichkeiten zitieren, deren Aussagen Sie vielleicht voll zustimmen werden:

1. Zitat: »Ich habe keine Hoffnung mehr für die Zukunft unseres Volkes, wenn sie einmal von der leichtfertigen Jugend von heute abhängig sein sollte. Denn diese Jugend ist unverträglich, rücksichtslos und altklug.«

2. Zitat: »Unsere Jugend liebt den Luxus, schlechte Manieren, mißachtet die Autorität und hat keinen Respekt vor dem Alter. Sie widerspricht den Eltern und tyrannisiert ihre Lehrer.«

3. Zitat: »Der Staatshaushalt muß ausgeglichen sein. Die öffentlichen Schulden müssen verringert, die Arroganz der Behörden muß gemäßigt und kontrolliert werden, wenn der Staat nicht bankrottgehen soll. Die Leute sollen wieder lernen zu arbeiten, anstatt auf öffentliche Rechnung zu leben.«

Was meinen Sie, welcher Partei die Persönlichkeiten angehören oder angehörten, die diese Aussprüche getan haben? Der CDU oder CSU? Vielleicht der FDP oder gar der SPD? Oder tippen wir etwa völlig daneben, weil diese Worte bei heißen Diskussionen am Stammtisch gefallen sind?

Denkbar ist natürlich auch, die Zitate könnten aus Zeitungskommentaren entnommen sein, denn so etwas ähnliches liest man doch ab und zu.

Zumindest können wir wohl davon ausgehen, daß ein Teil der Leser zustimmend mit dem Kopf genickt und im stillen gedacht hat: ›Egal, wer es gesagt hat. Aber die Leute haben völlig recht. Das ist genau meine Meinung, die ich schon oft geäußert habe. So geht das schließlich nicht weiter. Die Politiker müssen sich endlich mal etwas einfallen lassen, damit sich die Situation wieder bessert; damit es wieder so wird, wie es früher einmal war.‹

Ja, früher! Da war eben doch vieles besser. Als wir jung waren, hatten wir noch Pflichtgefühl und zeigten Einsatzwillen und -bereitschaft. Aber heute …

Apropos ›früher‹: Das erste Zitat stammt von dem griechischen Dichter Hesiod (griech. Hesiodos), der um 700 vor Christus in Askra (Böotien) gelebt hat und so offen seine Sorgen um die Jugend und die Zukunft seines Volkes kundgetan hat.

Der zweite Kritiker der Jugend hat zwar etwas später gelebt. Wir können aber trotzdem nicht behaupten, er habe unsere heutigen Zustände gemeint. Denn es war der griechische Philosoph Sokrates, der 399 vor Christus in Athen gestorben ist und offenbar nicht nur Ärger mit seiner Ehegattin Xanthippe hatte.

Und weil ich nicht nur weise Männer aus dem alten Griechenland zitieren wollte, stammt das dritte Zitat von einem Römer. Die Tatsache, daß ich Römer und nicht Italiener sage, zeigt Ihnen schon, auch er lebt nicht in der Gegenwart, sondern hat vor vielen hundert Jahren die damalige Welt als einer der bedeutendsten Männer beeinflußt und mitgeformt. Es handelt sich um keinen Geringeren als den römischen Staatsmann, Redner und Schriftsteller Marcus Tullius Cicero, der von 106 bis 43 vor Christus gelebt hat.

Die Menschen hatten also offenbar schon zu allen Zeiten das Gefühl, in einer besonders schweren Zeit zu leben, es mit Widrigkeiten zu tun zu haben, die es »früher« nicht gab oder die zumindest »früher« bei weitem nicht so arg waren wie gegenwärtig.

Dieser Gedanke sollte Sie beruhigen. Sie haben es nicht schwerer als die Menschen vor Ihnen!

Nun gut, Sie haben es auch nicht leichter.

EDV, Mikroprozessoren, Automation usw. gaukeln uns zwar immer wieder vor, wir hätten alles bald viel leichter. Fallen Sie nicht darauf herein!

Nehmen Sie Ihre Aufgaben zielstrebig in die Hand, lassen Sie sich von vermeintlichen Schwierigkeiten nicht ablenken, sondern konzentrieren Sie sich auf die echten.

Verzagen Sie nicht, wenn immer neue Probleme auftauchen, sondern sehen Sie diese Probleme als Herausforderung Ihrer Tüchtigkeit und Ihrer Flexibilität an, und lassen Sie die Meisterung der Probleme als Beweis gelten, daß Sie tüchtiger sind als andere, die an diesen Problemen scheitern oder scheiterten.

Oft sind es nicht die großen Probleme, die Ihnen den Weg zum Erfolg verbauen. Gerade die kleinen, die unscheinbaren werfen uns immer wieder zurück, ohne daß wir so recht bemerken, wer der wirklich Schuldige daran ist.

Die Lage ist niemals so ernst, daß sie nicht noch viel ernster werden könnte, wenn Sie nicht eingreifen und die Hindernisse zum Erfolg beiseite räumen.

Ich weiß, Sie können es!

Sie können es, weil Sie Initiative besitzen, weil Sie intelligent sind, weil Sie Entscheidungen treffen können, weil Sie mehr wissen.

Sie können es!

Tun Sie es!

XVI. Ein Wort noch bitte

Der Chef der auf Unternehmens- und Beteiligungshandel spezialisierten Düsseldorfer Interfinanz GmbH., Dr. Carl Zimmerer, fragt sich lt. Handelsblatt vom 10. Dezember 1982 in seinem Jahresbericht 1982: »Wie lange die Herrschaft der Ratlosen noch andauert?«

Und er stellt weiter fest, daß auch Betriebe in Not geraten, bei denen sowohl die technischen Anlagen als auch die Qualität der Produkte an der Weltspitze stehen. Der Grund dafür liegt seiner Meinung nach u. a. in der Unfähigkeit der Unternehmensführungen, den Leistungswillen der Mitarbeiter zu mobilisieren.

Ich möchte dieser interessanten Feststellung voll und ganz zustimmen und ihr noch eine Bemerkung anfügen:

Ein weiterer Grund liegt in der Unfähigkeit der Unternehmensführungen, das Unternehmen und seine Leistungen für den prospektiven Kunden in der gebotenen, der jeweiligen allgemeinen gesellschaftlichen und ökonomischen Lage sowie der speziellen Situation des Unternehmens adäquaten Weise darzustellen. Und zwar auf positive, zuversichtliche Art. Es ist immer wieder sehr enttäuschend feststellen zu müssen, wie ratlos, um mit den Worten von Dr. Zimmerer zu sprechen, die Verantwortlichen sind, wenn es darum geht, die alte Formel »Tue Gutes und sag' es allen« in die Realität umzusetzen.

Aber natürlich gibt es keinen Menschen, der offen zugeben würde, ratlos zu sein – und in den Chefetagen schon gar nicht.

Darum habe ich in diesem Buch einige meiner Erfahrungen und Gedanken niedergeschrieben. Nicht – wie ich im Vorwort bereits angekündigt habe – als hochgelehrtes Sachbuch, sondern als hoffentlich kurzweiliges und unterhaltsames Lesebuch.

Ich würde mir wünschen und wäre sehr erfreut darüber, wenn Sie es, nachdem Sie es durchgelesen haben, mit dem Gefühl zur Seite legen würden, mit mir einige längere, interessante Gespräche geführt zu haben. Gespräche, wie man sie unter Freunden oder guten Bekannten führt. Gespräche aber auch, für die Ihre Zeit nicht zu schade war, weil Sie auf diese Weise doch das eine oder andere erfahren oder wiedergefunden haben, was Ihnen in Zukunft helfen wird, Ihre Aufgaben im Management besser, effektiver, erfolgreicher auszuführen.

Wenn mir das gelungen ist, dann waren es wirklich gute Gespräche, und ich danke Ihnen, daß Sie mir zugehört haben.

Stichwortverzeichnis